广告学专业“十二五”规划教材

广告策划训练教程

段晶晶　著

中国传媒大学出版社
·北京·

导言

中国传媒大学的广告专业教学始于1989年，至今已有二十余年的历史。从当初的广告专业，到后来的广告学系，再到今天的广告学院，中国传媒大学广告专业的教学内容中始终有着广告策划课程的身影。在最初的教学过程中，广告策划教学内容以相关理论知识点为核心，这些内容在之后的教学过程中不断得到丰富、更新，已在2005年正式出版为《广告策划》教材。

在广告学的专业基础课“广告策划”的教学中，初学者需要掌握系统的、大量的专业基础知识，虽然相关知识系统的理论性很强，但是仍与策划实践、动手过程有很大的距离。随着广告学院相关课程体系的完善，以及《广告策划》教材的正式出版，广告策划课堂教学逐渐减少了对知识点的讲解和加大了针对策划思维的训练，辅以大量不断更新的案例，来提升初学者对知识的理解和对策略思维过程的把控能力。随着广告策划课程的训练内容大量增加，课程教学目的确定为引导初学者思路清晰地完成整个策划方案的制定，引导初学者在完成训练任务的过程中，完善对相关知识点的掌握，并形成自己的知识体系。

本教材就是围绕广告学专业本科、研究生及广告专业入门者在广告策划课程中所必须完成的系统训练而设计的。教材针对各种策划的策略过程、不同的策划业务等实践环节设计了多层次、多种类的训练内容，以拉近专业基础理论与实践操作之间的距离。

广告策划的实践训练开始之前，虽然需要初学者具有一些相关的知识基础，但是，与广告策划业务相关的学科及理论跨度是非常大的，甚至可以说两三年的专业课程学习都难以完全掌握。因此，本教材希望通过一系列广告策划训练，使初学者能够进入自主的知识收集、学习过程中。

本教材除热身训练之外，共提供了十二章的训练内容。

第1章为广告策划思维：这是广告策划训练重要的准备环节之一，从“简单—复杂”“发现问题—提出问题—解决问题”两条线索出发，帮助初学者建立起策略思维控制的主线条。

第 2 章为解放创造力：同为广告策划训练重要的准备环节，本章尝试围绕广告的创造力与创意表现问题，为初学者打开思路，培养初学者发展创意性思维的能力。

第 3 章为进入客户的世界：接触、理解客户，了解其意图与状态并获取资料，这几乎是每一次广告策划工作的起点。

第 4 章为从消费者洞察开始：消费者洞察是广告策划业务流程的重中之重，发现消费者、洞察消费者的行为与观念，是后续广告任务设定及提出广告策略观点的重要支撑点。

第 5 章为对产品的细化分析：探查消费者与产品间的需求与被需求方式，同样是后续广告任务设定及提出广告策略观点的重要基础。

第 6 章为对竞争与行业的细化分析：本章尝试从竞争与行业角度出发，引导初学者发现后续广告任务及提出广告策略观点。

第 7 章为任务的设定：广告任务的设定是在前述过程的基础上进行的，它是广告方案中的必不可少的环节。初学者需要有理有据地提出本次广告方案所需解决的广告任务，并对此任务进行传播解决方向上的细化说明。

第 8 章为构建会话的出发点：本章引导初学者从定位出发，或从品牌形象建设的角度，或从产品诉求的角度，构建起与消费者的沟通框架。

第 9 章为媒体渠道：初学者将在本章熟悉媒体接触点的选择，媒体组合等策略的提出，以及新媒体环境下的内容导引规划等媒体应用方式。

第 10 章为创意训练：本章将辅以少许创意训练，力图提高广告策划方案中的创意表现水平。

第 11 章为第一次提案：本章主要针对的是提案过程及技术等问题。

第 12 章为不断延展的知识：本章强调了新媒体、新市场、新社会环境下层出不穷的新技术、新方法、新观念等为广告业务方式带来的影响，尝试引导初学者持续关注未来不断改造广告业务形态的新事物。

本教材的规划与编写经历了一个相当长的过程，在这个过程中，新媒体、新技术、新应用不断涌现，广告业务方式也在不停地发生变化，但作为教材，本书仅能在内容上进行阶段性更新，对此表示抱歉。

在本教材初步成文之后，中国传媒大学广告学院的数位参研学生参与了后期的资料校正及行文校对过程：蒋彤负责“广告策划的准备”及第 1 ～ 3 章，宋丹负责第 4 ～ 8 章，杜天笑负责第 9 ～ 11 章，杨煜负责第 12 章，在此对他们的工作表示感谢。

目录

广告策划的准备

当我们走近广告

广告有时很能打动人心，“2010年台湾大众银行的系列视频广告”曾让人们感动不已；

广告有时很容易让一个人改变，“没有买卖就没有杀害”让我们不再仅仅考虑自己的需求；

广告总是有各种新奇的东西要告诉我们，看了《花露水的前世今生》短片，才知道花露水这么有趣；

也许当我们意识到身边有广告存在时，就开始为它着迷了。

——我能把我最心仪的品牌推荐给大家吗？

——我可以把这个有趣的故事讲给大家听吗？

——我能让我的创意在电视上播放吗？

我们对身边广告的关注引导我们走近广告，

一旦我们走近广告，我们就会坚定这个“开始”，

起热热身吧……

1. 广告策划所面临的发展压力

思考与讨论 1 “现代广告”为客户提供了怎样的服务？

思考要点记录

题目陈述

从广告业的发展历程中，我们可以看到广告为客户提供的服务内容与服务核心在不断变化：从最初的广告掮客、美工提供的广告绘制服务，发展到“现代广告”阶段后的系统服务，并形成了“广告客户—媒介—广告公司”三方的业务关系。请整理“现代广告”所能提供的服务都有哪些？建议使用发展的视角，关注业务类型划分与业务之间的系统性关联。

背景知识

广告掮客：在当代广告向现代广告过渡的时期，“广告掮客”（advertising broker，后称“广告代理人”）就出现了。1840 年前后，沃尔尼·B·帕尔默（Volney B. Palmer）在费城开办了第一家今天意义上的广告公司，自称“报纸广告代理人”，为报纸代理出售广告版面，这是从报纸分离出来的一个独立的广告经营实体，他用折扣价购买了各种报纸的大量版面，然后再将它们加价卖出去以获利。这就是最早出现的“广告掮客”。

现代广告：随着社会的发展，广告这一概念也在发生变化。在现有的市场和媒体环境下，我们这样定义广告：广告（advertising）是由可识别的出资人通过各种媒介，通常是有偿的、有组织的、综合的和非人员性劝服的，进行有关产品（商品、服务和观点）的信息传播活动。

4A 广告公司：全称是美国广告代理协会（American Association of Advertising Agencies）。该协会是 20 世纪初由美国各大著名广告公司协商后成立的组织，其成员包括：奥美、智威汤逊、麦肯、李奥贝纳等。该组织的最主要协议就是关于收取客户媒体费用的约定，以避免恶意竞争。此后，各广告公司都将精力集中在非凡的创意和专业细

思考要点记录

致的客户服务中，从而创造出一个接一个美妙的广告创意。4A 因此也成为众多广告公司争相希望加入的组织。

广告业务的发展：随着大众媒体的发展，特别是大众媒体种类和数量的增多，对经营媒体的一方来说，帮助大众媒体做推销工作的“掮客”服务就会变得越来越重要；然而，对于广告客户来说，他们对广告服务的要求也越来越高。

面对大众媒体，当广告客户不知道怎么与其打交道时，他们需要掮客；当他们不知道怎么画出报纸广告的时候，他们需要广告美工；当他们不知道应该给消费者展示什么内容时，他们需要广告创意人员；当他们不知道如何与消费者沟通的时候，他们需要懂市场的专业人士帮助其规划沟通方案。最后，就是在“掮客”出现后，广告客户所亟须的“广告策划”服务也随之出现了。

广告策划所能提供给客户的整体性思维及方案，包含了营销传播策略、创意、表现、媒介使用等全方位的服务，这正体现了现代广告策划所起到的业务服务作用。在现代广告的发展历程中，广告客户一直在寻求对市场的掌控力。他们一方面面对着以批发、零售环节为代表的庞大的、复杂的市场环境，另一方面则面对着同样种类繁多、复杂的媒介环境，在竞争激烈的营销活动中，广告客户越来越乐于与广告公司一起面对广告工作，并且委托广告公司以产品 / 品牌的营销传播整合权。

思考与讨论 2　中国的广告业务在不断进步

思考要点记录

题目陈述

中国广告行业的连续发展没能跨越动荡的“文化大革命”十年，其所历经的发展断层与独特的再启动过程，使它很难准确地反映出广告行业与业务的自然进化特征，而是展示出了集中发展的特点。建议关注时间线索，对于重点的业务形态，思考其获得进步背后的社会推动力、政策推动力、市场推动力，以及来自媒介发展等的推动力。

背景知识

以下仅简单涉及关于广告策划业务发展的脉络。

思考要点记录

广告策划这一战略思想最早是由伦敦的博厄斯·马西来·波利特广告公司的创始人之一、广告专家斯坦利·波利坦于20世纪60年代提出的。之后，这一思想逐渐影响到整个英国的广告界，并传播到了国外。美国以创作力见长的奇阿特·戴广告公司较早接受了这一思想。随后，广告策划思想及工作方法迅速在西方广告界普及开来，现在许多国家都建立了以策划为主体、以创意为中心的广告管理体系。

大约在1984—1985年期间，有公司和学者呼吁，要把现代广告策划引入中国的广告实践中，树立“以调查为先导，以策划为基础，以创意为灵魂”的现代广告运作观念。在1989年，上海的唐仁承出版了大陆第一本《广告策划》专著；随后，北京的杨荣刚也出版了《现代广告策划》一书。

20世纪50—60年代，美国经历了CI（又称CIS，Corporate Identity System，企业形象识别系统）潮；70年代，日本经历CI潮；80年代，韩国和中国台湾地区也经历了CI潮。中国大陆市场则在80年代末期出现了CI的萌芽。1988年，广东太阳神集团拉开了中国企业导入CI的序幕，于是乐百氏、科龙、小天鹅、神州、四通、康恩贝等公司迅速跟进，并且几乎都成了中国的知名企业。CI的发展使广告策划日益受到现代企业的重视。

1993年，国家工商局开始在国内部分城市推行“广告代理制”试点，而广告代理制的核心是提高专业广告公司的全面策划与代理能力，进一步把现代广告活动引向科学化、规范化的发展轨道。

思考与讨论3 认识当前广告业务所面临的压力

思考要点记录

题目陈述

广告策划业务方式与特点不是一成不变的，它总是要与广告市场发展的社会、经济、技术、市场、文化等背景相匹配。这也就不难理解，现在正是广告策划业务方式快速变化的一个历史阶段。对执行广告策划的专业人士来说，辨认影响业务变革的环境压力，能够快速理解、适应、拓展新型广告业

思考要点记录

务方式，是发展自身业务能力最重要的一步。请思考，当前广告策划业务都面临哪些具体的环境压力？

背景知识

业内常常会探讨多种多样涉及业务变革的话题，例如，新媒体带来了哪些新的业务形式？社交媒体如何改变广告世界？企业在关注哪些新的市场现象？等等。类似的问题不胜枚举，打开思路，可以帮助我们理清广告策划业务发展变化的脉络。

新技术对媒体的改造是目前给广告策划业务带来巨大变革的主要原因。在新技术与商业创新的双重驱动下，种类新颖且带有新传播特征的媒介渠道不断在传统媒体、新媒体以及其他原本没有任何媒体应用基础的诸类平台中演化开来。人们即便对新的媒介种类和差异以及媒体整合应用难题有了常规的认识，也难以应对扑面而来的变化，那些不断在传媒世界呈现出来的、源于突破性创新的媒体技术，正在挑战所有媒体的常规沟通模式，并引发从传统媒体到所有新平台的沟通创新。

在新的媒体环境和社会环境中，消费者的群体特征与差异程度都在发生变化。自由市场和广泛的消费者群体在跨越了市场的地域局限后，又展示了强烈的差异性；人们的知识在极速扩张，获取各种知识的方式极速普及，人们完全有机会自己获取需要的信息，比起消费者群体的共性特征，消费者的个性化选择比以往受到了更多的市场关注。

与此同时，零售店铺环境也发生了巨大的改变。电子商务的发展让实体店铺失去了独霸的光环。在实体店铺零售商割裂了生产厂家与消费者关系之后（生产厂家更倾向于利用广告来联系消费者），品牌对电子商务的直接管理，以及易得的数据，又重新拉近了企业与消费者之间的距离。

上述内容告诉我们，广告策划从业务分工、业务衔接、差异方法、策略要点等方面都需要进行改革以适应环境的变化。我们常常可以凭借对社会环境的理解，来深刻感知现代广告业务的需求与存在状态。但是当我们只是去认知既有的环境或状态，我们感受到的仅仅是过去广告业的存在状态；只有我们时刻意识到它正处于发展变化中，

思考要点记录

才能真正了解广告业务目前的状态，以及将来广告业务应该向哪个方向发展。

广告业务的独特之处在于，我们不能通过回顾过去来判断走向，而是必须走在改变的最前端，用创新思维引导未来的变化与发展。广告策划业务不会停留在一处，业务方式和环境的变化将推动广告人随时学习、随时保持最先进的理念。广告人要成为站在营销传播最前沿的创新者，而不仅仅是模仿者。

阅读分析

创意在广告活动中的地位

20世纪末到21世纪初，互联网普及开来，"数字营销"和"网络营销"等新词出现了，它们指的是通过互联网进行品牌和产品营销。

不过，在今天新技术、新平台层出不穷的背景下，宝洁（全世界最大的广告主之一）负责品牌建设的高管曾表示，"网络营销"（或"数字营销"）的概念已死，网络仅仅是厂商传递品牌信息以及和消费者沟通的一个渠道而已。

2013年，宝洁负责全球品牌建设的高管在一个集中全球大广告主的行业会议Dmexco上表示：不要根据所使用的工具（比如各种平台、二维码或者更多的新技术）形成"数字营销"的概念。

在宝洁看来，所谓的数字化工具，只不过是和消费者沟通的一种手段而已，广告界应该关注的还是通过各种创意、新鲜的广告来进行品牌建设。例如，一则Braun电动剃须刀的广告首先会在网络上播出，以刺激销量，随后这则广告也会在传统媒体上播出。不过，这只是在进行一次有计划的广告宣传活动，而不是一次单纯的网络营销。

这种理念为宝洁的品牌宣传带来了很大的创新空间。宝洁可以利用各种新技术和互联网手段，比如网络搜索、社交网络、移动广告、二维码等，来进行广告创意。数字技术或互联网技术，提供了将品牌信息传递给消费者的一种全新方式，可以捕捉消费者的想象力。不过，广告行业最核心的并不是新技术，最根本的还是广告创意。①

■ 你怎么理解上文所表达的观点？

---

① 宝洁高管：数字营销已死 网络仅为传播渠道[EB/OL].（2013-09-22）[2017-09-10]. http://tech.qq.com/q/20130922/007282.htm.

训练 1 广告的用途

题目陈述

■ 回忆及查找你印象中最早的广告，这则广告对你有什么影响？分析它是如何产生这种影响的？

■ 曾经最打动你的广告是哪一则？描述一下这则广告和播放这则广告的媒体环境，分析一下它是怎么打动你的。

■ 描述一则让你立刻产生购买行为的广告，并说明从看到这则广告到购买的过程中，都有哪些环节可能导致你不能完成你的购买行为。

■ 寻找你认为信息量最大的广告与信息量最小的广告。描述这两则广告，并说明原因。

训练 2 广告的各种新传播形式

题目陈述

■ 寻找平面媒体中不同的广告形式（如杂志封面广告），并尝试使用思维导图将其归类。目标：有新发现，改变常规思维。

■ 寻找视频媒体中不同的广告形式，并尝试使用思维导图将其归类。目标：有新发现，改变常规思维。

■ 寻找互联网媒体中不同的广告形式，并尝试使用思维导图将其归类。目标：有新发现，改变常规思维。

■ 寻找零售终端不同的广告形式，并尝试使用思维导图将其归类。目标：有新发现，改变常规思维。

训练 3 广告公司与广告业务的变化

在新的整合营销传播生态中，为了适应市场和企业的需求，广告公司一直在做组织上及业务上的调整，一部分广告公司会选择深耕于专门业务，而另一部分广告公司除了深耕于专门业务外，仍不会放弃其提供完整服务的整合业务。

提供全方位代理服务的广告公司致力于：向数字化、移动化业务拓展，在业务布局上增加互动、娱乐、体育等版块；开发更多类型的媒体合作，以提供更多的媒介资源；专业服务不断探索适应性的操作理念、方法及理论进行支撑。

■ 查找资料，尽量多地列举广告业中提供各类服务的组织（公司）类型。

■ 你所知道的市场研究公司都有哪些？查找相关资料，说明它们的业务内容。

■ 了解广告代理制在中国的过去与现状。

■ 4A公司的发展一直以来都是备受中国市场关注的话题。查找资料，感受一下4A广告公司在中国的发展现状与未来发展趋势。你觉得什么是值得4A公司发展所关注的问题？

■ 然后，阅读以下文字并谈谈你的理解。你同意下文中的观点吗？这种现状会对广告策划业务产生怎样的影响？

时至今日，对多数客户而言，4A的价值正在急剧缩水。高端价格却买不来高端的服务。4A的服务已经远远满足不了客户的实际需求：

客户需要终端加强，4A不做；客户需要产品创新，4A不做；客户需要快速反应，4A不做；客户需要商业模式的再造，4A不做；客户需要促销产品，4A说“我帮你思考策略”。

4A公司的利润正在消失……

①4A广告协会对会员的要求是必须对客户收15%佣金及17.65%服务费。当年欧美的4A协会成立的初衷就是抵制欧美的业内竞相压价的行为。如今，不只在中国，在其他国家这个底线也早就没有了。随着0代理费的出现，15%的服务代理费早就是史前传说了。

②4A可以通过大量媒体采购争取更大折扣，这个折扣有时流向公司内部人的腰包，有时流向4A公司的腰包。但是“返点”这事已经透明到客户拿它当竞标的条件了！

③按项目收费。这对庞大的4A来说只能算是打零工。能收月费的客户越来越少，按项目接活成为现在4A赖以生存的方式。①

训练 4 必须成为创新者

新的媒介环境要求广告代理公司在媒介策划上提供更具创意的服务，所以有必要对新媒体策划能力做创意训练。

常规思维：使用手机广告，在人们低头的时候，获取吸引他们的机会。

非常规思路：在地铁里开展流量赠送活动——“抬起头来扫流量”。市场中有某几款手机是有投影功能的，可在其手机中内置二维码投影广告，鼓励其在特定区域的公共场合内投影、分享广告，人们可以通过扫描其二维码，获得免费流量。而主动分享的人则可以

① 戴尔蒙西.4A广告公司的掘墓者来了？[EB/OL].（2013-02-21）[2017-09-10]. http://www.meihua.info/a/42576.

通过其二维码的被扫量来获得免费流量额度或奖金。此方法在地铁以及各种店铺内、休闲场所、办公楼等其他公共场所，均可以施行。

当前新媒体技术的广泛应用，对广告信息的内容、传播形式、传播渠道都产生了深刻影响，广告业务必须接纳新媒体技术，顺应媒体环境的发展，重构业务的方式、方法。

题目陈述

■ 你有什么办法，可以吸引在地铁里低头玩手机的人们的注意力，让他们抬起头来看广告呢？你能就此创新出属于你的广告发布方式吗？你可以基于微信或其他媒体平台，或者基于信息分享与体验的经验等，思考激发人们主动获取信息的方法。

■ 尝试使用你喜欢的一个动画人物（形象），从他的故事中找出一些有趣的情节，用媒体的方式，使用这些情节。例如：机器猫可以从它的口袋里拿出各种各样有用的工具，可以在APP应用的推广中使用这个情节。

■ 请说明当下新媒体中你所喜欢的几款应用。基于这些应用，制作并传递你想传播的内容，并尝试发掘这些应用在营销传播中的多种用途。

精读知识点 《试论世界广告的历史演进与历史坐标》①

本文以世界广告发展历程中表现特征的演变为依据，叙述了广告发展的三个历史时期。世界广告业的发展是一个漫长的过程，从商业广告出现到今天，其间经历了以广告表现形态的发展为主要特征的广告个体活动阶段、以专业化运作和行业竞争为主要特征的广告行业竞争阶段和以资本运营和规模化运作为主要特征的广告产业运作阶段。

2. 我能融入的策划团队

思考与讨论 1 沟通工作的团队

思考要点记录

题目陈述

为什么广告策划工作需要利用团队来完成？广告策划团队中的每一个

① 杨海军，杨栋杰. 试论世界广告的历史演进与历史坐标[J]. 广告大观（理论版），2010（2）.

思考要点记录

成员都会有自己的见解和意愿，如何做可以让这个团队具有高效率的工作状态？对于团队成员的组成，应该是有目的、有选择的，广告策划的团队需要具备哪些特长的成员？为团队成员之间规划一个最佳的联络沟通方式，使你们在工作中达成及时、全面、有效的沟通。

背景知识

1994 年，斯蒂芬·罗宾首次提出了“团队”（team）的概念。广告策划工作通常是需要通过团队作业来共同完成的。此时，团队常常是由团队成员和团队负责人共同组成的，团队合理利用每一个成员的知识和技能来协同工作、解决问题，从而达成目标。

团队中需要各种类型的成员，有领导型、能力型、起润滑作用型、吃苦耐劳型、特长型等角色，各个成员在知识、技术、视角等方面取长补短，获取长期工作的稳定性，具有组织内自我调整的能力。团队是一个最小型的社会机体。

广告策划不是一个人开展的工作，广告策划团队的成员不宜少于 3 人，且 6 人以内最为适宜。这并不是因为一个人独立完不成策划书，而是说，能力再全面的人，都需要其他人一起拓展视野和思路。事实上，在实施过程中，因为策划涉及的业务种类很多，因此更需要很多人配合。例如，市场调查、创意、媒体、市场策略等知识完全不同，所以，环节上的配合及加重分量对确保广告策划书的质量是很有帮助的。但是，这并不是说一个人仅仅熟悉策划的一部分业务就好了，在分工中，每个人都是要贯穿在策划的全业务流程中的，不是切割打包式的合作，而是由不同类型的成员共同合作，并在优势之处格外担当而已。

思考与讨论 2　融入、分歧和决策

思考要点记录

题目陈述

团队是由多个个体成员组成的，每个成员都有独立的知识体系、文化背景与观点倾向，在团队工作过程中常会为了寻求共同的分析与判断而形成争论与取舍，团队的工作方法不当就会导致成员之间产生冲突和矛盾，甚至会使团队工作停滞，尤其是当一个团队的成员都颇具实力、自信心很

思考要点记录

强时，矛盾会加剧。所以，团队成员在开展工作之前需要制定关于处理成员融入问题、分歧问题以及观点差异过程中共同决策的方式、方法，且在工作过程中还需要根据实际状况有意识地对这些方式、方法进行调整。请通过讨论，列举相关方式、方法，并阐述应如何制定适合你们团队的原则。

背景知识

团队中成员之间虽然在撰写、表现实施等方面有分工，但是要全程一起讨论并制定各环节策略、理顺资料、实施调研，等等。在团队工作中，分工合作的效率对确保工作成果的品质来说是至关重要的。

融入团队的训练是多种多样的，有通过娱乐竞技等方式，提供团队必须达成的任务，来促使团队成员紧密配合、互相沟通，以获取最佳的方案并共同取得胜利，从而提升团队的默契程度、认同感与自豪感。但是，在广告策划工作中，个体是否能很好地融入团队，取决于个体能否意识到以下问题：

个人在团队中的融入感并不是只属于他自己的感受，而是与所在团队的品质密切相关。认可团队不能只靠领导或某位骨干来支撑，就算个人能够很好地按时完成任务，但是高品质团队则有机会在此基础上完成一个更了不起的成果。

面对分歧：团队成员产生了不同意见，如果是本质分歧，可以尝试互相说服；如果不能互相说服，可请组外权威人员评估建议，或使用投票方式。可选取其一做尝试，或者两套方案同时进行。分歧并无对错之分，对相对合理性、相对可行性进行多角度判断，有助于团队正确处理分歧。

面对融入：有些团队成员觉得难以在团队活动中开口发言，或者在其他队员口若悬河的发言中，情绪越来越低落，或者因为对自己发言后的结果太过敏感，导致发言非常谨慎，慢慢失去在团队内的发言能力，或者由于专业不同，彼此间存在沟通障碍……这些情况都会造成融入团队的困难。因此，团队中的掌控者需要及时分辨团队活动的状态，通过适当鼓励、语言性过渡、巩固共识、随时征求补充意见等方式及时调整大家的积极性。

训练 1 团队成员的陌生感和差异

执行策划工作的团队成员之间并不一定是熟悉和默契的，我们经常需要根据某项工作的特点和性质，组合不同的成员形成团队，所以在团队工作中，我们无法回避团队成员之间的陌生感和差异问题。

团队成员间彼此熟识的好处是追求默契、分工得宜、进度可控、质量稳定；

团队成员间彼此陌生的好处是追求突破、惊喜、磨合技巧，拥有审视团队和自我的机会；

应认清团队成员在文化背景、专业侧重、性别、年龄、个性、地理区域、思维方式等方面的差异，便于开发思维的广度，避免狭窄视域带来的创造力局限，有助于队员中取长补短，集中优势获得最好的成果。

■ 请列举一些能够使团队中的陌生成员迅速熟悉彼此的方式、方法；寻找一些文化现象、流行话题在团队中进行讨论，使成员在彼此的交流过程中，体会观点多样性的沟通状态，体会团队中的“强势”成员和“弱势”成员的沟通方式，成员彼此之间确认沟通习惯上“强弱势”个性，并据此寻找最有利的沟通规则。

训练 2 融入团队的状态

很好地融入团队是顺利进行广告策划工作的基本条件，以下是考察团队合作状态的“菜单”，这个“菜单”可以帮助我们审视及反思团队合作中的状态与问题：

① 在工作中的每个环节，能否清晰、准确地理解自己与他人的工作任务与方法；

② 在团队中能否突出自身的差异性与价值点，让所有人认识到他们需要你；

③ 是否愿意对团队共同的目标做出承诺与付出；

④ 是否掌握调研工具的使用及分析所需的基本技能，能够承担起团队分工的责任；

⑤ 是否掌握创意的头脑风暴法，掌握优化、评价他人设想的沟通技巧；

⑥ 是否与其他成员沟通密切而不成为疏远者；

⑦ 在团队中对人对事能否热情、主动；

⑧ 能否在团队中有畅所欲言的自由感；

⑨ 能否在团队中很好地化解由观点的冲突所带来的成员间的情感隔膜；

⑩ 能否在团队的活动中始终如一地保证参加时间；

⑪ 能否在团队作业的过程中从他人身上发现长处；

⑫ 我在团队中是否是很好的倾听者；

⑬ 我在团队作业中遇到的知识或思路上的困难，是否常由大家一起帮助解决；

⑭ 是否能在团队作业的过程中不断发现自我，获得成就感。

■ 在从没有进入过团队工作的时候，可以用以上菜单构想自己在团队中的理想画面。

■ 如果你经历过团队工作，请考察自己是不是一个可以很好地融入策划团队的成员。自己的优点和缺点都有哪些？怎么修正呢？

训练 3 寻找方便、适合的沟通方法

沟通渠道要交流资料和心得、互换观点和视角。为创意的头脑风暴提供安静的场所，首先，应该规划、落实一两个方便、适合的沟通及资料存储平台，如：

- 微博
- 微信
- 云盘
- 邮件
- QQ 空间
- 咖啡厅小组会……

其次，应该关注沟通的时间计划与时间管理问题——

- 定期
- 不定期
- 随时

最后，应该安排固定的召集人来执行团队管理——

- 团队负责人
- 资料负责人
- 进度或阶段汇报者
- 财务支出管理者……

■ 请根据你的团队的实际情况，讨论并选择最佳的沟通方法；并把管理的细节问题一一落实。

训练4 负面状态与调整

在团队工作中，可能会由于某一两位成员的冷漠和责任感的缺失，导致付出努力的那些成员失衡，进而使团队的工作逐渐步入消极、等待的状态，最终造成团队合作失败；也可能由于部分成员强硬坚持自己的观点，而使团队成员间逐渐失去了达成统一意见的动力。这些结果，都是团队成员在合作过程中因为没有处理好负面情绪，而逐渐失去彼此间的有效沟通所导致的。

团队中的负面情绪大多来源于：

① 认为某些成员太不负责了，“某某他们什么也不做，都是我（们）在忙，我（们）也不做了”；

② 团队中有某一两个人太强势了，没有办法沟通，“某某人太强势，我什么也不想参与了”；

③ 因为私下的亲疏关系导致消极情绪，“我的能力是不输给你们，但是他们是一个宿舍，私交关系更好，我提出观点他们也不会支持”；

④ 认为自己的专业水平差，不敢开口，或害怕被评价和否定，过于重视被承认的感受。“我只要来听听就可以，万一讲错了多不好”；

⑤ 否定其他成员的文化差异，“他们懂什么”，等等。

以上这些都容易导致团队成员中出现冷漠者，进而产生团队成员间的合作障碍。

其实冷漠者出现的根本原因，仍然是内部成员间的沟通问题。这些由负面情绪带来的压抑感，是可以通过沟通来化解的。

■ 请通过讨论，寻找在团队工作中对以上问题的化解办法，以便能够及时、有效地调整团队中出现的负面状态。

训练5 自我介绍

团队成员间即便彼此认识，但是只要没有经历过团队合作，都不会了解彼此的工作风格与能力。团队成员的自我介绍是让成员间了解彼此的优势特长、谈吐风格的开始，非常有助于日后团队分工的顺利进行。

■ 请用自己喜欢的风格和方式完成自我介绍。

■ 请在团队成员们自我介绍时，将对其的基本了解和印象记录下来；将来在与其合作之后与对那些成员的认识进行对比，并记录下与重要成员合作后的感受与经验。

初步了解与印象： 1. 2. 3.
最终的了解与认识： 1. 2. 3.
合作所获得的经验与心得：

3. 业务涉及的组织类型

思考与讨论 1　广告业的资本化浪潮

思考要点记录

题目陈述

广告业的资本化浪潮为广告业的发展带来了无限的机遇与挑战。请收集资料，并就近年来资本化浪潮下创新技术与创新业务的发展方式进行分析，熟悉相关运作路径。

背景知识

1998 年到 2003 年，我国广告业出现了资本化运作的第一波浪潮，以 2001 年白马户外传媒和大贺传媒在香港上市为标志，中国广告企业的价值得到了公开资本市场的认定。

2004 年到 2008 年，VC/PE 投资热潮、广告业并购浪潮、户外媒体当家的第二次 IPO 浪潮都发生在这一阶段。股权投资在户外媒体、网络广告、无线广告、广告代理业全面开花，其中尤为火热的是户外媒体领域，该领域也借助资本的力量迅速扩张。

思考要点记录

2005年后，跨国广告集团与国内户外媒体领域出现的并购交易高峰，深刻影响了此后我国广告市场的格局。

2008年到2010年，以央视金桥和长荣传播为代表的央视资源型综合广告公司经过多年积累走向了IPO。广东省广告集团股份有限公司在2010年上市，成为“中国广告第一股”。

广告企业的投融资及上市的主要动力来自于企业自身发展和资本力量的双重角逐，除了企业可以通过资本运作获取更大的市场规模外，它们还可以通过采取收购和扩张策略，吸引更多的人才，获取更多的媒体或代理资源，或快速获得某些业务领域的市场份额与业务能力。

思考与讨论2 业务涉及的组织类型

思考要点记录

题目陈述

涉及营销传播业务的组织类型都有哪些？请一一列举，并对其进行合理分类。

背景知识

广告运作和广告策划过程通常都有比较固定的参与者，其中有一些组织可以身兼多职，也有一些组织的专业性比较强，包括广告主、广告代理公司、广告制作公司、专业广告公司、市场调查公司、演员经纪公司、媒体组织、媒介购买公司、公共关系公司，等等。种类繁多，分工比较细。

新媒体和新服务的发展，不断为广告业带来新领域的合作组织。值得关注的是，与广告活动紧密相关的公关公司、网络口碑公司以及各类会议、活动的承包公司等，已开始在广告推广活动中发挥越来越重要的作用。

因行业发展日新月异，营销传播业务所涉及的组织类型也在不断发展变化，图1仅对有关业务涉及的组织类型进行了不完全的梳理。

思考与讨论 3　4A 公司在新媒体业务环境中的尴尬

思考要点记录

题目陈述

对4A公司业务及发展的反思通常言辞与观点犀利，在其言辞背后，我们能够感受到4A广告公司所不断受到的来自新技术、新需求、新环境的冲击。请收集更多有关4A及广告业发展的反思观点，并一一对观点进行分析与讨论，清晰理解言辞背后的深刻意义。

背景知识

从运营方式上来说，4A 广告的部门设置、运行架构并不适合现在的数字营销发展的需要。4A 广告公司的运作模式是以受众洞察为基础进行广告创意制作，然后购买相关媒体广告位，通过所投放的

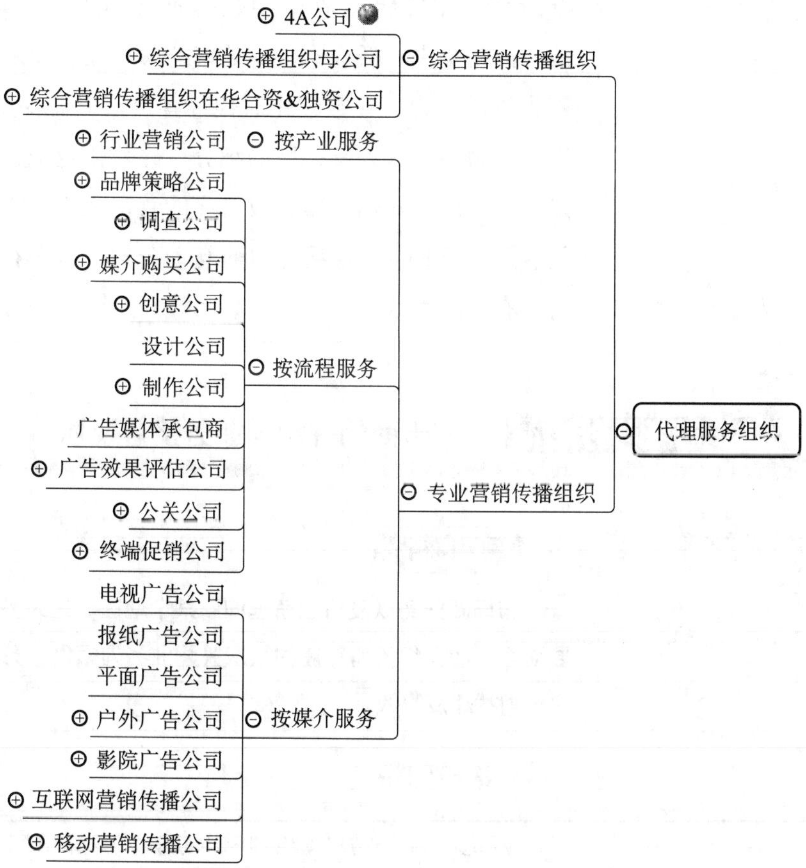

图 1　代理服务组织的一种简单分类方式

思考要点记录

创意广告吸引受众，达到传播效果。

而众多新兴数字营销广告公司则利用DSP定向技术、SEM搜索引擎营销、iWOM口碑营销等方式，采取了与4A这样的传统广告公司完全不同的模式，网络广告运作模式的核心正由媒体转向受众。

这个问题从现在4A广告公司的互动部门的普遍混乱上就能看出来，前端与客户衔接责任缺失，中间PM（项目经理）和account（客服）的职责混乱，后端技术与创意的衔接生硬。人员安排和财务制度又不如本土互动小公司那样灵活。对于需要自由灵活的数字营销业务来说，处处掣肘。

4A公司使用的是以策略创意为手段、以媒体为落点的运营模式。数字营销广告则是以技术为手段、以人为落点的运营模式。

4A的优势是创意和客户洞察力，而在数字化营销时代，包括社会化媒体、移动互联、微博、视频、LBS在内的互联网越来越呈现出“碎片化”的特点。在数字媒体面前，4A就像坦克装甲部队去打巷战，武功全失。低成本、高效率的移动互联越来越成为广告主重视的广告投放平台，在数字化时代，客户依旧需要整合服务，但是门户、社区、微博、搜索等领域的细分、碎片化越来越严重。如何整合各类媒体，将碎片化信息整合成有序的营销架构？在这一与技术密切相关的领域，即便是4A系统内的互动公司，也不得不承认4A还是个外行，有心无力。①

思考与讨论4　广告商的并购与业务整合规划

思考要点记录

题目陈述

布局新业务以及将触角延伸到某个地区，是大多数广告商实施并购的主要动因。请以你们所关注的某次并购业务为案例，分析其背后动因、业务整合规划状态及收效。

背景知识

传统广告公司频繁的并购动作大多都指向了更专业化的广告公

① 资料来源：“牛在丛中笑”新浪博客，2012年。

思考要点记录

司，许多广告公司选择收购既有的新媒体广告服务商、互动营销类公司等，快速布局其数字互动业务。另外，还有许多传统公司选择内部增设互动营销、数字营销、移动互联营销等部门，向新媒体业务领域迈进。在此期间，还有广告公司大力拓展在不同区域的组织机构，占领区域市场份额。

2011 年，智威汤逊收购了国内全方位数字营销服务提供商 4A 的多数股份，以提升其数字营销方案能力。

2010 年，奥美与成都阿佩克斯成立合资公司，谋求西南市场的发展；2011 年并购了江苏最大的整合营销广告代理商南京银都，加强了奥美在长三角地区的服务实力。

……

阅读分析

企业改变广告活动中的地位

耐克回收社交媒体业务

耐克是在社会化媒体营销中获益的品牌之一，但是在 2013 年，他们却公布了一则让代理商们倒吸一口冷气的消息——耐克将独立运营社交媒体业务。

耐克收回社交媒体业务的决定是由其社交媒体部门的总监通过的，在耐克波特兰总部，一支国际化的社交媒体团队也将奋力支持接下来的工作，耐克对自己运营社交媒体账号显得信心满满。其波特兰总部的这一行动已经给代理商敲响了警钟。耐克的这一决定意味着，他们要去掉 agency 这一中间人的角色，直接与消费者面对面，同时耐克获得的是没有经由代理商“润色”的真实网民反馈与网络数据。

除关注信息的真实性外，耐克也将效率提上了日程，自己掌管社交媒体业务也省去了在代理商和客户之间来回往复的审核确认环节，尤其对于社交媒体账号这样每日更新的业务来说是很重要的。

短期来看，代理商丢失广告主的社交媒体业务，尤其是耐克这样的大客户，简直就是一场灾难，但长期来看，这也未必不是对代理商的一种解放。试想一下，当你的全部精力都日复一日地耗费在如何发下一条微博，并且时刻对社交网络保持警惕心时，其实你的利益回报并不高，而这真的是对人才长期的有效利用吗？况且大家心知肚明的事实是，那些居高不下的粉丝数与转发量，其实大都离不开水军的功劳，而社会化媒体营销的价值和贡献真的如那些数字一样亮眼么？代理商可以为客户提供一个实用的想法，或是帮助客户与消费者建立有效沟通，建立CRM（客户关系管理）系统，但并不意味着，一定要切实到写每一条微博，或者在社交平台上发一个活动。

■ 以本案例为基础，分析并讨论耐克收回社交媒体业务，对广告行业来说意味着什么?

■ 以本案例为背景，分析企业在其广告活动所占据的地位是否在发生变化? 为什么?

训练1 新媒体环境与广告业务分工

中国的广告业务形态刚刚经历过相对成熟和稳定的阶段，传统大众媒体的耀眼光环仍在，但将其视为夕阳美景的声音也不绝于耳；目前，广告行业的业务组织形态与业务运作方式正处在不断的变革过程中，人们通常会认为，新媒体的发展是这一切的推动力。

近年来，新媒体的发展为广告业务的再造带来了现实压力。电脑、数字电视、手机“三屏”获得迅速发展，在“三网融合”的背景下，网络广告、信息构架方法、跨媒体广告、消费者卷入行为、信息接触点和接触路径控制、非细分、广告创意内容的异化、社交媒体、购物者营销、新媒体监测、新的市场研究视角、效果标准等新的业务观念和形态逐渐显现，这些无一不是使广告行业业务分工与业务方式发生变化的因素。

题目陈述

■ 在新媒体环境下，广告业务分工都发生了哪些变化？请试举两例。

■ 查找资料，谈谈策划人员为什么必须具备这些业务分工知识？

训练2 微电影业务的营销传播组织

题目陈述

微电影是指专门运用在各种新媒体平台上播放的、适合在移动状态和短时休闲状态下观看的、具有完整策划和系统制作体系支持的、具有完整故事情节的“微时长”“微制作”

和“微投资”的视频短片，内容融合了幽默搞怪、时尚潮流、公益教育、商业定制等主题，可以单独成篇，也可系列成剧。

微电影的网络传播在 2012 年达到了“井喷”的状态，至今，微电影已经逐渐成为广告营销的新阵地。

与微电影相关的业务主要来源于四个方向：制作、播放、宣传推广及监管。

- 说明企业品牌微电影在拍摄过程中可能会涉及的营销传播组织类型。
- 就上文的不同业务分工领域，各列举出一家业务规模比较大的服务商。
- 列举与微电影有关的营销传播案例，并对其业务操作的关键环节进行分析。

训练 3 APP 业务的营销传播组织

题目陈述

APP（Application）指的是智能手机的第三方应用程序。APP 作为一种第三方应用的合作形式参与到了互联网商业活动中。随着互联网广告活动的发展，APP 作为一种与品牌、营销、传播活动相关联的推广平台，已经深受市场的关注。

- 说明企业应用 APP 进行营销传播的过程中可能会涉及的营销传播组织类型。
- 请深入了解 APP 营销传播业务所涉及的各类型组织间的业务关联状态。
- 列举运用 APP 的营销传播案例，并对其业务操作的关键环节进行分析。

训练 4 实时竞价业务的营销传播组织

题目陈述

虽然目前市场上大多数的媒体购买并非通过实时竞价系统（RTB，Real Time Bidding）进行，但这股实时竞价的浪潮却给现有的媒体购买模式带来了冲击，甚至已经冲击到电视广告的购买模式。不管是数据提供商还是代理商，大家都看到了这一发展趋势，很多公司都开始了这方面的战略储备，建立起了专门的服务团队。而一些成熟的跨国企业广告主，也开始在国内寻找合适的供应商，通过这一模式开展网络营销。

- 请选取几个涉及实时竞价广告业务的广告服务商，收集相关资料，了解其业务内容与业务衔接。

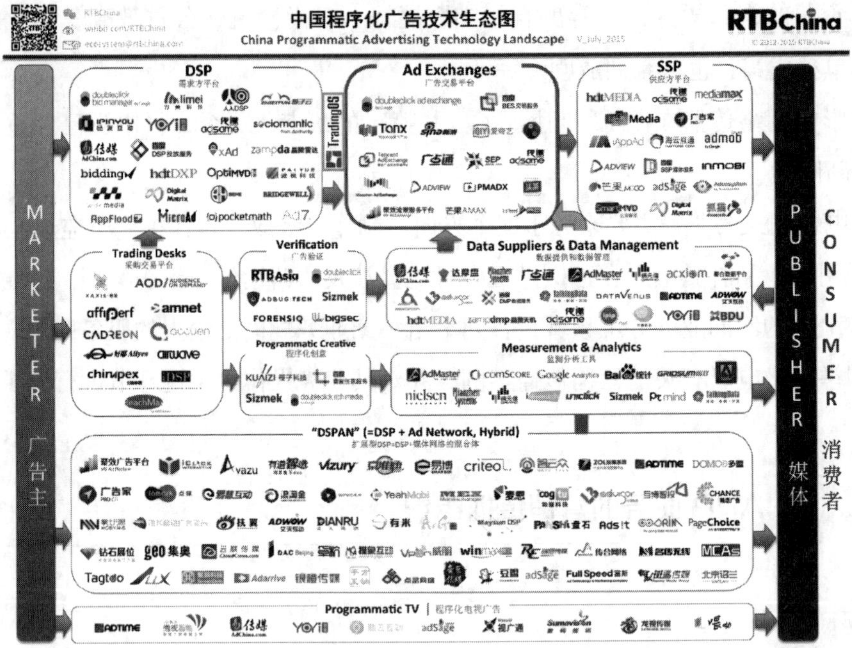

图 2 中国程序化广告技术生态图①

训练 5 参观各类营销传播组织

题目陈述

营销传播组织指的是为企业的营销传播活动提供服务的任何业务组织形态。其中既包括综合性的广告代理服务组织，又包括提供专业服务的创意、技术制作组织，还包括与媒体购买相关的服务组织，等等。

■ 请选择几家不同类别的营销传播组织，进行实地参观。

4. 必要的知识体系

精读知识点 《中华人民共和国广告法》（2015 年修订）

《中华人民共和国广告法》（以下简称《广告法》）于 1994 年 10 月 27 日第八届全国人

① 图片来源：RTB China网站，2015年7月。

民代表大会常务委员会第十次会议通过。2015 年 4 月 24 日由第十二届全国人民代表大会常务委员会第十四次会议修订，自 2015 年 9 月 1 日施行。新修订的《广告法》充实和细化了广告内容准则，也新增了关于互联网广告的规定，强化了对大众传播媒介广告发布行为的监管力度等等。

思考与讨论 1 理解广告策划的跨学科知识体系

思考要点记录

题目陈述

广告策划工作包含很多重要的业务环节，如市场调研、消费者洞察、产品分析等，在不同的业务环节中，对跨学科知识内容需求都会有不同的侧重。团队成员聚在一起，用一小时快速翻阅几本有关“广告策划”的教科书，一起列举所发现的所有知识点。讨论一下，这些知识点应该怎样分类？

背景知识

广告策划覆盖的业务领域贯穿于企业市场、传媒、消费者生活的广大范围中，且实践性非常强，在广告策划的学习过程中，既要涉及系统完整的广告专业知识，也需要关注其他相关学科的知识内容，这其中还包括一些不断与其他学科知识相结合的创新领域。由于广告专业整合了传播学、心理学和营销学等多门学科知识，其拥有了很强的综合性学科特性，这就为广告专业的学习带来了较大的难度。

另外，广告策划作为一门实践性很强的课程，其学习难度也表现为随着广告界业务活动的不断发展，所需的知识也应不断地更新，并且不断与其他学科之间发展出新的关联，并形成一些新的跨学科知识内容。

思考与讨论 2 知识体系与生活感受同样重要

思考要点记录

题目陈述

你们喜欢看电影吗？了解茶艺吗？喜欢小剧场吗？参加过城市慢跑活动吗？参加过汽车俱乐部的活动吗？生活中可以给人们的身心带来充实感的休闲、娱乐活动多种多样，它们是人们生活中不可或缺的组成部分，同时也

思考要点记录

是广告策划人员在理解生活、丰富创意、生产内容时所必须熟悉的。请讨论并列举广告策划人员可以关注的生活中的各种体验、场所、运动和娱乐等内容。其中你们熟悉的有哪些？你们能设计出一些丰富个人生活体验的方法吗？

背景知识

我们有时会不由自主地把完成某项工作与自己开始专业学习后习得的知识点之间关联起来，但实际上，个人来自生活的阅历对广告策划业务的完成更为重要。

例如，一个从来没有在一个城市的小巷中感受过午后情怀的人，怎么在他的创意中呈现这样的情感呢？再比如，对一个只关注过冰激凌的高热量，从而拒绝冰激凌的广告人来说，让他去很好地提炼冰激凌的产品价值，实在是勉为其难。

为此，我们会鼓励对广告策划工作抱有兴趣的人，去多接触乡村和城市、孩子与成人、运动与休闲、压力与激情、各类文化生活与各类工作，等等。更多的体验会激发广告策划人员更多的创造力。相对于知识体系的拓展而言，这更是一个无止境的、不能松懈的自我拓展过程。

训练 1 市场与消费者

题目陈述

市场分析主要研究供需关系中“供”的一面；而消费者分析主要研究供需关系中“需”的一面：因此必须知道产品将要销售给谁；了解他们的需求和购买行为习惯；知道消费者接触媒体的习惯和偏好等。

交换的完成得益于产品价值点与消费者需求之间的契合，而广告的操作过程则需要与消费者保持有效的信息沟通。因此，找准有效的消费者群体，更加全面和深入地了解消费者并与之保持正确的沟通，是市场保持良好运转的重要前提。

■ 请关注以下领域，寻找阅读资料。

■ 针对每个领域，边阅读资料，边制作知识要点的思维导图。

① 市场营销

② 市场调查

③ 竞争理论
④ 商品学 / 零售学
⑤ 消费者行为学
⑥ 广告心理学

训练 2 表现策略与创意

题目陈述

表现策略的制定是从广告战略到广告创意、广告制作过渡的核心环节。因此策略性地制定广告表现策略，不仅是广告科学化运作的基本要求，也对广告战略的创意演绎起着决定性作用，其业务内容不但要设计对“诉求点”的提炼，还要涉及表现概念的形成、诉求的创意原则以及制作表现的原则等。

■ 请关注以下领域，寻找阅读资料。
■ 针对每个领域，边阅读资料，边制作知识要点的思维导图。

① 创意思维
② 视觉表现
③ 平面与视频制作
④ 用户体验设计

训练 3 广告传播方法

题目陈述

■ 请关注以下领域，寻找阅读资料。
■ 请针对每个领域，边阅读资料，边制作知识要点的思维导图。

① 传播学
② 广告媒体策略
③ 公共关系传播
④ 媒介产业发展
⑤ 广告传播效果研究
⑥ 受众研究

训练 4 行业现实与广告行业管理

题目陈述

广泛涉猎广告行业的基础知识，对广告策划业务的展开与实施会有很大的帮助。

■ 请关注以下领域，寻找阅读资料。

■ 针对每个领域，边阅读资料，边制作知识要点的思维导图。

① 广告行业的发展历史与现状

② 广告经营管理

③ 广告公司的业务流程管理

④ 广告行业的管理法规

训练 5 我感受过的事物

题目陈述

你对什么事物感兴趣呢？例如，古典音乐、中式古典家具、水晶杯子，等等。

■ 选取你感兴趣的三种事物，用图片或手绘、音乐、文字、视频等形式展示这个事物，表现这种事物独一无二的特点。

■ 请和团队成员相互交流本次作业，借由作业分享，迅速拓展视野。

训练 6 我感受过的情感

题目陈述

你所感受过的激烈情感或者深深打动你的情感都有哪些呢？例如，少年时期对母亲的一次逆反？初恋时的某个故事？或是对朋友的某种感念？

■ 请选取三种情感过程，用图片或手绘、音乐、文字、视频等形式展示你感受过的对象，并表达出你的真实心情。

■ 请和团队成员相互交流本次作业，借由作业分享，迅速拓展视野。

■ 请尽量多、尽量详细地列举情感的种类与情节，为今后的创意作准备。

训练 7 我感受过的故事

题目陈述

你一定对接触过的某些生活中的故事、发生在自己身上的故事，或是在媒体上看过的无数故事有深刻的记忆吧？

- 请写下你曾深刻感受过的一个故事，修改并提升它。
- 请和团队成员相互交流本次作业，借由作业分享，迅速拓展视野。

5. 必要的应用工具与能力

思考与讨论 1 鼓励无边界阅读与体验

思考要点记录

题目陈述

每个人都会有自己所习惯的学习方式，有人喜欢坐在教室里听讲，遵循老师的思路按部就班地接受知识点；有人喜欢参与实践，在实践过程中摸索积累知识；有的人具有主动获取知识的习惯，一旦他接触到感兴趣的知识点后，就会主动牵动相关的知识链条，通过相关阅读来积极扩充自己的知识结构；还有的人喜爱读书，通过广泛阅读拓展自己的知识结构，等等。你习惯哪种学习方式？通过讨论，分析一下各类学习方式的优缺点。请思考，无边界的阅读与体验适合广告从业者吗？为什么？请确定适合你的学习方式。

背景知识

有目标的学习指明确某个阶段的学习目标，可以使自己在学习中清晰地把握学习方向，进而捕捉到学习内容的切入点，突出重点，迅速进入自学的角色；在此基础上，可以通过广泛阅读学习相关的书籍和资料，发现自己的兴趣点，并围绕自己的兴趣点建立跨学科领域的知识系统，探索出研究性的观点。所以，有目标的学习强调的是主动的、非灌输式的学习。

思考要点记录

所谓无边界阅读与体验，是指鼓励学习者多进行广泛的阅读与体验，并不对其阅读和体验内容与范围上设定任何的限制。在实际的学习过程中，无边界的阅读与体验不但要强调阅读与体验内容上的广泛性，而且也要完全尊重学习者自己的兴趣选择权利。

思考与讨论 2　探究式学习

思考要点记录

题目陈述

团队就某一领域的问题，尝试一次探究式学习，并讨论探究式学习的操作要点。每位团队成员都要记录下过程、要点与收获。

背景知识

探究式教学强调在学习过程中，学习者要将独立自主的学习过程与团队的合作讨论过程相结合，借由学习内容的启发，以知识体系为探究的基本内容，以业界实践观点为参照，并结合自己的兴趣点和观点，努力创建自己的知识体系，并将之应用于解决实际问题的过程中。

在广告策划课程的学习中，探究式教学既特别重视发展创造性思维，也特别重视通过自学探究过程来发展自己的高效率的学习方法，从而为最终获得策划能力打下基础。

探究式学习可以帮助大家避免将创新能力、求新求快的知识需求淹没在课程对大量知识点的介绍中，对学习者而言，这是整合学习者的知识体系且使之同时具备实践视角（观点）的必经之路。

思考与讨论 3　习惯做没有标准答案的判断

思考要点记录

题目陈述

查找有关2010年“李宁换标”的资料。分析李宁品牌当年换标决策的理由。对于这个决策，今天大家都怎么看？请讨论：怎样做能够使我们在缺少明确答案的情况下，更有信心地做出正确的分析判断（决策）？

思考要点记录

背景知识

无论是在市场营销业务还是广告业务中，我们都有可能面对各种各样的问题。对于这些问题，我们需要做出分析判断，于是不停地从各个角度进行分析思考，花了很大精力，在最后我们又无法百分之百保证这样的分析判断就是完全正确的。因此，只好说“我不知道我的选择对不对，应该会有更好的办法，可是我只能做到这一步了”。在接触广告策划业务的初期，压力和缺乏成就感等负面情绪往往就来自于此。相比之下，学生所习惯的做完习题可以对照一下标准答案的感受，以及一些工作环境下依照规则和命令完成工作的感受，就会显得轻松很多。所以，对一些仅适应在工作中承担少量责任的广告策划初学者来说，培养习惯、强化心智，适应没有标准答案的决策过程是很重要的能力培养环节。

精读知识点 《电通“鬼十则”：全球最大独立广告公司的DNA》①

电通“鬼十则”由“广告鬼才”吉田秀雄于20世纪50年代制定，传承60余年，沿用至今。它是电通庞大机体的DNA，使得电通连续20多年广告收入居全球第一。它被全球广告从业人员奉为圭臬，被视为从平庸走向成功的铁律，并在其他多个行业领域广受追捧。

阅读分析

广告与广告人的生活

当被问及哪些知识对于广告创意有帮助时，大部分的人谈的都是生活经验，或者是一些与广告无关的阅读，只有少数几位在未经提示的情况下，主动提到各种广告专业知识（例如广告学、消费行为、行销原理与研究方法等）。这种现象可能是因为：第一，大部分的受访者为资深的广告人，早就对一些相关的专业知识习以为常，因此在接受访问的时候，不会主动提起；第二，专业知识只是做广告的原则，但是光懂原理不代表就能做出动人的广告。受访者的反应也提醒了广告人广泛阅读、缜密观察的重要性。

事实上，威廉•伯恩巴克在《广告写作的艺术》里也曾经提出“尽信书，不如无书”的观

① 柴田明彦.电通“鬼十则”：全球最大独立广告公司的DNA[M].郑燕，王婕，马洪月，译.北京：中信出版社，2013.

点，他认为过于依赖市场调查，只会让创意人写出和其他广告公司一模一样的东西。D是少数主动提及广告专业知识重要性的受访者之一，在以学生为对象的一场演讲里，他提到广告史、电影史与心理学对于一个好的广告影片导演的重要性，不过，他也认为阅读在精不在多，广告人只需要掌握几本好的广告书，无须吞咽太多令人困惑的东西。

① 生活

在《广告写作的艺术》这本书里，作者访问了五位资深的广告人，五位都同意"多元化"与"异质化"的生活经验就是创意产生的源头，这个观点在本次访问中也得到了验证，每位受访者或多或少都提到"用心生活"对于灵感激发的妙用。"创意很难跳脱出你所想到、看到的经验，"S说，"因为用心生活，就会感受到创意到处都是，像水库一样一直有水进来。"旅行也是一个制造生活经验的好方法，H说她觉得自己不能一直处在同样的环境里，工作久了就会感到厌烦，这个时候就必须离开一段时间。除了旅行，不同的文化经验也会丰富一个人的创作能力。来自新加坡的C到中国台湾不过一两年，但是他在不同场合看见的台湾广告时常让人觉得耳目一新。另外一位具备国际广告经验的广告人D也是如此，对于文化、次文化的灵活运用往往是他作品里最迷人的部分。

② 阅读

阅读是另外一种丰富生活的方式。Z曾经在他所写的《创意人》里提到："阅读是一种省时省钱的旅行，虽然可能不如旅行经验那么刻骨铭心，但是取得经验材料的数量和速度，都是旅行所不能及的。"广告大师乔治·葛里宾也说"越界阅读"（阅读一些与广告专业"八竿子打不着"的内容）是文案必做的功课之一。广告人的阅读面确实很广，Z喜欢看书，而且看得很杂，翻译的、畅销的、古典的、西洋的、星座的、品酒的、做菜的、时尚的……读这些书不是因为工作需要，纯粹只是有兴趣，想知道各行业的信息。她说："做广告的人应该知道所有的信息。"酷爱文学的C认为文学底子对于她的工作有很大的帮助，不过，她也提到读书虽然是必要的，读书的定义却可以是宽松的，凡是文学、杂志、电影甚至生活里的一切都可以阅读，重点是要"随时保持一种阅读的心境和态度"。除了习惯性地博览群书，被访者还提起了他们阅读杂志的兴趣，杂志像个浏览器，可以很快地嗅到新事物的大致面貌，虽未能精细，却可达到一定的广度。

还有几位受访者都提到电影作为阅读文本的经验。H说电影是她情绪、压力、创意瓶颈的出口，她承认偶尔会在广告影片里放进一点自己的感受，而这些感受通常和电影有关。爱看电影的她，常常在电影里读到感动自己的东西，经过生活的沉淀，碰到适合的商品的时候，便经由广告影片释放出来。

此外，电影也成为她的沟通工具，"某部片子的某个镜头"或者"某个导演的某种风格"往往是她和广告影片导演对话的方式。D说他不得志的那几年把《大国民》看了无数遍，看到可以闭上眼睛对每一个细节都倒背如流，他说看电影就是做功课，这些年来电影一直是他创意灵感与拍摄技巧的来源。

③ 观察别人

观察别人，也是好几位受访者的灵感来源。比如Z会到超市和卖场去观察各种类型的消费者，如果心里已经有底，她也会直接去找目标聊天，“观察”和“交谈”是她用来搜集资料的方法。为了弥补观察的不足，她还会买一些关于心理分析的中文书、外文书，不过，她说：“我有兴趣了解别人，但不想让人家了解我。”Q则喜欢在工作之余和广告圈外的朋友聊天，这么做不但可以避免整天和同样一群人搅和在一起，也可以经由圈外朋友打开自己的视野，聊着聊着，“仿佛也变成某个行业的专家了，”她还说，“从别人的经验中学习，总是可以绕过胡乱摸索的岔路。”①

■ 请阅读上文，结合自己的实际情况，在下面罗列出自己并不太熟悉，但是颇感兴趣的领域。

■ 你打算怎样在这些领域实践和体验?

阅读分析

广告人的心理调节能力

广告行业不只是一个富有机遇、充满光明前途、令人瞩目的行业，它更是一个需付出艰辛劳动、常常经历各种挫折与失败、充满竞争与挑战的特殊行业。它对从业人员的职业素质和心理素质有较高的要求，因此，并不是所有人都能成为合格的广告人。

广告人的职业压力主要来自于过度的自我焦虑及过高的自我角色期望，这是由广告行业的性质决定的。首先，广告客户一般都要求有固定的完工时间，但对于广告人来说，广告业务是一个系统工程，它不只是一种艺术创作，更是如实地反映产品或服务的特性并进行准确传达的过程，为此，只有付出足够艰辛的努力，才能捕捉到创作的灵感；其次，广告人必须充满竞争意识和强烈的责任心，工作时全身心地投入，来自日常工作的种种挑战以及十分繁忙的生活节奏等，也会给他们带来焦虑和压力；最后，广告人为了满足别人（客户）对他们的角色期望，就必须按规定的行为准则去完成他们的角色行为，这就有可能限制他们在其他方面的发展，在这种情况下，广告人就可能陷入受个人角色局限的焦虑与紧张中。

广告人的心理调适不能只是消极、被动意义上的适应，如忍受、克制、屈从等，而应该是积极、主动意义上的适应，如调整、改善、克服、适度宣泄等。调节与适应的过程，

① 编自《多洛希亚之旅：广告人vs.创造力》，作者为台湾政治大学陈文玲副教授，本书以十位广告创意人员为深度访谈的对象，了解、分析、归纳各种可能影响广告从业人员创意表现的元素。

就是一个改造和发展的过程，这是广告人所必须具备的心理素质之一。变压力为激发创造的动力，这正是广告人应具备的一种心理素质，优秀的广告人只会“利用”失败，而不会被暂时的失败和挫折所吓倒。

- 阅读上文，分析自己心理素质的优势和劣势。
- 请将要点记录在下面，作为未来实践过程中的注意事项。

训练 1 熟悉基本的应用软件

- 请你下载并尽量熟练地使用下列软件。
- 将你使用此类软件后的成果贴在这里。

文字处理软件 Word

PDF 文件格式转换

图文展示软件 PPT

图片处理软件 Photoshop

数据统计及绘图软件 Excel

训练 2 熟悉思维导图软件

请选取一本书进行阅读，了解思维导图软件的功能与作用：

东尼·博赞.思维导图[M].卜煜婷，译.北京：化学工业出版社，2014.

东尼·博赞.思维导图使用手册[M].丁大刚，等，译.北京：化学工业出版社，2011.

曲智男.画出你的世界：思维导图实战手册（修订版）[M].北京：电子工业出版社，2013.

介绍思维导图的有关书籍很多，以上仅稍作列举。

■ 推荐使用思维导图软件 XMind，下载并尽量熟悉该软件。

■ 可先选择任何一个主题，使用思维导图软件清晰地解析该主题，并将结果贴在下面。

训练 3 迅速成为深刻洞察行业的关注者

题目陈述

在由广告公司人员所组成的广告策划团队中，成员的行业（营销）经验是非常重要的财富。但是广告公司中的人员大多并非长时间仅仅服务于一个行业，而是会随着所服务企业的不断变化，转变对不同行业的关注。也就是说，即便是策划团队中具有行业经验的人，也通常仅是对其所服务过的某些行业有过短时期的经验。相对于客户市场部门或品牌部门服务一二十年的资深人士来说，其对行业的了解与认识也是不足的。

但是，策划团队需要在广告策划业务中快速发现营销传播问题，并提出合理的解决方案，且能够有效说服企业资深人士并和他们达成一致意见，这就需要策划团队能够在短时间内从一个不太了解某行业的局外人，迅速成长为能够洞察行业问题、理解行业规则，至少在多方面能够成为与企业资深人士比肩的行业关注者。

如何具有这种能力呢？这需要广告策划团队具有迅速学习的能力。

■ 行业的种类多种多样，需要迅速成为深刻洞察行业的关注者，你有哪些办法？

■ 你了解中国的钢琴行业吗？给你三天时间，请通过各种方式，尽量搜集关于中国钢琴行业和市场的知识和观点。

■ 北京星海钢琴希望拓展市场的销量，你认为市场中有哪些机会点可以把握?

训练 4 随时掌握新应用软件

基于新媒体新技术的广告业务应用软件层出不穷。例如，H5 页面的制作，数据可视化制作，网络平台语音、视频的制作，等等。这些都是非技术人员利用应用软件即可完成的基本制作、发布技能，因此也是我们需要学习和掌握的。

百度百川流量平台打造原生广告＋程序化创意跨屏闭环

百度 EBG（Emerging Business Group，新兴业务事业群组）体系下的百度贴吧、百度视频、百度音乐、百度文学、百度文库、百度阅读以及百度魔图等超级产品，也拥有海量用户，是具有娱乐和社交黏性的流量平台。百川系统是百度 EBG 体系下整合内部产品线商业资源的广告实时交易平台，支持合作伙伴以 OpenRTB 的协议接入，基于 ProtoBuf 的数据标准，高效获得广告曝光资源，让百川系统和合作伙伴实现曝光流量的最大化变现。百度百川系统的流量特点不仅仅是海量曝光，更是消费者 UGC（用户原创内容）内容与优质娱乐内容结合的流量平台。

利用筷子科技与百川系统的数据对接，程序化创意平台对不同场景、不同屏幕的识别，广告内容告别“一对多”的单一信息传递，能够实现真正场景化的沟通。以某知名在线英语教育机构为例，利用筷子科技对内容场景的识别，VIPABC 能够在百度不同的资源平台下，自动投放和场景相匹配的广告内容。例如在百度视频平台上，VIPABC 的广告内容会生成“1 个月 看美剧不用字幕”；在百度音乐平台上，广告内容则会自动调整成“1 个月 听英文歌不用看歌词”；在百度文学、百度阅读平台，广告内容又会自动调整成“1 个月 看英文小说没难度”。广告主可以在百度各个优质内容频道，以及在 PC 和移动端，完整地进行品牌主题的全局沟通。①

■ 请挖掘更多的应用软件，列在下面：

■ 熟悉百度百川与筷子科技的概念与应用。

① 资料来源：“RTBChina”网站，2015年7月。

训练 5 实战与大赛练习

题目陈述

对广告策划的学习而言，仅仅纸上谈兵是不可能帮助我们掌握技能的。广告策划学习的重点在于学会将广告理论学习转化为实践能力、动手能力。在完成广告方案的过程中，我们还可以通过大量的实践作业和活动，获得对广告策划知识的充分理解，并掌握广告活动策略制定的思路与方法。离开这个过程，我们将无法发挥和提高自己的广告策划能力。

实战练习分为两种：

其一，准实战过程。

学习过程中的模拟小组策划作业大部分都是准实战水平的，也就是说在品牌、产品、市场环境、消费者、媒体的背景等方面，都是依据市场真实状况设计的，但是在和客户沟通、了解客户需求、听取客户反馈等环节上，仍是模拟的状态。

其二，真实的实战过程。

在学习过程中提高策划团队的实战比例，就意味着让尽量多的小组作业百分之百进入到客户需求与沟通的环节中，这需要借助团队与业界的实际联系机会，以及教学团队与企业所建立起的长期合作关系。

其三，大赛期间的实战过程。

在近年固定举办的大赛包括：全国大学生广告艺术大赛（http：//www.sun-ada.net/）、时报金犊奖（http：//www.ad-young.com/）、中国大学生广告艺术节学院奖（http：//www.xueyuanjiang.cn/）、ONE SHOW 中华青年创新竞赛及中华青年创意节（http：//www.oneshow.com.cn/）、现代汽车大学生营销创意大赛（http：//www.uni-marketers.com/）、中国策大学生营销策划大赛，等等。

- 请关注各类大赛网站，阅读各年度的品牌策略单与获奖作品的资料。
- 在学习过程中，请参与其中的一次赛事活动。

第1章 广告策划思维

1. 从简单到复杂

精读知识点1 《整合营销传播概论》[①]

1992年，美国西北大学在全世界第一次开设了IMC（Integrated Marketing Communication）硕士课程，并出版了全球第一部关于IMC理论的教材《整合营销传播》，该书的作者是西北大学教授舒尔茨、田纳本和劳特朋。这本书出版后引起极大反响，随后，IMC理论研究开始在全世界扩展。1997年，有关"整合营销传播"的书籍开始在中国大陆出版。整合营销传播以一种新的观察视角为营销及营销传播带来了彻底的变革，从而发展并改变了传统营销传播的基本观念。

精读知识点2 《广告、促销与整合营销传播》[②]

本书讲述了整合营销传播中的基础知识、广告工具、媒体工具、促销工具等内容，并

① 初广志. 整合营销传播概论[M]. 北京：高等教育出版社，2014.

② 克洛，巴克. 广告、促销与整合营销传播（第5版）[M]. 应斌，王虹等，译. 北京：清华大学出版社，2012.

介绍了整合营销传播的伦理、监管和评估等问题。

阅读分析

碎片化现象

各种信息和内容五花八门，这就是信息和内容的碎片化。对于每一个用户来说，他的兴趣点是很不同的，这是用户兴趣的碎片化。每个人不用整块的时间，而只是在零星的时间使用互联网，这就是时间的碎片化。受众个性化的信息需求导致所需资源分散在各个不同的角落，这是资源的碎片化。今天在互联网上的内容不是太少，而是太多了；互联网的碎片化已经不只是单个现象，而是已经延伸到了人们生活中信息接触的各个角落。

我们可以从多个角度来审视碎片化问题，例如媒体碎片化、内容碎片化、受众碎片化、品牌形象认知的碎片化、兴趣碎片化，等等。

媒体碎片化是指媒体的数量和种类繁多，很少有哪一两种媒体能够与受众建立起稳固、一天中长时间的陪伴关系。人们已经习惯通过不同的（媒体）方式满足自己不同的信息需求。

内容碎片化一方面是指信息内容往往是完整内容的一部分，另一方面也是指人们仅仅是以碎片化的程度来接触信息，甚至已经很难"完整地"看完一本书。

受众碎片化是指受众在众多媒体之间被分流，单个媒体或平台要获取成规模的受众的难度越来越大。

品牌形象认知的碎片化是指受众乐于用自己的方式来获取自己感兴趣的品牌信息，不同受众从不同的内容入口进入，依循不同路径，会获得不同的品牌知识，并形成对不同品牌形象的认知，这种品牌形象认知距离企业所预先设定的内容或有多角度的偏差，这使得品牌形象认知的确立具有了更大的难度。

兴趣碎片化是指处在不同社会地位和利益群体的互联网受众对信息内容的需求都是完全不同的，加上自我意识强烈的 80、90 后占比较大，互联网受众不愿意被动接受传播内容，而是只选择自己感兴趣的信息，个性化的需求越来越细分、越来越不同。信息需求在整体上体现的多样化和异质化就是兴趣碎片化。

■ 请阅读上文，用生活中的感受或案例，来丰富对上文中不同碎片化角度（媒体碎片化、内容碎片化、受众碎片化、品牌形象认知的碎片化、兴趣碎片化）的描述。

思考与讨论 1　碎片化后的整合

思考要点记录

题目陈述

请在近年来广告行业中出现的诸多工具和方法中，找出一两个有益于碎片化后整合的工具或方法，分析说明它们是如何达成整合的。

背景知识

信息传播中的整合问题早在20世纪末就已经被提出来。但是，那个时期的整合问题同本阶段的整合问题并不相同。

早期的整合问题（IMC）的一个简单特征是：合理规划和使用广告、公共关系、销售促进等不同的传播形式，使之成为一个简单且天衣无缝的、整体上的可协调品牌传播的工具。

■ 整合传播。在某种特定的营销传播手段中同时运用品牌形象和受众的直接反应行为两种推广方式。例如，一个广告中同时包括直接反应工具和销售促进，公关诉求和品牌广告。

■ 一种声音传播。推广战役的开始即在所有的品牌 / 形象广告、直接反应广告、公共关系、销售促进中都强调品牌的单个定位策略。

■ 协调的营销传播战役。整合不同营销传播领域的活动，包括销售促进、广告、公关等，努力抵达各类消费者。

虽然IMC实际上是一个发展中的概念，从传播媒介的协调统一、传播信息的一致性和管理风格的差异性上，都一直处于动态的变化中，但是新媒体时代来临后所带来的碎片化现象所需要的"整合"视线则在不断地突破原有IMC的范畴。

新的"整合"压力来自于：

■ 我们该如何整合碎片化的消费者人群与需求，以确保能够给予有针对性的信息；

■ 我们该如何整合碎片化的受众，借由整合媒体接触点与媒体平台间的协同效果，确保信息到达的规模与效率；

■ 我们该如何整合"不同的声音"，让多层次的信息内容虽然根据需要散播在各处，但依然能够有计划地达成传播任务；

在不断发展变化的社会环境、媒体环境和市场环境中，如何确保

思考要点记录

更高水准的整合效果，成为广告策划业务发展变迁的核心内容，其给广告策划操作带来的实际的复杂性与困惑，是新媒体时代来临之前的那个历史时期所难以比拟的。

思考与讨论 2 传统大众媒体时代广告高效制胜的关键

思考要点记录

题目陈述

在传统大众媒体时代，广告活动的媒体背景曾经是80%—90%的电视收视率，充分渗透进大中城市人们生活的报刊订阅和传阅，以及家家必备定时收听的收音机，也曾出现过“一条广告救活一个企业”以及在中央电视台投放广告就能打造出品牌的现象，广告活动曾是产品宣传、品牌建设高效的工具。对比当今的社会和媒体环境，如果我们不把眼光完全局限在媒体受众规模上，传统大众媒体时代广告活动高效制胜的原因还会有哪些？

背景知识

广告活动所依托的社会、市场、媒体等背景赋予了广告业务特定的工作方式和策略方法，市场中所发生的变化是进行广告活动时所不能回避的问题。由于社会背景不断地发展和变化，广告活动的运作方式也将发生一定的变化。

近年来，新媒体不断涌现，全国乃至全球大市场逐渐形成，产品日益丰富，消费意识不断提升，市场竞争加剧，市场环境日益复杂。对很多行业来说，在它们面前出现的是一个比以往更大的市场，消费者群体更为复杂、地域范围更为广泛，电子商务的出现，使得这个市场的边界拓至全国乃至全球；而市场中的竞争环境也在变得更为复杂：一线城市和二线城市的争夺、竞争者对市场的细分、品牌的增长、新资金（或外资）的进入等，这些都在不断地加剧市场问题的复杂程度。

面对企业市场生存环境的改变，广告策划者需要重新审视消费者的认知与行为，重新考虑品牌老化、品牌同质化或产品同质化等问题，也要不断深入考察同行业内不断复杂化的竞争问题。这些无一不在增加广告活动的难度。

训练 1 最简单的案例

请参阅一份规范的广告策划案，把这个广告策划案的思路缩减成最凝练的思维分析与判断过程，并用框式结构图把它画出来。

训练 2 广告可能的变化

计算机得以进入工厂后，它为制造业的老板带来了新的机动性，他们既可以轻易地调整食品或饮料的市场，创造更多口味的牛奶饮品或饼干，也可以发出一个简单的指令，让织布机的编制模式从条纹变为格子花呢。在某些行业，或许类似的改变并不比我们在电脑的 Word 界面上将宋体调为黑体费劲多少，但这种改变意味着我们的产业能够轻易地创造出成千上万个新的差异。与此同时，来自世界各地的全球性倾销的产品，实际上已经堆到了我们的家门口。因此，今天我们面对的消费选择几乎是没有尽头的。

要想在这个拥挤不堪的市场中胜出，就要具备远远超过工业生产所强调的效率，同时要把购买人群所期望的风格、质地、颜色和恰当的价格等产品信息，精确地传达给每个消费者。换句话说，这个时代已经演变为“消费者在主持产品的展示”，而不再是那些进行制造和生产的企业。

也就是说，我们必须以区别对待的方式来面对消费者。①

■ 请阅读上文，分析其中的现实问题，充分调动你的知识和想象力，描述出“人们需要的广告”应该是怎样的广告。

训练 3 涉及业务版块的复杂性

广告运作的策划制定和实施过程是对所有广告业务形式的一个整合过程，这个整合特征不但体现在广告策划的业务展开过程中，同时也会表现在各种不同的广告业务中。对于前者，我们不难理解，广告活动会不断地涉及广告业务中的不同业务种类，比如市场 / 消费者调查、市场研究、媒体策略制定、创意、文案、公关活动、促销活动等；而对于后者，则体现为在我们在分别执行市场调查、创意等工作时，即使它们并不需要我们去制定有关广告运作的完整策略，也必须与广告的策略性环节相衔接，否则，工作就会有偏离方向的危险。

① 贝克. 当我们变成一堆数字[M]. 张新华，译. 北京：中信出版社，2009.

随着近年来媒体环境与市场环境的变化，广告策划业务的内涵也在不断发展。广告策划从本质上更加关注如何为产品提供市场生存的助力，关注如何更有效地建立信息的传播方法。广告策划的业务操作一直以来都在追随着新条件、新环境、新技术和新方法而获得发展。

近年来，新媒体的迅猛发展正在重塑广告业务的形态。互联网逐渐深入生活，手机移动端应用迅速普及，电视在某种程度上可以成为一种显示终端，人们随时可以选择合适的媒体，捕捉需要的内容。在这种背景下，网络广告、原生内容、跨媒体广告、消费者卷入行为、信息接触点和接触路径控制、广告创意内容的异化、社交媒体、购物者营销、新媒体监测、新的市场研究视角、广告效果标准等与时俱进的业务观念和形态逐渐显现，这些无一不是影响广告行业业务方式发生变化的因素。

■ 丰富的广告业务版块都有哪些？请一一列举出来。

训练 4 植入式广告的复杂化

植入式广告（PPL，Product Placement）其实仅仅是诸多广告策划创意方法中的一种，也是一种相对独立的业务板块。正是这些业务板块及业务方法的发展与不断复杂化，使得广告策划业务的难度不断提升。

植入式广告是一种通过安插产品而获得植入式广告效果的广告方法，广告主通常以扩大销售和改善形象为目的，将某公司品牌或服务安插在电影中，并向电影公司支付一定金额作为报酬。以前的植入式广告停留在将产品作为道具安插在电影、电视剧中的程度，但是现在的植入式广告作为对企业营销的有效补充，为我们带来了很多新的机会和手段。

现在的植入式广告不仅存在于电影、电视剧中，它甚至扩展到了话剧、音乐剧、音乐视频、在线游戏等领域。仅仅是数字媒体上的植入方法就已经很值得深入分析、挖掘，因此可以说，将某种品牌的产品通过什么媒体、什么节目，在什么位置、以什么方式、呈现什么内容于消费者的面前，这些都是决定植入式告成败的关键。

■ 请基于植入式广告的植入内容类型，尽量全面地列举当前植入式广告的种类。

■ 请从以上列举的种类中，选择三种植入式广告，分别说明其操作要点。

2. 发现问题—提出问题—解决问题

思考与讨论 1 不完美的市场营销状态

思考要点记录

题目陈述

列举一个品牌，分析其不完美的市场生存状态都有哪些？

思考与讨论 2 广告策略

思考要点记录

题目陈述

请谈谈你理解的“广告策略”。请进一步细化你的认识，你认为“发现问题—提出问题—解决问题”的思路在“广告策略”制定过程中发挥了怎样的作用？

背景知识

何谓广告策略？广告策略是实现、实施广告战略的各种具体手段与方法，是战略的细分措施。

策略是从 A 点到 B 点的方法。B 点即目标，A 点则是基于对客户业务深入理解所做出的现状研究。清晰的 B 点能够使人们看清 A 点存在的缺陷与差距，并提出如何达成的路径；而 A 点清晰与否则决定了 B 点的可行性及策略的有效性。

例如，某客户告诉策划公司：本公司近三年来年营业额维持在 500 万左右，我希望与你们合作后，能在一年内达到 1 000 万。在这里面，看起来 500 万是 A 点、1 000 万是 B 点。但如果循着这条思路继续下去，你会发现根本无从下手，因为那只是两个数字而已。500 万不是 500 万，而是其背后的资源配置状态；1 000 万也不是 1 000 万，而是完全不同的另一种资源配置状态。在清楚了这个事实以后，

思考要点记录

我们就可以发现，如果清晰了 1 000 万所需的资源配置状态，我们就可以发现现状中的不足，并且逐步调整改善，直至达成目标；而前提一定是对 500 万的资源配置状态深入理解，否则即便目标很清晰也是无从下手。同时我们还可以发现，对于不同行业的企业，这 500 万与 1 000 万根本不是相同的概念；即便在同一行业中，针对不同企业，500 万与 1 000 万也不是同样的概念。所以理解客户业务是策划公司的基本功，这可以帮助他们理解 A 点与 B 点的资源配置状态，从而帮助客户制定达成 B 点的路径，即发展有效策略。

所以，认清现状，深入理解客户业务并且得出一个清晰的结论是发展有效策略的基础，离开这个基础，就不要谈策略。

■ 有一些市场问题是无法利用营销传播方式予以解决的，请列举三种。

■ 请说明“发现问题—提出问题—解决问题”的思路在广告策划活动中的关键地位。

■ 请阅读并理解后文附录中的“广告策划任务清单”，有哪些任务是你所熟悉的?

背景知识

世界上基本上不存在完美的市场营销状态。在企业所面对的营销环境中，都会存在那些需要沟通、再沟通的内容。例如，当 iPhone 正站在市场的风口浪尖，仍受大市场追捧的时候，是否有必要考虑开发更多的消费者？是否要考虑进一步提升 iPhone 现有消费者的品牌忠诚度？是否需要推动现有的 iPhonc 消费者将旧型号换成新型号？每一种需要沟通的内容，都意味着产品、品牌在面对营销时仍存在待解决的问题。发现这些待解决的问题，即“发现问题”的过程。

对一个产品或品牌来说，其待解决的营销问题何止一两个。那么，合理审查这些问题，从中发现那些可以用营销传播方法来解决的、相对有价值的问题，并最终确定在你的本次方案中需要解决的那个问题，就是“提出问题”的过程。

继而，提出你的解决策略、解决方案，则是广告策划中的“解决问题”的环节。

正因为很多产品、品牌都存在需要运用营销传播方法去解决的市场问题，所以，以此为基础而产生的广告活动、广告策划才有了实际存在的价值。

精读知识点1 《市场营销原理》①

本书自出版以来，一直是世界各国主要的工商管理学院的市场营销学必修课的教材，是市场营销领域的必读书目，可以帮助读者更好地理解市场营销学的概念，更熟练地掌握市场营销的技术和方法。

精读知识点2 《广告心理学》②

本书以心理学、传播学和广告学多重学科领域进行架构，整合了我国历年来的“广告心理学”书籍的重要内容，具有系统性和完整性，不但介绍了广告心理学这门课程的入门知识和历史背景，而且还以心理学架构为基础，对感知觉、理解、记忆、态度等进行了详细阐述。

训练 1 对市场问题的审视：发现问题

我们可以整理和提炼一个品牌在市场中所呈现出来的不完美市场状态和现象，以发现隐藏在这些状态和现象背后的市场问题。在这些市场问题中，有一些是可以通过营销传播方法予以改善或解决的，这部分市场问题对于广告策划活动来说，很可能成为广告活动需要具体解决的任务。

雅哈咖啡是统一开发的产品，属于液态即饮咖啡品类，可随时、随地、随意地购买及饮用。雅哈咖啡自开创以来，一贯以其时尚的形象出现在公众面前。雅哈产品包装系列把握了咖啡的应有本质，柔和的暖棕色和铝箔包材肌理将咖啡香醇柔滑的感觉可视化，同时还针对不同口味，赋予了不同的色调变化。

雅哈咖啡自上市以来，知名度不温不火，在即饮咖啡市场中占有一席之地。

■ 请通过消费者调研，并走访零售场所，了解雅哈咖啡的市场生存状态。

■ 请尝试发现雅哈咖啡的在市场生存中所存在的问题，并一一列举。

■ 请细化说明这些问题及其背后的原因，并指明哪些问题是可以依靠营销传播活动予以解决的。

① 菲利普·科特勒，等. 市场营销原理[M]. 郭国庆，译. 北京：清华大学出版社，2013.

② 余小梅. 广告心理学[M]. 杭州：浙江大学出版社，2008.

训练 2　对核心问题的审视：提出问题

在那些可以通过营销传播活动解决的市场问题中，其中的某一两个将会是最为迫切或关键的问题。

海底捞一直以极致的服务见长：不仅有员工提供的极为贴心的服务，还有美甲、擦鞋、打印照片等其他服务，这些都是其首创的，正是这些“感动中国”级别的服务成就了海底捞的声名。从黄铁鹰先生的《海底捞你学不会》，再到《快公司》的不吝赞誉，海底捞在消费群、商界、媒体圈一向有着好口碑，而且声誉日隆。

但是，盛名过后，海底捞的市场生存却也隐现危机。

高级别的服务成就了海底捞的声名，但是也将海底捞符号化、脸谱化、定型化了，难道海底捞可以依靠在餐饮业的“伺候式”服务长久良性地生存下去？在 60、70 后人群是其消费主力时，这样的服务广受欢迎。但是消费群正在以较快的速度向新生代迁移，这是一个不可逆的趋势。新生代人群需要的不只是感动，而且要机动。有时候，低姿态的服务如果过多，反而成了冗余和浪费，而且有时候海底捞提供的服务还具有一定的“侵略性”，甚至侵犯到客人的隐私，海底捞在美国就经常遇到这样的尴尬。除了“伺候式”服务带来的一时盛名，海底捞还有什么？

海底捞的产品是火锅，相对其他餐饮品类，产品差异较小，所以，火锅店现在走上拼服务的路，也是明智的。对于海底捞的特色，在现有的品牌形象和认知条件下，并不适于更换或弱化。那么，在海底捞成名之后，在消费者对其服务充分体验之后，顾客应对海底捞抱有怎样的认知才益于其对海底捞保持忠诚？广告策划环节可以将这设定为“提出问题”。

除此之外，对海底捞的知名度进行进一步开发、进一步拓展消费群体、对送餐服务进行推广等问题，都被排除在本广告方案的核心问题之外。

- 在广告策划业务“提出问题”的环节中，“核心问题”应如何筛选？谈谈你的想法。
- 你同意上文锁定的“核心问题”吗？你有更好的思路或观点吗？请记录下来。

训练 3　解决方案千差万别：解决问题

有人认为，在食品安全饱受公众质疑的环境下，传统的广告和公关手段已经显得非常无力。如何取得消费者的信任成为奶企们最为头疼的问题。这当然也是在中国“奶殇”环境下，伊利塑造行业领军、放心品牌形象遇到的同样的难题。

凤凰网的解决方案很简单，一个记者、一台相机、一支笔、一个资讯频道的图片专题策划——《中国牛仔的一天》便应运而生。

跳脱常规的无菌工厂探秘，从源头——奶牛入手。凤凰网用镜头记录了伊利牧场场长赵国梁的一天，通过对他工作细节、工作态度、专业背景的刻画，呈现出了一个有血有肉、负责任、懂科学的普通劳动者形象。2012 年 12 月，由凤凰网原生品牌新闻《中国牛仔的一天》图片新闻专题上线，凤凰网以新闻纪实的方式将这些纪实的素材呈现给了网民，以养殖人员专业、敬业的工作态度，映衬伊利品牌高品质、人性化的企业精神、传递出了伊利奶源的安全和品质。

在新闻推出的两天时间里，曝光量高达 240 万，获得 4.6 万次点击，点击率近 2%。这组图片新闻得到了伊利方面的高度认可，之后腾讯在其 2012 年度策划《中国人的一天》进行了版权转载。

凤凰网所尝试的解决方案是试图利用令人信服的详细信息，来打动并说服受众。但是，利用新闻纪实的方法也许仅仅是多种解决方案中的一个，对不同解决方案的追寻与发现，以期找到那个最为完美的解决方法，是“发现问题—提出问题—解决问题”环节中不可或缺的组成部分。①

■ “取得消费者的信任”对中国奶制品品牌来说确实是最大的营销传播难题。凤凰网的尝试就是针对这一问题的众多解决方案中的一个。你有更好的方法吗？请列举五个你想尝试的解决方法（请尽量尝试使用不同的方法，而不是仅仅将凤凰网换成其他平台）。

■ 请思考，解决方案可以是千差万别的，但是我们可以用怎样的思维方式去寻找解决方案呢（可通过广告策划的学习的全过程来探索发现答案）？

■ 请自行选择一个品牌（或品牌旗下的某产品），寻找其市场问题，锁定需要解决的核心问题，并提出有针对性的解决方案（呈现解决思路即可）。

① 凤凰网广告销售部全国营销中心华北策划. 伊利-中国牛仔的一天［EB/OL］.（2014-01-06）［2017-09-10］. http://biz. ifeng.com/fhyx/case/detail_2014_01/06/1695738_0. shtml.

第2章 解放创造力

正如一个做了多年广告创意的从业者，并不一定能够在创意的领域登堂入室一样，即便我们很熟悉广告作品、广告行业和广告产品，但是对于广告的潜力、广告局限性，以及我们操控广告信息的能力，我们能否有清晰的辨别呢？

这需要我们先放下已有的判断，从新的起点重新开始，探索寻找一番。

1. 广告策划需要创造力

思考与讨论1 寻找创意突破

思考要点记录

题目陈述

创意并非仅仅指你能够创造出多么不一样的画面或声音来表达你的意图。请从完整的广告策划业务的角度去理解：什么是创意？创意都覆盖了哪些业务环节？使用一个案例，来说明它的创意突破所在。

背景知识

任何一个广告活动都需要针对营销传播任务展开，创意质量对策划（解决）方案的成败来说是至关重要的。虽然广告策划不等同于创

思考要点记录

意，但是非常需要高超的创意水平来支撑。

策划（解决）方案中的创意体现在创造性的发现、创造性的表现、创造性的沟通规划等方面。在一个广告策划方案的拟订过程中，寻找好的创意经常成为业务推进的瓶颈。

对广告来说，创意就是永恒的价值所在。广告人也无时无刻不在寻找着创意的价值。

随着新媒体环境的发展，虽然移动市场或者互动等新鲜的广告形式备受关注，但是对于广告解决方案来说，创意仍然是业务突破的重点。也许有人认为使用互动、微信等广告的新形式就是具有创意的，但对广告人来讲，创意却是另一种东西，它强调如何使用创新的诉求内容、表现形式和表达方式去帮助广告主完成有效传播的任务。

当创意关乎生意时，它对于客户才是有价值的。创意的价值，就在于它能够在创造沟通效率的时候有所突破。

思考与讨论 2　洞察和发现问题

思考要点记录

题目陈述

通过洞察发现，佳能相机有机会成为“可以拍照的时尚品”，这为佳能相机创造了怎样的一个市场机会？请遵照佳能相机的这一案例，讨论你们对由洞察过程推动的创意性发现这一创意环节的认识。

背景知识

洞察是创意性地去发现，创意性的发现游走于常规思路内外，总是能够让我们找到别的品牌还没有发现的市场机会。这时，锁定由洞察所获的市场机会将会是下一个阶段市场策略的开始。

有关佳能数码相机（卡片机）的一项洞察结果显示：很多人认为佳能是一个穿着正式、35 岁左右的工薪族才会选择的产品，而其在 20 岁左右年轻人的群体中认知度偏低。普通数码相机的使用者多为没有任何技术基础的白领、时尚人士、都市女性等，他们更希望数码相机成为彰显自己个性的时尚道具。

佳能计划将目标消费者从专业人群向时尚、年轻人群转移，改变消费者心目中的呆板形象。因此推出了“你好，色彩”的宣传口号。

思考要点记录

佳能以“色彩”为主打，将 2009 年作为专注时尚外观和工艺设计的开始，并开始投放莫文蔚代言的一系列广告。

以“色彩”作为产品差异化竞争的基础，佳能在广告和品牌宣传上比对手用了更多心思。产品品质不变，变化颜色可以吸引更多的人群，但成本支出并不太多，这不失为特殊时期的特殊手段。而这一战略使佳能完成了从时尚主张到文化主张的飞跃。

“‘你好，色彩’系列活动实施后，我们的销量同比增长了两位数以上。”而有关市场调查数据显示，2009 年佳能小型数码相机市场占有率第一，相机品牌提及率第一，这说明消费者认可了佳能 IXUS 的时尚与活力形象。

思考与讨论 3 核心概念

思考要点记录

题目陈述

为什么说发现产品、品牌营销传播的核心概念是一个创意过程？请分析说明这一创意环节的重要性。

背景知识

养乐多是一个风靡全球的乳酸菌饮品品牌，其生产企业是世界上最大的生产和销售发酵型活性乳酸菌的制造商之一。

养乐多在中国市场中知名度较高，但是人们对其品牌的辨认度并不清晰，人们往往会将其与其他一些儿童乳酸饮料品牌或小瓶甜味饮料相混淆，因此对养乐多的全球性品牌及可靠的产品品质并不了解。

在某广告策划案中，其策划小组发现该问题后，认为应该让消费者更清晰地辨认出养乐多的品牌价值与产品价值，以便与其他同类或近似产品相区分。为此，策划小组拟订了以“决胜肠道”为核心概念的广告方案。

为了达成同样的市场任务，策划小组可能有机会发现很多不同角度的解决方法，例如，利用权威代言人提升本品牌产品的权威性、强调品牌历史、解决品牌知名度提升的问题，等等。但是，策划小组最终需要找到那个最具创造性的、能够聚拢视线并准确解决问题的方法，并由此提炼出广告方案的核心概念。对于广告策划工作来说，核

思考要点记录

心概念既是解决问题的核心思路，也是方案中的创意表现，是解决方案的灵魂。

对该广告策划案来说，“决胜肠道”的核心概念是希望通过创意性地展示产品所含益生菌对人体的功能，来使消费者对养乐多品牌的全球性权威地位及产品品质有所认知。这一策划案具有创意，既体现了广告的诉求点，又有着更夺人眼球的表述形式，其创意表现具有潜力，那么它就可能成为成功的核心概念。

最重要的是，核心概念的选取过程，是非常需要激发创造力的作业过程，既要与市场（广告）任务相衔接，又要有创见地解决问题，还要兼顾创意表现的潜力并聚拢视线。

思考与讨论 4 视觉冲击力与感染力

思考要点记录

题目陈述

我们通常需要利用创意的技能，使所要诉求的内容在面向受众时，能够呈现出具有视觉冲击力与感染力的一个表现形式。在创意过程中，有哪些具体的创意过程控制能帮助我们更好地获得具有冲击力和感染力的表现方式？请通过阅读有关资料和书籍，讨论并汇总创造视觉冲击力与感染力的表现技巧。

背景知识

通常，平面广告或视频广告需要从与其同处一个版面或时间段的信息中跳脱出来，被受众看到且记下之后，才能带来认知的改变。这需要广告在到达受众的同时，能够展示出其在表现及说服力上的与众不同。

有很多元素可以帮助我们让这则广告与众不同，但是这些元素均要以“为购买创造一个理由”为目标，通过“创意”的方法来进行规划和处理，而“创意”所要做的就是把“为购买而创造的那个理由”，以简单、准确、直接、趣味、易于理解的方式落实在广告作品中。

广告内容表现出的视觉冲击力与感染力是决定其能否吸引受众并打动受众的关键之处，对“视觉冲击力”的理解不是只强调外在形象对视觉感官的刺激作用，更不能在认识上停留在“知觉印象”这个最浅的层面上，如果只刻意地运用一些华丽或张扬的表面效果取悦于

思考要点记录

人，而不是在如何提高诉求目的和感化观众内心世界方面下工夫，广告作品是很难对欣赏者产生心灵上的撞击的。

对此，可以参看绝对伏特加经典的系列平面广告作品。

思考与讨论 5　故事力

思考要点记录

题目陈述

谈谈你们所理解的故事力。用案例说明，故事、情节等内容应怎样与产品或品牌所需诉求的内容匹配才能顺利吸引并打动受众？

背景知识

对于广告人的创造力来说，寻找足够优质的情节来承载任务性的商业信息，并将必须传达的任务性商业信息与承载它的情节很好地融合在一起，使它们完全自然地匹配感受，同时对内容接触者产生有效的影响力，这是一个非常大的挑战。

台湾大众银行曾投放“不平凡的平凡大众”系列电视广告片。广告片中的故事离我们虽远，但其带来的感动却很真实。尤其是广告片中所传递出的普通人身上令人感动的坚韧和伟大，足以令我们重新审视自己，重新审视平凡的生活。

广告作品是一定要承载带有任务性的商业信息的，例如，告知品牌或产品的某项功能。但是很多时候，纯粹地传达这类内容，是难以聚拢受众的视线的。所以，这些带有任务性的商业信息大多是要附着在其他内容上的，例如，一个温馨的小故事、一个趣味的小情节等。

借用并结合故事、情节等内容，放大商业信息传达的效果，这就是故事力的操作思路。“褚橙”营销推广的成功就对故事力的价值做出了很好的阐释。

思考与讨论 6　跨平台

思考要点记录

题目陈述

星巴克是一家连锁咖啡店品牌，在星巴克实体店来来往往的客人中，很

思考要点记录

少出现因为某位客人的光顾而使他们的朋友也想光顾星巴克的情况。因此，请通过讨论，寻找一种方法，使得实体店在影响到光顾的客人后，可以很快吸引客人的朋友们，使他们也产生近期光顾星巴克的想法。

背景知识

在 Facebook（脸书）有一个“When Starbucks Gets Your Name Wrong”账号，它专门搜集星巴克拼错的名字，例如，把 Eve 拼成 If，把 Wendi 拼成 Ween，把 Cass 拼成 Cats，等等。其实，在星巴克“错拼事件”发生前，在产品上写下顾客名字其实是一种高级的定制化服务，它意味着顾客正在被悉心地关照着，LV 曾把这项服务称为“Stamp”。

最近，一则解释星巴克店员为什么总是写错顾客姓名的视频在网络上被大量转发。这则短片中认为星巴克其实是故意的，把顾客的名字拼成蠢萌的谐音，让人感到又错愕又好笑，而人们一旦把这尴尬的一刻拍照发到朋友圈的时候，星巴克的小美人鱼就默默地笑了。因为一旦名字拼错了，顾客才更有可能以吐槽的情绪将这个错误的名字发送到社交网络上去。这不正好是免费的推广么？

使用一个巧妙的办法，就可以将实体店铺中的人们产生及关注的信息转移到互联网上，并可借此扩大信息的影响力，实现信息的跨平台流动，对这种方式的开发将是广告创意中一个很重要的组成部分。

训练 1 广告信息与广告创意

如果让你看一段电视广告，你可以找出其中的创意点吗？

大部分的人都只会写下广告中提供的信息。举例来说，假如放的是影星卡西·摩顿（Karl Malden）所拍的美国运通旅行支票的广告，大部分人便会说广告的创意点是“度假时请不要携带现金，美国运通旅行支票几乎可以随时补发”。

所以大家似乎把广告信息跟广告创意点混淆在一起了，其实创意点指的是“传达信息的方式”。要说明美国运通旅行支票的优点，创意小组原本可以选择许多不同的方式，譬如由旅客们讲述使用感受，或者运用卡通形象讲述一个旅途期间丢失现金的故事等，但是后来创意小组采用卡西·摩顿的话语来强调度假时现金很容易失窃，从而更突出了美国运通旅行支票的好处，这就是所谓的广告创意。

- 请列举你喜欢的三则平面广告；
- 请写下你认为其中的广告创意点在哪里？

训练 2 捕捉视线的惊人之举

印度的 Anando 牛奶想要增加儿童群体牛奶消费，因此，麦肯－埃里克森广告公司（McCann Erikson Agency）在孟买的一座建筑物上做出了如此富有创意的广告。广告中，由于喝牛奶，一个孩子茁壮成长，力气大到能把这个建筑物的一部分推着往前移动。（如图 2-1）

图 2-1 Anando 牛奶广告

图 2-2 潘婷广告

为了证明潘婷宣称的“真正强大起来的头发”，三场长发公主风格的特技表演在多伦多市中心举行了两天，而男性登山者则沿着三个超大型的马尾辫攀爬到顶端。（如图 2-2）

- 请列举具有类似吸睛效果的 20 件广告作品（包括户外广告和平面广告）。
- 分析说明：是哪些元素发挥了至关重要的作用？
- 分析说明：关键元素是如何与周边其他元素（背景条件）相匹配的？
- 分析说明：关键元素是如何做到让人们对广告所要传达的任务性商业信息一望而知的？

训练 3 诱人深入的技巧

无论是视频广告，还是广播广告、平面广告等，都需要能够充分地吸引消费者，获取消费者的关注并吸引他们的兴趣，因此，在广告内容的创意环节，需要我们具有丰富的诱人深入的技巧与经验。

以广播广告为例，广州电台“广东移动（彩铃篇）”广播广告文案如下：

女 1：从现在开始让我们跟（音效：电话嘟嘟声）说拜拜。（音效：电话拨号声）

男 1 唱：ONE 我不能接电话，TWO 我有个好办法。

女 2 唱：我不接，我不接，我就不接你电话，不接电话，不接你电话。

男 2：对不起，您所拨打的用户正在参加奥运会滑冰比赛，请您等他比赛结束后重拨。

女 3 唱：什么电话都不接啊！

男 3 唱：不接！

女 3 唱：什么短信都不回！

男 3 唱：不回！（音效：放歌曲，动物叫声）

女 1：世界多奇妙，彩铃真热闹。快快加入广东移动，彩铃一族。让等待铃声不再单调！

■ 以上文为例，请尽量多地收听并分析广播广告；

■ 寻找 4 个视频广告作品，分析它们是怎样引导你去收看并引起共鸣的。

训练 4 媒体创新捕获注意力

截至 2011 年 9 月，已经有 500 多种虚拟蝴蝶出现在日本各地，它们的“制造者”是日本电通广告公司。这是一款手机应用——蝴蝶出没（iButterfly），它把广告做到了智能手机用户头顶那片看似空空荡荡的空间里。

凡是具备摄像头和 GPS（全球定位系统）的智能手机，下载蝴蝶出没，打开应用，手机的相机启动，屏幕中镜头对准的现实场景里，就会有虚拟的蝴蝶正在款款舞蹈。

在手机相机取景器上的现实场景中，虚拟的各色蝴蝶徘徊飞舞，用手机当扑蝶网，摄像头是网口，对准蝴蝶挥舞手机轻扑下去，虚拟蝴蝶就会停留在屏幕上，点击保存后，虚拟蝴蝶就如标本一样插进蝴蝶出没应用的蝴蝶集里。

打开蝴蝶集，不同的蝴蝶拥有不同的属性。这些蝴蝶有的可能是你目前所在位置附近的商铺放出的优惠券蝴蝶，也有的可能是连锁商店或品牌商品放出的通用优惠券蝴蝶；甚至还有的可能是线上消费的优惠券蝴蝶。

“捉”到优惠券虚拟蝴蝶之后，只需在店铺消费时打开应用，出示蝴蝶图标，即可享受优惠。

各种优惠券蝴蝶都是商家与蝴蝶出没合作完成的，商家可以对蝴蝶的栖息地、出现时间、种类、奖赏设定不同的内容。

■ 新的媒体技术带来了应用上的无限潜力，也为消费者带来了新的乐趣与关注点。查找并列举一下，看看还有什么别的有趣应用？

■ 整理有关优惠券的各种发放方式。对此，你还有其他创新构想吗？

训练 5 “纯甄—减—乔布斯”的创意故事力

蒙牛纯甄酸奶新品上市，推崇简约主义的纯甄希望能用这个理念改变人们的生活：简单从“减”开始，酸奶要减掉香精、减掉防腐剂、减掉色素，直到回到最简单纯净的配方；生活中也需要做减法，减掉压力、减掉浮夸、减掉物欲、减掉欺骗……而当时正值电影《乔布斯》上映，蒙牛纯甄所推崇的简约主义恰好与乔布斯的理念不谋而合，案例的创意正是基于这样的背景产生。

广告目的：让纯甄通过上市过程一炮而红。

① 提升品牌知名度；

② 互动营销，满足消费者偏好；

③ 拉动销售。

挑战难度：

① 开拓全新品类，不易被接受；

② 创造全新品牌，知名度是挑战。

■ 仔细阅读以上案例。

■ 在大家并不清楚“纯甄—减—乔布斯”的真实创意表现的情况下，请基于案例说明核心概念，围绕平面广告、视频广告、互联网及社交媒体等广告媒体，提出你的创意设想。

■ 注意不同平台上的创意内容之间具有的关联性和完整性。

2. 我所知道的广告

思考与讨论 1　繁多的广告类型

思考要点记录

题目陈述

请通过讨论，尽量多地列举广告类型。继而，回忆并判断广告类型与品牌类型之间的关联性，思考其中的原因（例如，为什么中国酒类品牌喜欢冠名央视《新闻联播》、为什么英菲尼迪冠名《爸爸去哪儿》大获成功）。

思考要点记录

背景知识

2015年修订的《广告法》将商品经营者或者服务提供者通过一定媒介和形式直接或者间接地介绍自己所推销的商品或者服务的商业广告活动界定为“广告”。在诸多广告类型中，电视广告对人们的影响是最大的，有明星、漂亮画面、有趣情节、富有煽动性的电视广告，更容易为大家熟知。或者还可再加上四大媒体中的其他类型“广播、报纸、杂志”上的广告，还有户外和互联网广告。但对于种类繁多的广告类型，仅有如此的了解和认识是远远不够的。

对于广告分类，媒体中常见有四种层次的划分方式：

① 依媒介的种类划分，如：电视、广播、报纸、杂志、户外、互联网、手机，等等；

② 依媒体渠道的不同经营所属划分，如：中央电视台、北京电视台，等等；

③ 依媒体中不同的信息传播形态划分，如：电视媒体有插播广告、植入广告、标版广告、挂角广告，等等；

④ 依媒体的具体内容版块（或内容节点）划分，如：《新闻联播》前插播方法、《快乐大本营》赞助广告，等等。

从“接触点”角度审视广告类型时，所提取出的接触点最小单元为③，因为其他层面都难以独立展示出媒介渠道传播特征的本质差异。以接触点视角分类的广告类型如下表：

表 2-1　以接触点分类的广告类型

	接触点
电视	电视插播广告
	电视标版广告
	挂角广告
	赞助广告
	电视购物广告
	电视植入广告
数字电视	开机广告
	主界面广告
	VOD 广告

思考要点记录

续表

	接触点
	信息服务类广告
广播	广播插播广告
	广播植入广告
报刊	报纸广告
	杂志广告
电影	电影贴片广告
	电影植入广告
户外	户外路牌广告
	户外大型 LED 广告
	墙体广告
	交通类广告
	候车厅广告
	车身广告
	车载电视
	车内平面广告
	楼宇视频媒体广告
	电梯平面广告
售点	店员推荐
	堆头
	LED 播放
	店内张贴
	单页宣传品
	现场体验
互联网	电子邮件广告
	展示类广告
	文本链接广告
	网络视频广告
	搜索引擎广告
	官方网站
	网络推荐
	互联网内容植入
	社交网站

思考要点记录

续表

	接触点
移动设备	手机短 / 彩信
	应用程序广告
	网站广告（WAP 广告）
	手机彩铃广告
	地理位置信息广告（LBS）
	手机二维码广告
	移动设备电子杂志广告
人际	专家推荐
	亲朋好友推荐
	现场活动

注：广告触点类型较常见的就有百余种，即便如此，还有很多新媒体中出现的种类是很难快速分类的

思考与讨论 2 丰富的内容感受

思考要点记录

题目陈述

■ 仔细阅读以下案例，并在网上搜索相关视频。

■ 在本广告活动中，吸引受众注意力的是汽车所制造出来的奇怪字体这样新奇的事情。在这个广告活动执行过程中，受众都感受到了什么（内容）？具体描述一下。

■ 汽车与字体是相去甚远的事物，这两部分事物是怎样结合在一起的？为什么它们结合在一起就能够吸引人们的注意力？

■ 你觉得使用IQ字体的方式能够很好地传达出企业所计划传达的信息吗？你对这样传达出来的商业信息有怎样的感受？

■ 你觉得对于实现丰田IQ本次广告目的来说，丰台IQ还可以尝试与其他相去甚远的事物相结合吗？怎样实现？写下你的设想。

▌背景知识▐

夏纳 2010 年获奖广告之丰田 IQ 汽车病毒营销

使用数字媒体作为营销平台，最大的魅力就在于营销解决方案不

思考要点记录

是一成不变的，相反会非常灵活。

广告背景：丰田 IQ 是为了在欧洲市场对抗 Smart 而开发的车型，在设计上和 Smart For Two 有些不一样，丰田 IQ 最多可以容纳四个人。和 Smart 上市前所做的推广活动类似，丰田 IQ 此次的广告活动也是想展示 IQ 汽车的灵活性以及完美的控制系统。

目标人群：18—35 岁城市居住人群。

创意概念：丰田 IQ 是世界上首辆创造出全部 24 个英文字母（用汽车设计字体）的车型！

方案执行：

① 为了这次活动的顺利进行，特意请来了互动设计师、专业司机、字体设计人员；

② 首先设计字体，然后汽车上安装四个点用于捕捉汽车行动轨迹，输入电脑（整理成字体）；

③ 这次活动使用公关手段，让几个相关网站进行报道；进而在一些网站（视频类、设计类）扩大报道规模；

④ 最后的结果是社交媒体上面用户纷纷转载、报道此次事件。

思考与讨论 3 深刻的社会影响

思考要点记录

题目陈述

广告创意并非刻意要造成深刻的社会影响，但是其副产品必然会达成这一“目标”。除了在创意阶段关注树立正面的广告形象外，也有一些广告在创意阶段仅在意广告创意的冲击力，当负面的内容在抓取眼球方面更具效率时，我们也因此看到很多给社会观念、文化带来负面影响的广告。请收集一些给社会观念、文化带来负面影响的广告，讨论分析是哪些因素导致这些广告给社会带来了负面影响？

背景知识

广告永远不能脱离生活、脱离社会。广告信息无可避免地将人、产品、一系列态度与价值判断捏合在一起。所以，我们总能在广告作品中看到足以影响社会的概念、观点与行动。

思考要点记录

在阿迪达斯慢跑鞋的推广中，广告可以借对中国城市消费者无休止的忙碌状态的反思，诉求“慢下来”的生活观念，在与消费者达成共鸣的状态下，传达出阿迪达斯慢跑鞋的产品信息。“慢下来”等概念的传递，必然慢慢对社会观念产生影响。

再例如，澳大利亚邮政局的一则广告：“如果你真的很想触摸到某人，就给他寄一封信吧！”这则广告在邮政局业务推广的过程中，无疑传达出了有关人与人之间亲情与沟通的观念。

训练1 搜集整理广告形态

题目陈述

广告形态及其各自特质能否为读者提供一个思考框架或者是鼓励读者自行建构出一个分类基准？比如，可以从用户友好性、购买转化率等方面评估互联网广告的潜力；从用户友好性来看，原生广告就是一种有潜力的广告形态，比传统的弹窗广告先进很多。凡是有此特征的广告形态都是有潜力的，除了原生广告，它们还包括哪些？

■ 以一位消费者的立场，尽量搜集不同类型的广告形态，并列举三个你认为未来很有发展潜力的广告形态，尝试判断他们作为可操控的广告信息的特质。在作业完成过程中，尝试提炼出不同形式广告之间的差异，并要求在创意的新发现上投入绝大部分精力。

■ 请根据以往作业对广告作品资料的积累，整理一个属于你的广告作品集。

1

2

3

训练 2 跨越媒体的广告

在足球比赛中，成功射门无疑是最激动人心的时刻，如果把射中球门比作消费者最终购买了某商品的话，消费者一次次受媒介所传递信息的影响就可比作足球的一次次传递过程。

■ 你最近购买了什么物品吗？把你的购买决策过程用足球场的背景勾画出来。

■ 注意标注出：通过什么媒体，接受了什么信息，在这个位置发生的信息接触所起到的作用是怎样的？

例：5 月 1 日，第一次购买了“兰诺斯”（进口）纯鲜牛奶（原产澳大利亚）

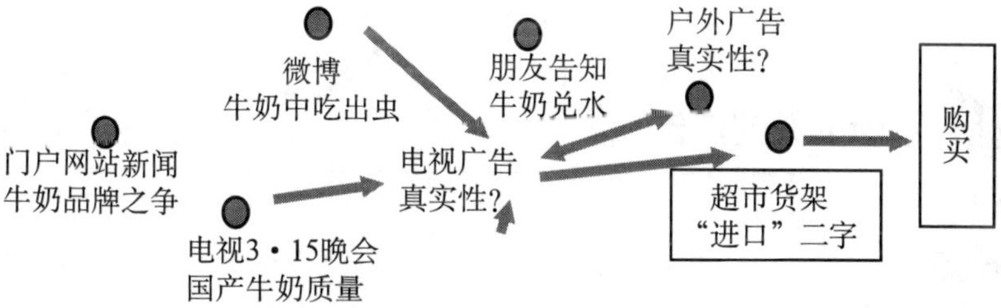

发现：网络媒体（国产奶负面信息）是进口牛奶获取拓展中国市场机会的主要平台。

传统媒体以发布国产奶正面信息为主，未起到对本次购买行为的阻拦作用，反而强化和推动了购买行为。

训练 3 发现隐蔽的广告

题目陈述

互联网应用技术的不断发展，为品牌和产品信息的传播创造了更为隐蔽、更有针对性、更符合消费者需求的信息交流环境，如搜索引擎、论坛（产品测评、软文推荐、专题讨论、投票调研等）、SNS（日志分享、网络转帖、站内应用程序）、游戏（游戏中装备、任务、地点等的广告植入）、网络视频（产品展示、贴片广告、隐藏式广告）、微博和微信（内容推送、实时交流）等。所以，广告可以是隐形的，甚至可以做到完全的隐蔽状态。

2009 年，乐事薯片以 100% 自然、纯粹、健康的品牌概念和 100% 纯天然的土豆为产品核心信息，利用人人网当时最热卖的娱乐应用“开心农场”，进行植入式营销。用户在线上通过种植“乐事土豆”，并购买加工机将其制成乐事薯片，既具有娱乐性，又传递了乐事薯片的观念。虽然本广告活动并非完全隐蔽，但是其已经具有了隐性植入的特点，借游戏的环节削弱了受众对广告的反感。

■ 请尽量多地列举身边以不同形式隐藏着的广告。数数你能发现多少种？

训练 4 不断创新的广告

题目陈述

广告创意层出不穷，媒体使用也在不断地推陈出新。创意表现与创新广告形式的结合，让我们看到了不断创新的广告。

2009 年 6 月，麦当劳鉴于年轻人逐渐习惯用手机联络，疏于聚会、聚餐，就联合校内网推出“别宅了，见面吧”活动，校内网用户可在麦当劳“见面吧”活动网页上邀请校内好友见面，如果成功发出了见面邀请，就能获得麦当劳的手机优惠券，以及每周三份的 5 000 元奖金。每个用户每次成功发出的邀请记作一次抽奖机会。用户可以反复发送邀请，但不能重复邀请相同好友，这就要求用户向自己的多个朋友发出相聚麦当劳的邀请。这是国内早期的社会化媒体营销的经典案例。

这次广告活动的创新之处，在于它对年轻人的号召方式与号召力让人耳目一新。

■ 请尽量多地发现身边具有创意的广告，将之收入你的广告作品集。

■ 简单描述其中一则广告（或一次广告活动），将其创新之处展示给大家看。

训练 5 跨越时间的广告

题目陈述

对于任何一个品牌来说，广告都不是在某一个时空点停滞不动的，它是流动的，广告留给消费者的记忆和感受也是在一步步向前发展和递进的。所以，我们也需要关注时间流中的广告，十年前、五年前、三年前的广告，加上最近的广告，这可能成为今天消费者脑海中品牌信息不断叠加、遗忘、混淆与自我创造的源泉。

拥有百余年历史的可口可乐品牌，积累了无比巨大的品牌资产。从 1940 年的“最易解你渴”；到 1958 的“清凉、轻松喝可乐”；1965 年的“充分享受可口可乐”；1982 年的“这就是可口可乐”；1993 年的“永远是可口可乐”；2003 年的“激情在此燃烧”；再到 2013 年的“Open Happiness”（开启快乐）。时间流中的广告也是非常值得我们关注的。

特仑苏的品牌广告有着鲜明的阶段特征，其广告文案由最初的“不是所有牛奶都叫特仑苏”到之后的“从更好开始，从特仑苏开始”，这一转变折射了品牌境况的变化。广告代言人由最初的朗朗变为多位代言人（贾樟柯、王潮歌），虽然人选有变，但特仑苏广告一直对文化名人有所偏爱。

- 请寻找美特斯邦威的广告脉络；
- 请寻找 APPLE 品牌的广告脉络；
- 请寻找舒肤佳香皂的广告脉络。

3. 创意表现的传达力瓶颈

思考与讨论 1 表现力构成的三部分

思考要点记录

题目陈述

请选取两则你喜欢的视频广告，分析其表现力构成的三个部分的各自状态是怎样的？

背景知识

好的创意里包含了什么？清晰的概念、出人意料的表达、富有好

思考要点记录

感的沟通方式、方便的执行引导……在我们评判广告的时候，那些看一次就难忘的广告、看一次就信服的广告经常会进入我们的视线中。对于这些广告而言，拥有良好的表现力是必不可少的。

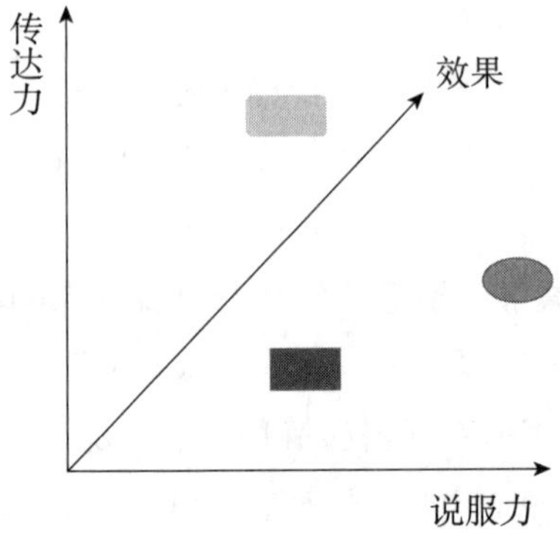

图 2-3　广告效果中的传达力与说服力

具有良好表现力的广告通常需要在传达力和说服力两个方面都具有较好的素质。传达力具体指的是广告从众多广告中被区分出来，并被消费者记住的能力；而说服力则指的是广告在创造品牌或产品的有利形象方面的能力。对于一则具有良好表现力的广告来说，这两点缺一不可；但是，对某些产品来说，广告的说服力更为重要；而对另一些产品来说，有效的传达力则显得更加重要。

如何平衡好传达力与说服力之间的关系呢？法兰琳卡“我们恨化学”话题广告给我们提供了一个案例。在广告中，梁静茹两眼噙泪连喊三声“我恨化学”，之后“自然护肤”字幕与玫瑰花饰特效出现，片尾产品玫瑰精华露出镜。该广告受到化工从业者的强烈抵制。品牌为凸显“自然护肤”的概念而采用了“恨化学”这样的负面诉求，对产品的天然成分、制作工艺只字不提，和主流的护肤品广告有很大的差异，话题性很强，有很强的传达力，甚至吸引了很多非目标消费者，但在说服力方面，本广告则显得比较薄弱。

思考与讨论 2　理性与感性是不可分割的

思考要点记录

题目陈述

卡通人物形象这一元素具有幽默、夸张、生动、虚幻等特质，通俗而易

思考要点记录

于接受，视觉识别率高，具有独特的吸引力和表现力。所以，在广告中恰到好处地运用卡通人物形象作为情感介入手段，常常能因其特有的魅力而使广告获得成功。收集三则使用卡通形象创意的视频广告，分析讨论其包含的感性成分与理性成分，并说明两者是如何促成广告效果的。

背景知识

感性和理性在好创意里很难被完全分割得清楚。在创意过程中，理性表达指的是广告诉求定位于受众的理智动机，通过真实、准确、公正地传达企业、产品、服务的客观情况，使受众经过概念、判断、推理等思维过程，理智地做出决定。在产品差异化本质并不明显的今天，理性诉求很容易导致诉求内容的同质化。因此，理性的方式更容易直接表达诉求内容，直接完成传播任务。

而感性的方式则在试图寻求深入的感染力与认同感。感性表达源自消费者都是有情感的，而且很多情感是人类所共有的，如喜怒哀乐、爱与关怀等，这就为广告与目标消费者之间的沟通提供了大量的情感性素材。如果找到产品或产品的使用情境与这些情感或情绪的关联，或者可以合理地建立某种关联，它们就会成为广告有效的情感说服工具。

在同一个创意中，理性和感性两种成分或各有侧重，但是难以清晰分割。因此，在创意过程中，我们应该更加关注的是如何找到使理性表达与感性表达完美融合的方式，而不是在创意开始之时，就去强调对本创意的理性或者感性表达方式的预先设定。

思考与讨论 3　谁来决定广告创意的好坏？

思考要点记录

题目陈述

你认为什么是有创意的好广告？应该以谁的立场（四方：媒体、客户、广告公司、消费者）决定（评判）一个广告的创意是好还是不够好？

背景知识

创意是人们为解决问题而得出的解决办法。它们无处不在，且都具有超前性、高瞻性、新颖性、创造性。

思考要点记录

而广告创意则在于为了获取受众的注意、倾听与理解、购买，而愿意在内容的规划、设计上大做文章。

但是，如果仅仅是内容很精彩，但没人能领会有趣味的内容与产品或品牌之间的关联性，那这则内容可能就是一个艺术品；如果这则规划、设计的内容别人能懂，但没人愿意关注、倾听，那这则内容可能仅仅等同于一个蹩脚的推销员。所以，有人认为只有了解了消费者、产品特性以及竞争对手，并制定出独有的广告策略后，才有可能创造出真正具有价值的、令人叫绝的广告创意。

另外，还有人认为，创意要有张力；创意者要明确知道应该切中受众的哪个感受点；创意要确定针对不同的消费群使用不同的表达方式，要找准那个消费群喜欢的语调；创意一定要与众不同，还要把该诉求的内容传达出来，等等；当然，也有人只认同促成市场销售效果的终极结论。不同的视角，对广告创意的关注点是不一样的。

那么，应该由谁来判定一则广告创意的好坏呢？

精读知识点 1 《视觉锤》(彩图本)①

视觉时代，抢占消费者的最好方法并非只用“语言的钉子”，还要运用强有力的“视觉锤”，视觉形象就像锤子，可以更快、更有力地建立定位并引起顾客共鸣。视觉形象和语言信息的关系好比锤子与钉子：要用视觉形象这把锤子，把你的语言钉子植入消费者的心里。

精读知识点 2 《洞见远胜创意：世界最富创意的广告公司 BBDO》②

本书致力于说明如何把隐蔽的洞见挖掘出来，并利用它成就一系列成功、著名、让人难忘的沟通案例。

训练 1 广告作品的收集与描述

搜集自己最喜欢的或者对自己冲击很大的，或自己认为最具创意力的广告，将之放入

① 劳拉·里斯. 视觉锤（彩图本）[M]. 王刚，译. 机械工业出版社，2013.

② 菲尔·杜森柏里. 洞见远胜创意：世界最富创意的广告公司BBDO[M]. 宋洁，译. 上海：上海远东出版社，2014.

你的广告作品集中。

■ 从中选择三则你认为最有创意的广告，分析说明每则广告的传达力和说服力水平？

■ 从中选择一则广告，谈谈你能否通过修改这则广告，超越它现有的水平？讲一讲你的规划细节。

训练 2 得益于洞察的创意冲击力

洞察是：

① 真实的（其他人听完后，自然会点头，说“对哦！”）；

② 新鲜的（其他人听完会想，“我怎么没想到呢？”）；

③ 能触动人的（其他人听完会自然兴奋）；

④ 不需要解释的（讲的是真理，不是推理，其他人一听就懂）；

⑤ 跟命题直接相关的。[①]

在获取创意传达力的开始，洞见是孕育创造力的土壤——洞见帮助我们了解消费者与品牌的本质关系；洞见帮助我们发现更有效的创意表现形式。

人性，是永恒的大创意。纵览那些给我们留下深刻印象的传播，都是因为对人性进行了深刻的诠释。

题目陈述

■ 先回顾一下你所熟悉的描述奢华的方式，包括情节、画面、代表性符号等。

■ 彰显钻石奢华的方法有很多。请首先确定一下你想要表达的“奢华”是哪一种？“奢华”都有怎样的不一样？你锁定的“奢华”是需要向谁来展示的？

■ 请思考：目标消费者心目中的“奢华”是怎样的？你想表达的“奢华”概念和目标消费者心目中的“奢华”是否吻合？你所说的“奢华”是迎合消费者的心理还是另辟蹊径重新定义？广告是充当心理迎合者还是概念引领者的角色？你觉得用什么样的形式（故事、物品）可以将“奢华”这个抽象概念具象化？

■ 请锁定你的那种“奢华”，当你对它有多一分的理解时，请记录下来。把这个过程不断进行下去就好，其实我们并不需要急于用你的洞见来做广告创意。

① 奥美公司. 奥美的观点Ⅳ［M］. 北京：中国人民大学出版社，2006.

图 2-4　奢华的符号

训练 3 说服力与创意

说服（Persuade）是指利用视觉、听觉、味觉、嗅觉、触觉等信息接触方式来传达信息，进而间接地作用于人的潜意识与意识，从而影响人的心态和思想，甚至进一步主导人的意志及改变人类行为的一个目的性很强的活动过程。

说服力（Persuasion），顾名思义，是指说话者运用各种可能的技巧，建立有益于品牌或产品的感知与印象的说服受众的能力。

传达你的想法、推动意图的实现是需要创意的。如果不是很迫切地需要成功说服，我们通常会很习惯地运用常规手段解决这些问题，并不会为之深入构思，为效果忧心忡忡；但是当很迫切地需要成功地达成任务时，我们必须意识到应该把所有的说服方式准备得很充分，有创意地发挥说服的技能。当我们需要把说服的极限发挥出来，而不只是囿于那些常规方法时，说服的创造力才有被挖掘出来的可能。

■ 请搜集一些在说服力的创意方面别具一格的案例。

■ 护肤类产品在面对消费者时，都有哪些方法可以提升其沟通过程中的说服力？请拓展思路，尽量多地列举一些方法出来。

■ 为下一个周末构想一项市内或城市周边的外出活动，然后分别邀请两位要好的朋友同去。记录下你认为能成功邀请到他们的说辞（说服的理由）和说服实施的合理方法（使用何种手段，如写信、面谈、电话等）与流程。

训练 4 与媒体结合的创意

创意的突破潜力巨大。当广告诉求内容与媒体功能、媒体创新应用、媒体场景等彻底结合在一起时，创意便可让人耳目一新。

2012 年，LG 希望通过户外媒体对滚筒洗衣机产品进行推广和创造话题。而球类比赛特别是橄榄球运动，球员撞击、摔倒等非常容易弄脏衣服，正常的情况下球队都会在比赛中准备多套干净衣服供球员更换。LG 就以这个为契机，改装橄榄球比赛的进场门，将其变成一个巨大的滚筒洗衣机。在中场休息的时候，球员们都会更换衣服，当他们脏兮兮地走进休息室，再出来的时候已经是干干净净的衣服了，现场观众看起来，这是这台滚筒洗衣机起了作用。[①]

题目陈述

■ 请收集不少于十则将创意与媒体紧密结合的广告。

■ 分析每则广告都是如何做到将广告诉求内容与媒体条件相结合的？

训练 5 寻找流行的原因

一步围住神经猫

2014 年夏天，《围住神经猫》这个原本只为“聚拢用户”、仅花一天时间做的 HTML5

① 龙思薇. 海外市场户外媒体发展趋势及营销创新［J］. 媒介，2013（7）.

小游戏，两天之内就成为微信朋友圈最流行的娱乐方式。《围住神经猫》的开发团队是某大公司旗下的一个小项目组，他们只是“无意中发现可以在微信上分享HTML格式的小测试或小游戏来聚拢用户，于是就“花了一天时间做了这么个小东西”。

7月22日下午两点，游戏上线短短三天，其访问量已经过亿。神经猫拥有夸张的造型与欠抽的表情，在屏幕上扭来扭去，游戏设定为玩家对其进行毫不留情地围剿。

开发组成员目睹了这个游戏爆发的全部过程：第一天看到公司的人零碎地转一转，接下来就沉寂了，但后台数据还在增长；到了第三天下午，他突然发现公司以外的朋友开始转；到了第四天上午，他发现自己朋友圈里基本80%的朋友都转发了这款游戏的成绩分享。

《围住神经猫》大概具备了一个流行小游戏的很多优良特征：上手简单又不失挑战性；醒目位置大大咧咧地显示着网络流行语；神经猫的形象和表情让人忍俊不禁；默认分享模版“我没有围住它，谁能帮个忙”和“我用X步围住神经猫……你能超过我吗”，恰到好处地撩拨起玩家攀比的心态。

但以上所有的分析，在这类现象级事物面前，总免不了事后诸葛亮的嫌疑。没人能说清楚《围住神经猫》的成功路线，哪怕是项目组自己也只能从身边亲朋好友的分享来感受游戏诡异的扩散速度。

■ 从《围住神经猫》游戏本身、平台、用户等角度，梳理其迅速扩散流行的要点。

■ 寻找其他一些在微信和微博上流行的事件或“段子”。

■ 尽量多地感受和记录下这些内容身上所存在的流行因素。

■ 讨论：有关此类的流行，是必然还是偶然？

■ 讨论：如果需要你在社交媒体上制造一次流行，你想选取哪一题材？构想是怎样的？

训练6 读书

■ 阅读一本创意书籍，用笔记记下心得，并开讨论会交流心得。推荐书籍如下：

《广告创意解码》

《奥美创意解密》

《带上“我”找创意》

《创意心理学：唤醒与生俱来的创造力潜能》

4. 个人的创造力

思考与讨论 1 清空障碍

思考要点记录

题目陈述

请和小组成员一起相互激发，罗列以下事物：绿色的太阳、方轮子的自行车、穿超高跟鞋的小女孩……这样的方式可以帮助我们去除脑中千篇一律的思维定势。请不要轻易停下来，慢慢相互激发出关于不同领域事物的描述。

背景知识

思维定势就是习惯于用以往常用的思维方式来看待和解决问题。思维定势容易使我们思想呆板，形成千篇一律的思维习惯。

思维的标准化泛指思维方向、方法和技能的规范化和模型化。在这里，我们通常会很迷茫，方向、方法和技能恰恰是专业老师将要传授的主题知识，知识就是对这些的提炼、归纳和总结。创造力是在排除固有的知识吗？不是的。创造力是对僵化固化、权威迷信、思维惰性的不妥协。

学习代表规则的知识，同时要让知识具有活力。如果所学习的知识很少或不能在实践中加以运用，那么，它本质上就是知识吸收的僵化。

知识不是创造力的束缚，反而是创造力的源泉。有创造力的人有获得知识的欲望，社会、历史、科技、艺术，这些无一不是创新思维的源泉和素材。但也有一些人具备了大量知识，却不具备创造力，因为创造力需要用知识、经验，来寻找新的方向、新的方法，这也是创造性思考所需的态度。

打破束缚，并非放弃以往的知识，而在于不将之视为束缚，努力寻找突破点，找到培养创新性思考所需的态度。

当你需要创造力时，却往往受制于自己的思维方式，这就是我

思考要点记录

们无法容纳不同事物的又一个理由。我们既有的态度会使我们的思考受限，并使我们的思想故步自封，一成不变。在我们处理大多数事务时，我们持这样的态度。但在我们需要更多创造力时，这些态度就形成一种障碍。我们可以称这些态度为心智枷锁（mental-lock）。

在生活中，遵循既定规则使我们不假思索就可以做很多事。但清空脑中已经熟知的既定答案，才有机会发现一些能够引导新方向的问题。希望解脱束缚后，即便你与其他人看到同样的事物，也能发现不同的观点与方法。

思考与讨论 2　激活创造力

题目陈述

创造力的激活，在学习初期并非单凭一己之力就能做到。请和同伴一起寻找有创意的楼宇电梯内的平面广告，为“大大”泡泡糖葡萄西番莲口味设计广告。请与小组成员互相鼓励，不要轻易放弃追求最满意的创意，一直等待最佳创造力被激发的时刻。

思考要点记录

背景知识

创造力是根据一定目的，运用一切已知信息，产生出新颖、独特、有社会价值或个人价值产品的能力。创造力是创造性思维和创造性活动的总称。

每个人的天性是与生俱来并受外界因素影响而发生变化的。戏剧表演专业就通过解放学生和演员们的天性，从而使其能更准确地塑造角色。

在发现问题及处理问题的过程中，在什么视域、使用什么样的角度、选择什么样的方法，对能否有效地完成这个过程，都是至关重要的。但是，这个环节中，被以往经验所束缚的思维和方法，在多数情况下并非我们获取好结果的途径，反而是一种制约。

广告策划要对市场因素进行解读、对消费者行为与消费机会进行分析、对沟通方式和内容进行构想，这些并非专业学习时期所积累的

思考要点记录

那些经验，而是在其之外所能获取的突破视角。

美国心理学家马斯洛认为，创造性有两种，一种是“特殊才能的创造性（special talent creativity）”，另一种是“自我实现的创造性（self-actualizing creativity）”。其中，前者是人的个体差异，后者是人的共同潜能；前者是指科学家、发明家、作家、艺术家等杰出人物的创造，后者是指在开发人的可能性、自我潜在能力意义上的再造性，是从事对他人可能并不新、而对自己来说是初次进行的活动的创造性。例如，当果汁饮料市场销售量饱和时，寻找果汁和正餐蔬菜搭配的方案及用途、并对之进行推广，就是创造性的发挥。

但是，具有“特殊才能的创造性”的人，并非天生就有很强的创造力，通常也是经过教育和社会实践才出现的，只是在吸取他人的自我实现的创造性的基础上，再加上他本人自我实现的创造性，才产生特殊才能的创造性。

精读知识点　《创意思维训练》①

本书是以大学生为对象、以创意开发为目标，撰写的创意思维训练教材。本书运用国内外有产创造力研究的最新理论，吸收了国内外一些大学开设此类课程的成果。

训练 1　思考的流畅性

思考的流畅性即思维速度。流畅的思考可以确保我们能在较短的时间内表达更多的概念，探索较多的可能性，列举较多的解决问题的方案。

■ 看下图，回答：这可以是什么？

① 罗玲玲. 创意思维训练（第三版）[M]. 北京：首都经济贸易出版社，2015.

■ 单独思考 10 分钟，并伴随着思考快速将结论记录在空白处。

■ 与他人的讨论可以帮助我们解放创造力。尽管生活在相似的环境中，但是任何人之间都会有思维上的差异，这些差异的碰撞，是我们解放束缚的机会。寻找另一个伙伴，再就有关问题相互“碰撞激发”10 分钟，将结论补充记录下来；随后，再就有关问题在三个人间相互“碰撞激发 10 分钟”，将结论补充记录下来。

■ 最后，比较三个阶段思考成果的差异，并回顾三个过程中思维流畅的感受。

■ 需要确认的是，创造力是有条件下的创造力。我们不可过于天马行空，而是需要在条件的约束下，在复杂的条件框架下做出取舍。在训练中，我们尽量减少了限制条件。如果增加一项条件——“与运动鞋类产品相关联”，请在理解附加条件之后，重新完成以上单人、双人、三人思考的过程。

训练 2 发散思维

回形针的用途

“请大家动一动脑筋，打破条条框框，看谁能说出这些回形针的多种用途，看谁想得多而且奇特。”

对于这个问题，答案可以千千万万。如曲别针分别做成1，2，3，4等数字，再做成+－×÷等符号，用来进行四则运算；在音乐上可创作曲谱；回形针可做成外文字母，用来进行拼读；回形针可以与硫酸反应生成氢气；回形针是铁元素，分别化合生成的化合物则是成千上万种……实际上，通过发散思维的探索，回形针的用途无穷无尽！

发散思维能够打破原有的思维格局，以一个事物为中心，联系它的原型及其各种变化形式，从各个不同的角度进行发散性思考。

发散思维的经典练习“回形针的10 000种用法”的训练方法集中体现为对水平发散的激发；与此相区别，由于媒体渠道的传播特质差异与创意的关系密切，广告创意则需要针对媒体渠道，完成垂直发散思维基础上的水平发散思维训练。

■ 培养对故事内容、媒体、品牌之间关系的理解与关照。

■ 在实践工作中，创意过程大多是多人参加的、互相激发的过程，但是为使每位同学都完成一个尽力发现的过程，本训练要求由个人独立完成。

■ 完成时间为两天，最后需要进行草图展示。做事无巨细的记录，建议训练方法如下：使用即时贴，记录下所有的想法，不要丢失，不要批判，在思维过程结束后，归纳合并有关要点，并做出结构性的描述。

训练3 思考的独创性

思考的独创性即大胆突破常规，敢于创新的创造精神。

■ 情节构想：人物与品牌之间的故事，请以此题构想出不一样的故事。请尝试自己进行命题练习。

图2-5（a） 故事

图2-5（b） 品牌

■ 请平时多关注那些人们熟悉的符号、情节、寓意等，尝试分析这些内容可否被用来传达其他不一样的含义。例如，吉祥结的编织结构，就像高楼中的一个个窗户，可用来表达某地产品牌对人们向往幸福生活的重要意义。

■ 尝试将相矛盾的事物放在一起表达某些含义。

■ 尝试对最平凡的事物进行些许改造，无论是利用颜色或画面风格、利用其他物品的搭配或利用文字等，将平凡之物的呈现变得与众不同。

训练 4 激发好奇心

题目陈述

有人说，创意人员 80% 的进食是需要用来激发好奇心的。只有保持有对这个世界的好奇，才有机会通过不断的关注与体验，洞察人、物与生活之间的关联。

■ 请选取对你来说崭新的领域（或事物），尝试通过接触与学习，进入此领域稍作探索，然后请谈一谈：

① 这是一个怎样的领域（或事物）？

③ 对这个领域（事物）感兴趣的人都是怎样的？

② 什么方法可以引起另外一些人对这个领域（事物）的兴趣？

④ 坚持每周探索一个小领域（事物），并养成习惯。

训练 5 等待流行的礼品

题目陈述

假设当前有一部电影可以为客户提供品牌植入的机会，而电影中有这样一个情节：女主角（25 岁）正在追求男主角，她需要送他一份别出心裁的礼物。

■ 请设计这个环节的情节，指明送的是什么礼物（涉及某类商品）？赠送的情境是怎样的？

■ 创意时需要考虑到：不但让这个产品（最后会选定品牌）在电影情节中被关注，而且变成一个流行的礼物。你怎样做到这一点？

图 2-6　流行元素：某一个年代的明星

预设：女主角形象男主角形象

产品类别：	备选品牌：

训练 6 巨大的创意量

题目陈述

情节：

对新手来说，优秀创意的诞生需要以巨大的创意量的堆积作为基础。所以，要想用巨大创意量的出产来拓展思维，发现亮点的训练是必不可少的。

■ 森海塞尔 MOMENTUM 耳机的音质优美，在针对 18—50 岁广泛年龄跨度的消费者进行产品特点诉求时，你能有多少种方法让消费者能够通过视觉体会到“音质优美的感受”？请尝试拓展你的创意。

5. 小组的创造力

精读知识点 《创新头脑风暴：方法、工具、案例与训练》①

本书讲述了创新思维训练的概念、创新思维的障碍、创新思维的开发方法、创新思维的常用工具及创新思维的评价和实施等问题，书中还汇集了众多世界知名创新思维训练大师的创新思维训练理念、方法和工具，并辅以相应的案例帮助读者理解，且为读者提供了提高思维能力的训练题目。

思考与讨论 多人参与的创意

思考要点记录

题目陈述

筹备一个3～5人的创意小组。为创意过程制定互相激发的小组管理规则。在小组成员间分配任务，在创意过程中都有哪些事项需要完成？合理分工，控制执行质量，在创意过程完成后，做本次小组创意工作的评价与提高总结。记录改进要点。

背景知识

创意是没有边界的，而且，内容与媒体渠道应用相结合的创意方案更是数不胜数。

一般在完成创意的过程中，需要多数人的参与、互相激发，使发散思维达到极致，并从中寻求最具创意力、最有效且合理可行的方法。但是在本训练中，我们更强调每个同学做出激发自己的尝试，并为这次尝试竭尽全力。这样的个体拓展，可能在团队作业中，在不同性格或不同团队组合的情况下，会有部分同学放弃发言或放弃参与，从而难以使每个同学都得到一次训练尝试或发现自我创意力的机会。

系统、全面的创意提炼目前仍是靠经验和感知判断来完成的，对

① 徐斌. 创新头脑风暴：方法、工具、案例与训练[M]. 北京：人民邮电出版社，2009.

思考要点记录

此仍缺乏相应的效果调查方法。同学们在探索有关认知接受的思维知识图景的时候，或因为洞察力或洞察面的不足，会直接影响到方案的成熟度及可用性。适时开发相关领域的调研方法与理论范式是值得探索的。

训练 1 平面广告中如何表达“轻奢”？

轻奢又可称为“轻奢华”“轻度奢侈”。“轻”代表的是一种优雅态度，低调、舒适，却无损高贵与雅致；“奢”指的是奢华。奢华并非动辄上万的标价或极奢侈的消费水平，而是一种态度，一种不让人有压力但是又追求品质和精致生活的状态。轻奢可以描述轻奢生活，也可以是某种轻奢行为或轻奢的物品。

题目陈述

■ 小组协力深入查找资料，经讨论使小组成员对“轻奢”的理解达成一致。深入讨论：因小组在表达“轻奢”时需要从某一个角度介入，请在认识与洞察上达成一致。

■ 小组成员尽量多地列举与“轻奢”有关的视觉符号（元素），打开思路。

■ 小组讨论并判断：本次沟通将锁定受众群体的特征与趣味。

■ 通过头脑风暴，完成在平面表现的创意。在这个过程中，要创意性地选择表达内容、符号（元素）与方式，并需发现小组平面创意的与众不同。

训练 2 “纯”的感知元素如何选取？

题目陈述

有待于传达产品“高品质”概念的品牌数不胜数。某内蒙古羊绒服装品牌 L 的知名度并不高，其产品的销量也并不理想。经产品分析，发现其产品的特色是羊绒的含量及高品质。广告策略欲借产品这一固有的、稳定的特点，来打造品牌形象认知，“纯”羊绒的质量保证将成为品牌建设的最大助力，为此需要将与本产品有关的“纯”羊绒的感知强烈地传达出去。

“纯”羊绒的表达方式可以是多种多样的，在不同的媒体平台，其信息表达和传递方式都会具有较大差异。

■ 经小组讨论激发创意：洞察“纯”的感知应该是怎样的？请尽量多地从感受的角度进行列举（如柔软、珍贵等）。再请尽量多地从感受方式上去列举（如用婴儿的皮肤的视觉感受来描述感受、现场触摸等）。

■ 头脑风暴：我们的历史、文化（或者通过小说、戏剧、电影等）中有哪些能够被普遍认知的符号，可以借用过来增强感知效果？

■ 小组讨论并判断：本次沟通将锁定受众群体的特征与趣味。

■ 请组合出不少于 20 种的强化“纯”羊绒的感知创意案。要求这些创意案之间存在可确认的差异。

■ 请小组选取优化其中一个方案并进行说明。

训练 3 让人们确信产品的“高品质”

题目陈述

很多品牌 / 产品在诉求产品的差异化时，会强调产品具有这种或那种优异的特征，“高品质”是这些特征里虽不算独特，但是对消费者来说颇具影响力的一种认识或感受，这也是产品能够在市场中生存下去的基本条件。

小米手机自横空出世以来，一度成为市场上销售最为火爆的手机之一。小米手机凭借自身强大的硬件配置和亲民的价格，受到了众多挑剔用户的热烈追捧。但是，在国产手机众多品牌都倾向推行“高配置亲民价”的策略时，小米手机则必须尽快以“高配置亲民价”为基础，使消费者对小米手机的“高品质”形成认知。

■ 请以小组头脑风暴会的方式，进行创意工作，在创意过程中注意限定因素。以小米手机“高品质”的诉求为任务，创造符合小米手机品牌发展脉络的平面或视频创意。在创意过程中，请注意：

① 兼顾产品品质、定位；

② 兼顾品牌形象；

③ 兼顾目标消费群的趣味；

④ 兼顾创意的独特性。

训练 4 “大力水手”的用处

题目陈述

大力水手波比是美国的漫画人物，形象及性格非常鲜明，他有自己的人生哲学。但是在七大洋的航行中，他的人生哲学受到了挑战，在旅行中，他遇到了可爱的奥利弗，然后结伴一起环球旅行。这是所有 70 后和 80 后童年的集体回忆。

图 2-7　大力水手波比

■ 请小组讨论激发创意。以大力水手波比的卡通形象为基础，选取某些元素，与波比一起构成一个（平面）画面，使之能够清晰地叙述出一个情节或场景。

■ 尽量多地尝试不同的元素。

■ 讨论：由大力水手形象所构成的这些新奇情节或场景内容，是否会对某品牌或产品（考虑可以是哪些品牌或产品）在某些诉求上的表达有很好的帮助。尽量尝试去匹配二者。

第3章

进入客户的世界

1. 广告客户需要“广告策划”

思考与讨论 1　营销传播的专业性

思考要点记录

题目陈述

有人说，广告业是从业门槛比较低的一个行业，无论是学市场营销、传播学、艺术设计或语言的人，都可以相对容易地进入本行业。

■ 请对本行业从业人员的专业基础进行简单的了解，并记录下来。

■ 请针对这一现象，讨论为什么会出现此类观点？

■ 思考与讨论：广告客户都需要广告商为他们提供哪些类型的服务？请一一列举。对于这些类型的服务来说，都需要哪些营销传播的专业知识？

背景知识

美国学者特伦斯·A. 辛普在《整合营销沟通》一书中认为，营销传播是指在一个品牌的营销组合中，通过建立与该品牌的客户或用户之间的共识而达成价值交换的所有要素的总和。营销传播作为一种社会活动和管理过程而存在，明确了受众和消费者的中心位置，认同了

思考要点记录

营销传播的达成源于社会互动。营销传播将品牌、创意策略、国际化视野等元素融入其中，并应用了广告、公共关系、销售促进、营销、人员推销、赞助营销、产品植入等常用的营销传播方法及工具。营销传播的业务并非仅了解营销，或者仅掌握传播方法就可以胜任，营销传播不但需要专业人士对不同的相关学科具有整合应用能力，还需要熟知营销传播本身的理论、规律与观点，因此也具有较强的专业性。

经典营销传播也经历了不同阶段的专业发展，即包括达彼思广告公司提出的 USP 理论、大卫·奥格威推崇的品牌形象理论、艾·里斯和杰克·特劳特的定位理论以及唐·舒尔茨的整合营销传播理论。①

思考与讨论 2 广告策划人员的优势

思考要点记录

题目陈述

你是否同意以下有关广告策划人员获取业务优势的阐述？你有更为深入的观点吗？

背景知识

广告人对商品的了解很难赶上客户，毕竟是客户制造了商品，他们了解商品生产的全过程。

同样，广告人则会坚信他们对广告的了解等同于客户对商品的了解，因为广告人整天与广告打交道。

在今天，很多大品牌的市场营销管理平台，都包含了全职负责广告业务的部门及团队，但是在大多数情况下，该团队更多执行的是广告活动的整合管理工作，在广告的大部分专业项目上仍需依赖广告公司。

广告人和客户需要的是两种不同的技巧，客户需要的是制造和销售该商品的技巧，而广告人则需要洞察消费者与产品之间的特有关系、激发及说服消费者的技巧，这是两种完全不同的工作。

在广告人的业务操作中，严格遵循客户意图进行调查研究并精准地去执行某一个被指定的原则，并不能展示出广告人的优势，因为也

① 李晨宇. 国际营销传播理论发展历程[N]. 中国社会科学报，2015-06-03.

思考要点记录

许客户自己或客户的竞争对手也可以很标准地达成这样的结果。对广告人来说，其优势在于能跳出常规视野，洞察到问题的本质，并能创见性地去解决问题。

企业品牌、市场人员的商品、行业经验是难以在短时期被广告人超越的，那么，广告策划人员就必须在自己的优势领域获得其价值。广告策划人员潜在的优势领域在于：

① 基本能力：对行业和竞争问题的快速认知；

② 事关“传播”的专业能力；

③ 对消费者的深度洞察；

④ 对解决方案的创意性发现；

⑤ 时间：在短时期内发现核心观点，可以制作有说服力的速成品；

⑥ 地区：在客户陌生的市场区域内具有经验。

其中，对消费者的洞察、对解决方案的内容创意、对传播活动的深刻理解，是广告策划人员建立业务优势的基础。

阅读分析

AE 的服务

AE（Account Executive，客户经理、业务经理）是指在广告公司中执行广告业务的具体负责人，是专业的客户服务人员。AE 制度在美国和日本等国的广告界较为流行，实行 AE 制度，广告公司就必须深入了解广告客户的情况。AE 对广告客户的性质、经营方针、政策、营销的商品、顾客、竞争对手，以及项目特性、需求、预算等情况，都要有比较深入的了解和研究。

一个专业的广告 AE，要具备全面的广告和营销知识，整体跟踪广告的策划、设计、制作和投放全流程。做一个 AE 需要具备准确判断与合理建议的能力、流程管理的能力、团队合作的能力、客户服务的能力、创意判断的能力、策略思考的能力、财务管理的能力。

在广告活动中，AE 的意见相当重要。AE 的业务活动，必须有设计部门、制作部门、媒介部门等协助。AE 的水平，是衡量一个广告公司策划能力的主要标志之一。一般 AE 的工作包含以下内容：

① 对外，与客户进行谈判、联络、提案、收款等；

② 对内，制定策略、协调资源、分派工作、监督进程等。

AE 不是传统意义上“拉客户”的业务员。优秀 AE 所需要的不仅是学习书本上的知识，也不仅是聆听他人的指导，而是要培养一种敬业精神，对于上级的托付，立即采取行动，全心全意地去完成任务。AE 要有责任感，只有这样，才能更好地完成服务客户的工作。

广告公司历来都讲究团队作战，AE 工作是业务最前端，其他的技术部门必须协同配合才能完成一个完整的工作流程。团队共同的目标，把 AE 与技术人员绑在一起，因此 AE 离不开团队，技术人员也离不开 AE。

AE 的角色比较特殊，内外兼之，在客户和公司之间沟通、协调，一定要学会知人善任。

AE 的工作看上去非常容易，但在实际的工作中，面临的压力是多方面的，也是意想不到的，总是会措手不及。这就要求我们有很好的心理素质和应变能力，对于突发事件能够处事不惊，独立完成。

AE 的工作性质不仅是要说话，而且要学会说什么、怎么说、对谁说。我们面临的不是一两个人，也不只是公司或者客户，因此，掌握说话的技巧至关重要：对谁说——目标；说什么——内容；怎么说——方式。

AE 必须学会更多的知识，超越自己、超越客户，让客户尊敬你、佩服你，然后达成愉快的合作。

■ 请了解 AE 对广告策划团队工作的贡献。

精读知识点 企业在广告策划业务运作中的地位

随着媒介环境和市场环境的复杂化，广告公司对广泛市场中的广告全业务链条的整合能力变得越来越弱。

随着新媒体类别的增加及其应用的不断发展，广告业务中的细分愈加深入，大的广告集团借助并购，可以在一定程度上整合广告业务中的细分业务，如公关、促销、市场研究、网络媒体、手机媒体等，在一定程度上能够通过公司内部业务切割来推动完整的广告业务的开展，但即便如此，他们能够通过稳定的客户团队服务来达成任务的可能性一直在下降。那些非集团式的广告公司的业务整合能力就更低了。因此，从广告活动及广告策划的整合需求上来讲，与其说目前广告公司具有专业优势，不如说客户更应该自己形成专业优势。因为，无论是在长时间阶段、广泛的市场覆盖下，还是在适应多种媒体需求、多种操作方法的前提下，企业自己更具有直接掌控的条件。

在这种情况下，广告公司虽然仍适合承担某市场任务下的广告策划工作，但企业则不可避免地需要承担起以往 4A 公司的全面整合广告业务的职责。

目前，国内的一些大企业、跨国公司以及轻公司在这些方面已经走在了前面。它们在广告策划业务中，不但把控着大市场、跨媒体的广告策略，而且更加进一步地利用了自己的组织能力，把自身的相关管理、控制作用发挥到极致，从全视野上把营销传播的风险降到了最低，从而，广告商逐渐沦为整合性业务之下的某部分业务的发包方。

在这方面较为典型的案例是三星电子的“奥运赞助”营销传播活动。为了此活动，三星电子专门成立了全球营销部，对这一战略进行支持。全球营销部共包括三个小组：营销战略小组、地区战略小组和产品战略小组，为整个营销传播活动进行战略开发与实施管控。

全球最大的日用品集团宝洁公司对营销架构进行了调整。2014 年 7 月，二度接掌宝洁帅印的 CEO 雷富礼正式宣布宝洁的营销总监转型为品牌总监，营销部门也被更名为品牌管理部门。新成立的品牌管理部门将负责四项业务：品牌管理部（前身为市场部）、消费者与市场信息部（前身为市场调研部）、交流中心（前身为公关部）和设计部。

对于已经习惯使用“营销总监”这一头衔的整个市场来说，宝洁取消营销总监头衔的举动备受瞩目。但这并不是宝洁第一次在此类头衔上“动手脚”。

1993 年，宝洁公司第一次设立了营销总监职位，用以取代当时的“广告经理”一职。这次职位更名，表明了宝洁希望摆脱广告宣传的单一性，运用广告以外的手段来打造品牌的意图。

2014 年，宝洁再度将营销总监更名为品牌总监，这样的转型是为了更加明确品牌在战略、计划、结果上的职责，打造针对品牌策略、品牌计划、品牌成果的单点责任制。

职位的撤除不代表职能的消失。从概念层面看，22 年前从广告到营销是扩大内涵，22 年后按照宝洁宣布的新业务范围看来，调整后的营销将按照品牌战略去专注于不同产品，使营销与产品之间的关系更加紧密，使品牌对消费者的影响更大。①

精读知识点 《蒙牛十年不完美的奇迹》②

读者对本书的评价褒贬不一，但这并不影响我们用这类方式进入企业内部，审慎地观察和了解客户。对企业的市场生存有何感触？对此可以做出分析。

训练 1 对广告客户的初步判断

当客户说“帮我做个策划吧”的时候，广告策划人员对客户的初步判断过程就开始了。这是广告策划工作的启动环节，也是对整个广告策划工作都非常重要的一个环节。

① 张焱. 宝洁重画组织图[J]. 商学院，2014（9）.

② 刘东. 蒙牛十年不完美的奇迹[M]. 北京：企业管理出版社，2010.

对客户业务能力的判断，将是广告策划人员理解工作任务的重要层面。客户多种多样，在委托广告策划工作的时候，有的广告客户可能还并不太清楚市场发生了什么，他们可能更为关注销售的业绩，对广告活动的需求也仅知道"做广告能开发市场，所以我们也应该做广告"；有的广告客户只认识到市场发生了什么，比如，他们发现最近产品的市场销售并不理想，可能是消费者对产品的好感不足，或对产品功能的认识不足等，因此需要寻求广告活动的帮助；而有的客户拥有成熟的营销推广部门，熟知传播的方式与流程，并已经知道解决的营销传播策略，因此更在意寻求传播策略或创意的突破。

但是也有一些客户，非常坚持自己的认识和想法，但是因为他们对营销传播活动的经验不足、理解并不到位，因此其所执着的策略或原则其实很"乌龙"。

初步接触客户的广告策划人员，需要对客户的专业水平进行恰当的评估，这有利于准确理解客户的需求，掌握与客户沟通的层次，并避免出现在广告策划执行过程中，随着客户视野、思路的发展而不断变换广告任务的不利局面的出现。

■ 请收集关于"广告客户"话题的小说、文章、影视剧。

训练 2 从策略单识别客户的需求与问题（一）

恒安七度空间"谁敢比我薄"策略单（压缩）

（第十二届中国大学生广告艺术节学院奖）

命题单位	福建恒安集团
产品名称	七度空间少女系列特薄产品（福建恒安集团）
广告主题	谁敢比我薄
品牌调性	个性、年轻、时尚
传播 / 营销目的	2013 年七度空间少女系列推出了特薄新品，"谁敢比我薄"的推广口号彰显了七度空间在中国卫生巾市场的霸主地位。此次以"谁敢比我薄"为主题，请以特薄产品作为创意之源，用天马行空的创意来体现特薄产品"谁敢比我薄"的特性。通过你们的创意展示来增强消费者对特薄产品的认同和喜爱
企业 / 产品简介	七度空间品牌创立于 2001 年，2003 年推出少女系列，目标群体是活泼开朗、有个性、有创新精神、热爱潮流的时尚少女。2013 年七度空间少女系列推出特薄新品，既有七层防护还具有"特薄无感"的特点，魔力锁水圈提升了产品的防漏和锁水功能，超速吸收，想动就动，特薄产品既保证了舒适度又保证了吸收力，绝对是追求舒适感受的消费者的福音
目标消费群	10—22 岁年轻女生（以学生群体为主）
主要竞争者	苏菲

续表

命题类别	平面广告　影视广告　微视　营销策划
列入事项	1. 七度空间 logo、恒安集团 logo　2. 主题“谁敢比我薄”
命题要求阐述	【平面广告作品要求】围绕“谁敢比我薄”的口号，创作平面创意作品，要求原创，具有创意性、趣味性。若涉及产品，必须体现其“七层防护，还能最薄”的概念 【影视广告作品要求】突出“谁敢比我薄”的主题，创作 15 秒版本，从目标人群的角度策划作品基调，利于传播 【营销策划作品要求】以“谁敢比我薄”为主题，制定针对校园市场策划特薄产品的推广方案 1. 核心展现特薄产品“既有七层防护，又能特薄无感”的产品特色 2. 利用线上资源产出可实施并可能引起目标群体口碑传播的推广方案 【综合阐述】女生们是不是都讨厌来例假时垫着厚厚的卫生巾的那种烦闷感但又害怕薄卫生巾会发生渗漏呢？那七度少女特薄绝对是你们的生理期必备产品。那如何去展现“谁敢比我薄”的这个主题呢？创意作品可以七度特薄产品作为创意之源，用你最擅长的方式来体现特薄产品“谁敢比我薄”的主题

■ 认真阅读策略单，查阅客户资料以及比赛的历史资料，走访产品的零售场所，适当了解消费者认知和态度，回答以下问题：

① 客户为什么提供策略单参赛？

② 客户的广告语“谁敢比我薄”的产生背景及优缺点？客户对此清晰明了吗？

③ 客户的愿景是不是现实的？客户对此清晰明了吗？

④ 对客户的广告传播需求来说，有没有需要避重就轻的地方？

⑤ 对客户来说，他们最期待通过广告方案的实施获得哪些效果？

⑥ 如果可以直接面对客户，你想提出哪些问题？

训练 3 从策略单识别客户的需求与问题（二）

“苏丝”的策略单

（编自“第十一届中国大学生广告艺术节学院奖策略单”）

产品名称	苏丝丝巾（江苏苏丝丝绸股份有限公司）
广告主题	苏丝丝巾的品牌创意
品牌调性	苏丝丝巾，中国的爱马仕 汇聚中国百年丝绸工艺，展示世界百年丝巾之美，完美图案，完美质感，是唯一可以和国际品牌爱马仕丝巾相媲美的丝巾品牌。品牌调性为：充满爱，体验爱，相信爱
传播 / 营销目的	苏丝丝巾的品牌创意的营销目的是：让消费者相信并热爱苏丝丝巾，体会苏丝丝巾所传达的最完美品质和最完美的爱两大核心主张
企业 / 产品简介：	江苏苏丝丝绸股份有限公司，前身为上海中孚绢纺厂，始建于 1923 年，苏丝丝巾具有“真丝绸、免打理、不褪色”三大特点

续表

目标消费群	有品位的、时尚的、高收入的女性
主要竞争者	Hermes（爱马仕）、Marja Kurki（玛丽亚古琦）、Gucci（古驰）、Cartier（卡地亚）、Chanel（香奈儿）、Louis Vuitton（路易·威登）
命题类别	平面广告 影视广告 营销策划 网络/微电影（仅微电影） 纹样设计（丝巾图案设计）
作品要求	广告创意：要求创作苏丝品牌创意，产品广告创意 纹样设计：要求创作丝巾纹样设计 （可以应用各色彩元素、中国及国际设计元素、古典与现代的设计元素等，纹样风格参赛学生自定，要求原创作品）
建议列入事项	所有作品植入苏丝商标

■ 认真阅读策略单，查阅客户资料以及比赛的历史资料，走访产品的零售场所，适当了解消费者认知和态度，回答以下问题：

① 客户为什么参赛？

② 客户传达的内容“最完美的品质和最完美的爱”有何优点及缺点？客户所定的竞争对手和定位有何优缺点？客户对此了解吗？

③ 客户的传播/营销目标是近期的还是远期的？本次（阶段）广告活动对达成此目标的有何难度？客户对此了解吗？

④ 对客户的广告传播需求来说，有没有需要避重就轻的地方？

⑤ 对客户来说，什么水准的广告方案对他们才是有价值的？

⑥ 我需要直接面对客户，提问的问题有……

训练 4 从策略单识别客户的需求与问题（三）

广州王老吉大健康产业有限公司

（第五届全国大学生广告艺术大赛）

品牌名称	王老吉
品牌简介	● 1828 年（清朝道光八年），王泽邦在广州市开设了第一间“王老吉凉茶铺”专营水碗凉茶，成为王老吉品牌的起源，王老吉品牌至今已有 185 年的历史。 ● 1925 年，王老吉凉茶参加英国伦敦展览会，成为最早走向世界的民族品牌之一。 ● 2006 年 5 月，国务院正式宣布，粤港澳地区的 2 家凉茶企业拥有的 18 个品牌 54 个配方及术语为国家级非物质文化遗产，王老吉位列其中。 ● 2008 年，北京名牌资产评估有限公司对王老吉品牌给出了 1 080 亿元的高价评估，王老吉成为中国的第一品牌。 ● 2012 年，广药集团依法收回了红罐红瓶王老吉生产经营权。 王老吉主打“凉茶文化”的准确市场定位，迅速在人们的心目中奠定了其“凉茶之王”的地位。“怕上火，就喝王老吉”的广告语更是迅速红遍大江南北。

续表

广告主题	青春正能量，我的王老吉
产品名称	王老吉凉茶
目标群体	18—35岁的大学生与白领人群（年轻、时尚、充满活力的人群）
主题解析	青春究竟是怎样的一段岁月？ 青春的正能量在血液里激荡澎湃，扑灭不了，也曾迷茫于何去何从。 年轻的你是不是也在困惑——我们是应该一直安于现状，还是勇敢地挥霍青春、追逐梦想？是找个理由随波逐流，还是勇敢前行，疯狂一把，证明自己青春过？ 来一罐冰爽王老吉，平复浮躁，拨开迷茫，豁然开朗。愉快的心情，清晰的头脑，帮助你继续前行。 王老吉陪伴你左右，迈向成功之路！
广告目的	1. 通过感性的沟通使品牌与消费者建立情感联系，增加对品牌的喜爱。 2. 塑造积极向上，热爱生活的正面品牌形象。
广告形式	平面广告、影视广告、微电影广告、广播广告、动画广告、广告策划案 （活动预算500万元人民币）
相关信息获取	红罐王老吉官方网站：http：//h.wljhealth.com/

■ 仔细阅读策略单。

■ 针对策略单，整理出策略单中所体现的要点问题。

■ 在策略单中，对策划的预设条件都有哪些？在广告策划中需要重点发挥的是哪部分？突破之处必须体现在哪部分？

训练5 寻求策划服务的类型

不同客户所需要的广告策划方案可能会各有不同。广告策划案可以分为两大类：其一是完整的广告策划案，其特点是需要通过完整地执行策略分析，以探寻本方案的任务及广告策略。这类广告策划案包括：年度策划案、新产品推广案（包括新产品、新地区）、某任务类型的策划案（如重新定位等）。

其二是阶段性广告策划案，其特点是因为可以在本方案的任务或广告策略方面直接延续以往的操作原则，所以广告策划活动的主要精力会投入在部分内容上，如：创意策划案（客户需要针对目标群体的有效广告活动）、媒体策划案（客户需要在某类媒体上启动广告活动）等。

对于客户的广告策划需求是何种类型，我们必须能够清晰地辨识出来，并且加以确认。

■ 请谈谈媒体类广告策划案与新产品推广方案在业务内容上的侧重与差异。

■ 请谈谈创意类广告策划案与年度广告策划案在业务内容上的侧重与差异。

训练6 客户不确定的需求

客户需求不确定，对广告策划人员来说是一件非常头疼的事。在客户需求不确定的情况下，客户很可能会对曾下达的任务进行多次或任意的改动，如果这些改动出现在广告业务不断推进的过程中，不但会加大广告策划人员的工作量和工作难度，增加服务成本，而且还会使策划人员最终失去对客户需求的准确认知，使工作方向混乱，且直接降低成果水准。

以下几种情况会导致客户需求不确定的现象出现：

① 客户确实对广告活动的效果期待过多；

② 客户的负责人时有变化；

③ 客户的思路随着广告策划人员的思路变化，也一直在发展变化中；

④ 客户不熟悉与广告公司对接的规范过程，等等。

在开始与广告客户沟通时，广告策划人员就要做好准备工作，建立起确保业务流程规范的方法。

- 请设计与客户建立和保持良好沟通的原则。
- 请设计好业务流程规范以规避客户带来的不确定性风险。

训练7 参观名企工厂

■ 对企业与市场了解越多，越有利于广告策划人员的策略制定。对企业和市场的直观感受，常常来源于大量的实践与走访。请尽量多地参观各种类型的零售市场；

■ 请尽量多地实地参观企业。建议参观的企业包括：蒙牛、伊利、燕京啤酒、青岛啤酒、长虹、海信、海尔、北京现代、广东丰田、北京惠普、汇源果汁、娃哈哈。

2. 获取资料的重要方法

思考与讨论1 迅速获取行业知识的能力

思考要点记录

题目陈述

有什么方式能帮助你迅速获取行业知识？请列出来。

请评估一下你在这方面的能力。请迅速熟悉国内感冒药（OTC）行业

思考要点记录

以及自行车行业的情况，并将你获得的知识要点记录下来。

背景知识

快速获取行业知识是广告策划人员需要具备的基本能力，在这个过程中，广告策划人员就已经进入了资料收集的工作阶段。

与在同一行业内工作多年的企业方的市场经理或品牌经理相比，广告策划人员有可能是第一次或少数几次接触此行业，因此，广告策划人员在行业知识、行业熟悉度等方面很难迅速赶超企业相关人员。为此，广告策划人员需具备迅速获取行业知识、迅速完成专业技能对接的能力。

相对而言，广告策划人员可以在以下几个方面迅速获取行业知识，并尝试在专业技能上对企业方提供足够专业的帮助：

① 尽量广泛地接触、阅读行业信息和数据；

② 对行业内重要的品牌一一进行适当的了解，访问其官网；

③ 了解中间商的信息与态度；

④ 走访不同类型的零售终端，观察并访问售货员；

⑤ 尽量多地接触、观察并采访消费者，在互联网上了解不同品类及品牌的需求与口碑；

⑥ 在竞争对手之间进行优劣势的客观分析、评价；

⑦ 对比分析不同品牌产品的广告作品。

思考与讨论 2　把握占有资料的思路

思考要点记录

题目陈述

在收集资料的过程中，努力澄清、理顺获取资料的思路，并记录下自己的感受与过程。

背景知识

并不是你在搜索引擎中输入某个最重要的关键词后，弹出了什么样的网页链接，你最终会获得的资料就仅限于此。收集资料时，你需要具备在思考、判断的基础上主动获取资料的能力，这是一种主动探知的能力。最重要的是，在很多时候，我们都是在逐渐解除疑惑的过程中，不断发现新的观察视角和观察层面。

也就是说，不同的资料获取者即便在同样的条件下工作，他们可

思考要点记录

能最终获取的资料并不一致，而且很重要的是，他们由此产生的观点与视角也会完全不同。

我们不可以将获取资料仅限于：我在搜索引擎中搜过了，我也在杂志文献中搜过了，我还实地走访观察过了，等等。我们有必要在获取资料的过程中，不断澄清、理顺获取资料的思路，这样的过程可能是：

首先，需要一点点相关资料；

其次，产生一点点联想或发现，明确下一步还需要什么资料；

再次，清楚下一个资料收集阶段自己最需要的资料是什么；

最后，不断地尝试、试探，去揭示、获取不同层面、不同角度的资料。

精读知识点 《广告调查理论与实务》①

本书对定性和定量的多种调研方法进行了介绍，如小组访谈、深度访谈、观察法、问卷调查法等。不同的研究方法利弊不同，市场营销调研者可以根据自身的情况选择不同的信息获取方式。

训练 1 迅速成为行业达人

在基本了解了一手资料和二手资料的收集方法的情况下，根据需要和行业的合理性，请尝试拟订可行的资料收集计划。

- 为迅速了解果汁行业，拟订一个 3—5 天的工作计划。
- 尝试实行拟订的工作计划。
- 判定计划的合理程度，尝试分析其原因。

训练 2 一次深度访谈的尝试

深度访谈（in-depth interview）是一种无结构的、直接的、一对一的访问形式。在访问过程中，由掌握深度访谈技巧的调查人员对访谈对象进行深入的访问，用以揭示对某一问题的潜在动机、态度和情感，这种方式最常应用于探索性调查。

① 黄京华. 广告调查理论与实务[M]. 北京：中央广播电视大学出版社，2009.

中国人的黄金情结对黄金市场销售来说是非常重要的一个因素。黄金品牌在营销传播中更应该通过充分利用或改造黄金情结来实现品牌市场的拓展。人们在对消费者人群的研究过程中发现，黄金情结是一个过于宽泛的概念，其中包含了复杂、多层次的感受与认知。对于不同年龄段的消费者来说，黄金情结涵盖了不同的内容。调查人员对于消费者黄金情结的准确感知难度颇大，非常需要使用探索性的调研方法——深度访谈法。

■ 请选择两名男性和两名女性，年龄在 18 至 25 岁之间。

■ 分别针对四位被调查者展开访谈，尽量多地了解年轻人心目中与黄金有关的诸多感受、认识与体验。

■ 请在访谈后回答本问题：周大福黄金饰品有可能成为年轻人的时尚饰品吗？

■ 根据以上的访谈资料，在不考虑周大福黄金饰品成为年轻人时尚饰品的难易程度的情况下，请规划一下周大福黄金饰品进入年轻人生活的路径。

训练 3 一次观察法的尝试

观察法是指调查者根据特定的研究目的，用自己的感官和辅助工具去直接观察被研究对象，从而获得资料的一种方法。观察者一般利用眼睛、耳朵等感觉器官去感知观察对象，但由于人的感觉器官具有一定的局限性，观察者往往还要借助其他仪器和手段，如照相机、录音机、显微录像机等来辅助观察。

洗衣液属于快速消费品，即便如此，应用观察法的调研过程仍能让我们收获良多。

■ 可供观察的事项有很多，例如：消费者的特点、购买的时间段、决策过程中的细节、促销活动的作用等。请尽量去发现和细化观察的事项，并罗列之。

■ 请坚持完成多次、不同时段的观察，每次不少于半小时。

■ 请根据观察回答问题：蓝月亮洗衣液的竞争对手是谁？请描述体现在购买过程中的较量细节。

训练 4 面对消费者的一手资料收集

如果仅仅面对消费者，你能收集到怎样的一手资料？

在搜集有关消费者的资料时，也需要慎重思考消费者中不同的层次，使用过产品的、没有使用过产品的，熟知本品牌的、不熟悉本品牌的，以及你认为未来需要成为消费者的，等等。其实，针对不同层次的调研对象，你所需要获取的信息也会是不同的。

■ 尝试为“黄飞红”麻辣花生这个产品的下一年度某城市市场推广，做一份收集一手资料的方案（品牌背景资料请自行查阅）。要求方案内容尽量细化，如能尝试完成问卷或访问提纲会更好。

训练5 面对全行业的一手资料收集

面向全行业的一手资料获取角度有很多，通过购买者、生产企业、经销商、使用者等层面，都可以获得相关内容。

■ “星海”是国内知名的钢琴品牌。请通过收集一手资料，分析星海钢琴在钢琴行业中的市场地位是怎样的？请尽量获取一手资料，如果仅仅参考网络上发布的一些内容空泛的行业报告，难以建立起对行业的直观认识，也难以形成有价值的观点。

训练6 了解竞争对手的广告

随着信息传播手段的日益多元化，通过广告等多种手段吸引消费者已成为竞争的重要手段。对竞争对手进行监测，应该包括对其广告发布的关注。具体的广告监测内容包括：

① 竞争对手广告投放量的变化；

② 竞争对手广告投放排期的安排；

③ 竞争对手广告定位的变化；

④ 竞争对手广告诉求重点的变化；

⑤ 竞争对手广告作品风格的变化；

⑥ 竞争对手广告作品更换的频率；

⑦ 竞争对手代言人的更换；

⑧ 竞争对手广告投放媒体组合的特点和变化。

对竞争对手进行常规监测，在确保资料的准确性和有效性的同时，还要最大限度地发挥资料的价值，深挖资料背后的本质问题，不但需要跟进竞争对手的策略与目的，还要把握住竞争对手在营销传播过程中获得成功的关键因素。不同行业、不同企业获得成功的方式是不一样的，在营销传播策略与技术层面，竞争对手的经验可以为获取营销传播优势提供新视角。

训练7 熟悉主要的市场研究公司

■ 通过官网、新闻发布、报告发布等资料，了解目前中国市场中主要的市场研究公司都有哪些？其对消费者研究的落脚点及研究方法（工具）都有哪些？

第4章

从消费者洞察开始

1. 消费者是谁?

精读知识点1 《消费者行为学》①

本书是消费者行为学领域广泛使用的一本教科书，也是将消费者行为学领域的国际最新理论与中国本土实践相结合的著作。本书保留了所罗门教授原著的内容框架和理论精华，增加了中国消费者行为的重要内容及本土案例，更具本土化特色，更加适应中国市场的需要。

精读知识点2 《市场细分：市场取舍的方法与案例》②

市场细分作为现代市场营销理论的基石，从概念诞生起就一直受到重视。市场细分与目标市场选择实质上是讲分割与取舍的艺术的。市场细分的本质就是利用消费者的需求差异，将整个市场分割为若干个需求不同的细分市场；目标市场选择的本质是通过评估各细分市场的有效性、可行性、吸引力以及企业自身的相对竞争力，在众多细分市场中做出取

① 迈克尔·所罗门. 消费者行为学（中国版）[M]. 卢泰宏，等，译. 北京：中国人民大学出版社，2014.
② 屈云波，张少辉. 市场细分：市场取舍的方法与案例[M]. 北京：企业管理出版社，2010.

舍，选择自己的目标进入市场。

精读知识点 3 《NICHE 小众行为学》①

本书主要回答了以下问题：随着时代的发展，主流市场和小众市场是怎样此消彼长的？在互联网时代，小众市场为什么变得越来越重要？小众文化形成了怎样的社群文化？如何从小众市场中寻找商机？

精读知识点 4 《长尾理论》②

本书指出，商业和文化的未来不在于传统需求曲线上那个代表“畅销商品”的头部，而是那条代表“冷门商品”的经常被人遗忘的长尾。本书还揭示了长尾现象是如何从工业资本主义原动力——规模经济和范围经济——的矛盾中产生出来的。同时，长尾理论转化为行动，最有力、最可操作的就是营销长尾，通过口碑营销，长尾理论将在不可能的情况下实现销售。

阅读分析 1

STP 营销

请通过对“市场营销”专业领域的学习，掌握 STP 营销的理论与操作方法。

市场细分（market segmentation）的概念最早是由美国营销学家温德尔·史密斯（Wendcd Smith）在 1956 年提出的。此后，美国营销学家菲利浦·科特勒进一步发展和完善了温德尔·史密斯的理论并最终形成了成熟的 STP 理论，它包括：市场细分（segmentation）、目标市场选择（targeting）和定位（positioning）理论，是战略营销的核心内容。

市场细分是指营销者通过市场调研，依据消费者的需要和欲望、购买行为和购买习惯等方面的差异，把某一产品的市场整体划分为若干消费者群的市场分类过程。每一个消费者群就是一个细分市场，每一个细分市场都是由具有类似需求倾向的消费者构成的群体。常用于细分市场的指标包括：人口细分指标、地理细分指标、心理细分指标、行为细分指

① 詹姆斯·哈金. NICHE小众行为学[M]. 张家卫，译. 北京：北京时代华文书局，2015.
② 克里斯·安德森. 长尾理论[M]. 乔江涛，等，译. 北京：中信出版社，2012.

标，等等。

目标市场选择是对细分后的市场进行评估，选择一个或几个准备进入的细分市场。明确企业应为哪一类用户服务，满足他们的哪一种需求，是企业在营销活动中的一项重要策略，因为任何企业都没有足够的人力资源和资金满足整个市场的需要或追求过大的目标。选择目标市场一般运用三种策略：无差别性市场策略、差别性市场策略和集中性市场策略。

定位就是企业根据目标市场上同类产品的竞争状况，针对顾客对该类产品某些特征或属性的重视程度，为本企业产品塑造强有力的、与众不同的鲜明个性，并将其形象生动地传递给顾客，以求得顾客认同。市场定位的实质是使本企业与其他企业严格区分开来，使顾客明显感觉和认识到这种差别，从而在顾客心目中占据特殊的位置。

菲利普·科特勒认为，一系列的营销活动都是以STP为基础的。而且，在广告策略分析的过程中，STP营销方法也是最为常用的方法。然而，近年来广告策划业务中使用的STP营销方法也开始逐渐出现一些问题。

市场细分这一概念产生于20世纪50年代，当时的市场环境远没有今天复杂，在今天的实践中，这一经典工具已很容易沦为一种“纸上的游戏”。原因之一是今天的消费者变得越来越矛盾、善变、个性化和多面化，他们已经突破了传统的人口统计和心理学分类模式，把那些不真实的特征描述抛之脑后。另一个重要原因是，竞争对手之间在使用一样的市场细分工具，结果大家所界定的目标消费群体，竟然绝大部分是相同的，虽然也会有一小部分目标群体有所不同，但广告宣传针对的重点差别不大。市场细分陷入无可奈何的尴尬境地。这也就难怪STP理论上完美，实际的应用效果却并不尽如人意，大量所谓的“定位”有其名而无其实，它们大多只是战术意义上的微弱的差异化而已，对消费者而言，这些细微而复杂的差别只会导致混乱。比如冰箱业里各个品牌不约而同地瞄准保鲜市场，因为据调查保鲜功能已成为消费者选购冰箱最关注的因素，于是便出现了新飞的“杀菌保鲜”、容声的“原生态保鲜”、西门子的“0℃保鲜”、海尔的“光波增鲜”、美菱的“光触媒保鲜”……有多少消费者真正是冲着这些保鲜技术来买冰箱的呢?

在“T”阶段的实践中，也出现了操作上的缺陷。因为传统的市场细分是对现有市场的需求进行分析，在选择目标市场时，评估的重要标准是市场规模，即“这个市场有多大”。通常，消费者无法知道如果将来他们的选择面发生重大变化之后，他们可能会买什么东西，所以，一种有潜力的新市场常常就会因看起来太小而被放弃。这就导致企业难以尝试新产品、新做法，从而错失一些重要的市场机会。

在“P”阶段，我们常常可以看到，企业越是精熟于传统营销方法，它们的战略就越是趋同。市场上商品琳琅满目，实际上罕有区隔，相互替代性极强，真正对消费者有意义的选择却难得出现。市场细分与定位策略的不断运用尽管能扩大规模，但最终会导致市场的饱和与极度细分。

■ STP 营销是广告策略制定过程中常用的工具。在已具备清晰的思路与较成熟的操作规范的情况下，STP 营销也存在一些缺点。请在上文中标出一些你认为重要的观点，为这些观点寻找适当的案例作为补充说明。

■ 在实际操作中，有哪些方法能够帮助我们回避 STP 营销实操方法中容易犯的错误？请讨论并说明之。

■ 目标群体指数（Target Group Index，TGI）是一个“倾向性指数”，可反映目标群体在特定研究范围（如地理区域、人口统计领域、媒体受众、产品消费者）内的强势或弱势情况，有助于明确目标市场，是设定目标时经常使用的主要工具。目标群体指数的计算方法是：TGI 指数 =（目标群体中具有某一特征的群体所占比例 / 总体中具有相同特征的群体所占比例）× 标准数 100。例如，在 15—24 岁的人群中，有 8.9% 的人过去一年内服用过斯达舒，而在总体人群中，服用过斯达舒的人数比例为 6.6%，则斯达舒在 15—24 岁人群中的 TGI 指数是 134.9，这说明，斯达舒主要定位在 15—24 岁的人群中。请分析本指数在实际使用过程中的优缺点。

阅读分析 2

20/80 法则与长尾理论的选择策略

很久以来，在营销与传播过程中，我们一直关注的是那些规模大的消费群体。但是今天，新媒体技术使得我们可以关注那些长尾了。《长尾》一书中提及，因为市场竞争过于激烈，企业应该更多地关注原有狭窄视线以外的那些市场份额。

消费者目标人群规模越大，其特征就越模糊，但是这并不妨碍我们将消费者总体进一步进行拆解，分割出基于不同动机、决策因素的特征群体。

广告中的 20/80 法则描述的是重度消费者问题，该法则表明，频繁或大量消费某种产品的消费者对品牌的贡献很大，但他们可能仅仅是消费者中占比并不算大的一群人。把握住重度消费者，可以高效率地争取重要的消费群体。

长尾理论关注的是，只要实现的机会足够大，重度消费者或其他消费者会共同分割市场份额，而且非重度消费者对市场份额的贡献也是不容置疑的。

■ 请通过对相关资料的收集和阅读，甄别使用两种策略原则的条件。

思考与讨论 1 深刻研究和分析消费者的重要性

思考要点记录

题目陈述

在广告策划业务过程中，品牌/产品的消费者是谁？他们都有怎样的行为特征和思维特征？他们有怎样的社会和经济地位以及购买特征？他们的媒体使用有何特征？他们有着怎样的产品需求？他们的个性、生活方式等是怎样的？专业人士对消费者的研究和分析唯恐不全面、不细致，点滴的重要发现都可能会给营销传播带来新的契机，所以，专业人士对消费者研究的重视是毋庸置疑的。那么，在广告策划业务中，消费者研究和分析的成果，会对哪些方面的策略决策产生重要的影响？试着寻找一下那些影响决策的方式。

背景知识

广告策划的根本任务就是在竞争激烈的市场中，为产品吸引到消费者的注意力，诱发消费者的购买欲望，促进产品和服务的销售。广告通过对消费者心理和行为的影响，可直接或间接地影响消费者的生活方式和价值观念；消费者的消费心理和行为特点反过来也影响着广告的策划与创意制作。因此，成功广告的一个重要特征，就是始终如一地将广告的功能与消费者心理连接起来，通过对消费者心理的研究，可以有效地将广告信息传达给消费者。

思考与讨论 2 辨认出“他们”都是谁

思考要点记录

题目陈述

娃哈哈果奶“妈妈我要喝”是一则20世纪90年代的电视广告。

娃哈哈果奶是90年代初由娃哈哈企业推出的产品，娃哈哈在味道平淡的牛奶中添加果汁，打造出一个孩子们喜欢的有味道的牛奶——果奶。

娃哈哈果奶“妈妈我要喝”这则电视广告的歌曲（文案）是“有营养，味道好，天天喝，真快乐，妈妈我要喝”。电视广告的分镜头为：

①父母与儿子跳舞；

②男孩与女孩跳舞；

思考要点记录

③娃哈哈果奶产品；

④女孩手指娃哈哈果奶产品；

⑤屏幕出现产品品牌及厂家名称（文字）。

- 请说明这则娃哈哈果奶的电视广告诉求对象（受众）：__________
- 实施购物行为者：__________
- 购物行为决策参与者：__________
- 产品的使用者：__________

背景知识

在广告与营销领域习惯使用的“消费者”概念背后，还有着一些相似的、细化的概念，甄别它们之后，我们才能够在广告策划及消费者分析的各个环节中，做到准确表达。这些概念是：目标消费者、潜在消费者、购物者、使用者、决策（参与）者、受众、诉求对象、内行消费者，等等。

思考与讨论 3 个体、群体、家庭

题目陈述

思考要点记录

请通过讨论，甄别在何种情况下，会分别需要从消费者个体角度、群体角度或家庭层次进行消费者分析？请针对三种方式各举一例。

背景知识

大多数产品都具有从个体消费者、消费者群体和家庭消费者入手来进行消费者分析与选择的可能性。

在法律意义上，消费者（consumer）指的是为个人目的购买或使用商品或接受服务的社会成员。生活中，每个人都有可能扮演消费者的角色，不同的人，生活中的产品需求、决策、购买及使用体会都各不相同。所以，在理论上，广告策划人员非常有必要从每个消费者的角度出发，来判断营销传播的信息管控策略，尽管这种操作需要一定的技术、资金及人力的支持。

由于消费者庞大的数量以及千差万别的特征，在一定的技术条件下，靠辨认每一个消费者的市场行为特征并完成有针对性的传播是不

思考要点记录

可能的。因此，我们对消费者的理解只能停留在对“群体特征”进行分类处理的层面上，这也就是我们通常所说的“消费者群体”的处理方式。“群体”方法的成立，必须以牺牲个体角度和个体特征的绝大多数细节为代价，以达到“群体”特征趋同的要求。为了辨别出各个消费者群体，我们必须放弃每个消费者的视角，消费者不再是生活中活生生的个体，转而变为由各种标签所描述的概念。

家庭是由彼此有密切关系的成员构成的一种初级群体，是人们最主要、最核心参与的群体，是社会组织中的一个基本单位，也是消费者最基本的相关群体，其对消费者购买行为影响甚大。因此，家庭是广告策划者在分析消费者和诉求对象时不可忽视的一个要素。

思考与讨论 4　最有价值的消费者细分群体

思考要点记录

题目陈述

奥利奥饼干的消费者层次多元，请通过简单调研及讨论，确定你们认为对该品牌的市场来说最有价值的消费者细分群体。

▎背景知识 ▎

在分析消费者细分群体时，细分选择的操作原则非常重要：

① 企业必须清楚消费者的属性和需要，将他们归为不同的群体；

② 消费者之间要有足够的差异，否则更适合采用大规模市场营销战略；

③ 在各个细分市场内部，消费者之间必须有足够的相似性，从而能为这个市场制订适宜的市场营销计划；

④ 每个细分市场必须足够大，能够实现一定的销售额并负担成本；

⑤ 细分市场的消费者必须能利用媒体或在实体空间接触到广告信息。

一般而言，一种产品会选取一种接触消费者的形象，并向之推荐最有说服力的、与之配套的产品价值。但是我们也应该注意到，除此

思考要点记录

之外，产品的市场机会也许还很大，也许其他一些消费者也很重要，但是他们并未被锁定为目标群体。

在选择最有价值的消费者细分群体时，我们还必须分辨清楚这些具有差异的消费者群体，哪些才是相对关键的。在判断过程中，势必还要结合产品特征与竞争环境等市场因素，加以综合判断。

训练 1 捕捉斧标祛风油的目标消费群

消费者的需求轨迹、决策轨迹、行为轨迹都是扑朔迷离的，每一个消费者似乎都具有与另外一个消费者完全不同的理由和愿望，普遍差异性的存在是不争的事实。但是，这貌似杂乱无章的背后，还是存在着规律性和相似性、探知原则和方法。掌握这些规律能够更好地了解消费者，使他们在营销人员的眼中，不再只是拥有自我轨道的“原子”。这样，一定的传播原则和方法才能通过媒体渠道高效地发挥作用。可以说，在广告策划工作中，对消费者多样性的探知，其本质在于对消费者的捕捉。

例如，在探知谁是消费者时，我们关心的是，用什么样的方法能捕捉哪些消费者。在探知消费者对品牌和产品的态度与行为时，其实我们关心的是如何更深入地了解消费者的需求与各种特征。在锁定目标消费者群体、完成品牌定位时，其实我们关心的是如何对所捕捉到的消费者群体达成相关内容的传播操作。而在调查消费者对媒介的使用习惯与使用知识时，我们其实更关心怎样通过操控媒介渠道来捕捉消费者。

通常，STP 营销（细分、目标消费者选择、定位）的全套业务操作在广告策划业务中是非常多见的。我们看到，营销传播人员会通过 STP 营销，确立起“对哪些消费者沟通什么内容”的营销框架。

■ 斧标祛风油始创于 1928 年，是享誉市场的跌打损伤药品牌，在整个东南亚家喻户晓，其生产厂家是新加坡历史最悠久的药业公司之一。斧标祛风油于 1987 年进军中国大陆，目前以广州为中心，产品销售遍及全国各省市。

■ 请熟悉 STP 营销操作中市场细分—目标市场—定位的操作过程，通过对斧标祛风油品牌和产品信息、消费者的调研、二手资料的收集，得出其 STP 营销三个环节的结论（市场细分—目标市场选择—定位），并进行适当描述。

■ 在完成以上题目后，请完成大宝 SOD 蜜、乐事薯片、三精双黄连口服液（三选一）的 STP 结论。

训练 2 旺仔牛奶与家庭消费

家庭是个复杂的环境，很多产品的出现都是家庭需求导致的，且产品的使用者通常也会是家庭成员。

以家庭作为一个消费单位来看，尽管现阶段家庭消费决策权还是主要掌握在父母的手中，特别是家庭的大宗开支，比如房屋、车辆、大型家电等。但随着家庭结构的变迁，人们民主意识和受教育程度的提高，现代家庭中父母与儿女之间的角色越来越平等，进而也就使得家庭购买决策权出现分化，父母的决策权已经部分转移到了孩子手中，特别是在一些日常生活用品领域。而在独生子女家庭使用消费品产生的购买行为中，这种决策权的转移则更加明显。

■ 在家庭消费中，旺仔牛奶大多是被孩子们所消费的产品。请锁定旺仔牛奶的目标消费者，并将其用文字描述出来；分析广告诉求对象。

■ 在家庭消费中，洗手液通常是所有家庭成员一起使用的产品。请锁定滴露洗手液的目标消费者，并将其用文字描述出来；分析广告诉求对象。

■ 在家庭消费中，空调关乎一家人的生活品质。请锁定美的空调的目标消费者，并将其用文字描述出来；分析广告诉求对象。

训练 3 捕捉云南白药牙膏的消费者

云南白药牙膏是具有护龈固齿功能的健康型牙膏，它以牙膏固有功能为基本载体，内含云南白药特殊成分，是防治牙龈出血、牙龈炎、牙周炎以及牙龈萎缩、口腔溃疡的专业口腔护理产品。但是，防治牙龈出血等功能并非云南白药牙膏的创新点或唯一差异点，云南白药牙膏真正的优势来自于其产品的品质及“云南白药”的药物知名度。

云南白药牙膏上市时在价格上走的是高端路线，与行业的一般定价规则相比，基本上属于牙膏中的“轻奢品”，结合云南白药牙膏防治牙龈出血的功能，其目标人群基本锁定在高收入的牙龈出血症状消费者，试图借助“云南白药”品牌药品的专属特性，用产品或差异化定位来锁定细分消费群。

■ 当一种产品刚上市时，狭窄的定位会限制其市场机会，难以获得消费者广泛、全面的认知。因此，可否重新探查都有哪些人对云南白药牙膏产品具有需求？

■ 在云南白药牙膏产品所具有的消费者需求中，哪些需求可以聚拢怎样的消费群？

训练 4 不断优化的消费者群体

有些产品或品牌的消费者数量庞大，实际年龄覆盖面广泛，消费者特征多元，虽然我们可以选择其中一个特征明确的消费者群体作为目标消费者群体，但事实上，除该群体之外的消费者数量也不少。但是，在其品牌形象建设的诸多环节中，我们看到的可能更多是年轻人或是青少年的身影。

运动服饰类的品牌通常都会面临这个问题。此类产品的实际消费者的年龄会跨越老、中、青三个层次，且产品也并非对年龄做出严格的区隔。李宁品牌曾试图在“换标”事件中使用“90 后”这个诉求内容完成一次品牌的革命，但是，“90 后”这个诉求内容并不能通吃李宁品牌所有主要的目标消费者群体，对“90 后”诉求的强烈释放，势必会干扰李宁品牌在大部分消费者心目中的印象。

在市场开发过程中，对于目标消费者群体的挖掘也会不断得到优化与发展。以冲泡型豆奶粉产品为例，其目标消费者可能最初会锁定在“中老年女性”身上，但随着市场的不断深耕，我们也许会发现，豆奶粉的目标消费者可以与速溶咖啡产品的目标消费者或者注重美容的女性消费者一致。

■ 目标消费者的设定与选取，是值得动一些心思的。当品牌的实际消费者群年龄跨度较大时，一般都会如何选择诉求对象及其形象？请讨论并列举出几种方法。

■ 请思考：品牌在适应不断变化的消费市场和选择稳定的消费群时，应如何做出平衡？

训练 5 寻找阿尔卑斯棒棒糖的消费者

源自欧洲的阿尔卑斯品牌，其本意代表的就是爱。诞生之初，它就希望成为给人带来爱的糖果。阿尔卑斯糖果的每一种口味、每一种色彩、每一种口感，也都被消费者诠释出各种代表爱的含义。

■ 在阿尔卑斯棒棒糖的销售场所实地观察本产品的实际消费者，他们都是哪些人？阿尔卑斯棒棒糖的决策者、购买者与产品食用者之间都有怎样的关系？

■ 请对阿尔卑斯棒棒糖的目标消费者进行分析，分析和判断以下的消费者群体设定是否准确：阿尔卑斯棒棒糖以 8—18 岁青少年为目标消费者，目标消费者的特征为：个性张扬；有主张、有想法；是新潮的游戏、电影爱好者。

■ 请回答以下问题：

①8—18 岁是实际消费者中所包含的主要群体吗?

②8—18 岁群体内部特征是否一致，是否还需要进一步细分?

③ 与 8—18 岁目标细分群体最有效的接触方式有哪些?

④ 你认为是否有潜在消费群体值得开发?

⑤ 阿尔卑斯棒棒糖的广告受众应该如何设定?

训练 6 年轻消费者的重要性

进入 21 世纪后，中国的主流消费群体的消费特征日益个性化、多元化。美国著名消费者行为学家所罗门（M.R.Solomon）曾经说过，改变消费者行为的许多生活方式都是由年轻消费者所推动的，他们不断地重新定义什么是最热门的，而什么又不是。所以，我们常常看到即便很多品牌的消费者都包含大量的中老年人，但是其广告更适宜与年轻人沟通。这也就是说，很多时候品牌是期待从年轻消费者那里开始启动市场的。

■ 请列举若干非常在意年轻消费者的品牌，他们的消费者虽然也囊括非年轻消费者，但是锁定的目标消费者则更侧重年轻人。

■ 请分析这类品牌都有怎样的典型特征?

训练 7 世代群体

世代群体以年龄为标准，融合价值观、人口出生率等重大社会事件来确定世代的出生时间，以生活方式和价值观描绘世代（generation）特征。也就是说，同一时间段产生的人群不止年龄相近，更因为对流行文化、历史事件等社会标记（social marker）有共同的经历和记忆，一生中保留固有的消费价值观和行为，从而构成具有营销意义的群体。通常，品牌会借助广告等活动，再现当时的流行元素或给以共同兴趣、气氛的关联，以激发兴趣，促进销售。

卢泰宏等中国学者曾综合前人的研究，将中国消费者划分为五个世代：

①1945 年以前出生的社会主义信仰者一代。他们经历了抗日战争、解放战争、“大跃进”和人民公社运动等历史事件，受马克思主义思想影响深刻。

②1945—1960 年出生的失落的一代。他们因上山下乡、“文化大革命”丧失了学习的机会，20 世纪 90 年代又遭遇了下岗的不幸，对社会有某种“失落感”。

③1960—1970 年出生的幸运的一代。青年时“文化大革命”结束，恢复高考，大学

学费全免，毕业后国家分配工作，成绩优秀者被派往国外进修，被誉为“天之骄子”。

④1970—1980 年出生的转型的一代。他们成长于计划经济向市场经济转型的时期，高考扩招，学费暴涨，面对“双向选择”，就业形势严峻，不再有“天之骄子”的优越感。

⑤1980 年以后出生的“独生代”。他们成长于改革开放的大好时期，商品文化蓬勃发展，互联网和高科技产品风行，港台和西方文化遍地开花。

进一步细分之下，1980 年以后出生的人群已经跨越 30 年，所以“独生代”可进一步被细分为“80 后”和“90 后”。目前业界公认的定义为：“80 后”即出生于 1980 年至 1989 年的消费者；“90 后”为出生于 1990 年至 1999 年的消费者。①

■ 可是，我们可能会更关心某个世代中的部分特征群体，例如，“90 后”中的 Cosplay 族，都市超人族等，你还能发现“90 后”中更多的特征群体吗？至少列举三个（可自拟群体名称）。

■ 描述这些特征群体的群体特质（对本质做总结式的描述）、统计特征（包括细化描述人口特征、生活行为特点等）及其消费行为特征，有针对性地提出相关营销策略。

训练 8 地位群体

地位群体是指具有相同生活方式和相同地位的人之间互动的共同体。地位群体是以生活方式为基础形成的，对生活方式的认同是群体内部凝聚和排斥外部群体的机制。

■ 请通过收集和分析资料，辨认以下地位群体的特征，并把特征的要点记录下来。

地位群体	群体特征的要点
小资	
新富阶层	
大学生群体	
月光族	
宅人	
塔基阶层	

训练 9 寻找针对个人的沟通方式

360 儿童卫士智能手表是一款为儿童与家长设计的软硬件结合的产品，通过将产品佩

① 阳翼，关昱. “80后”与“90后”消费行为的比较研究[J]. 广告研究（理论版），2010（4）.

戴在孩子的手腕上，以及配套手机 APP 连接，实现与手环轻松关联，准确定位小孩所在位置。360 儿童卫士智能手表的销售方式，是通过消费者提前在 360 网络商城预约，而后在指定发售时间于商城页面竞购，从而吸引更多的人来参加预约、竞购，提升儿童卫士智能手表人气，最终提升销量，是广告活动的任务。

■ 请重点考虑新媒体，以及新媒体与传统媒体的结合，从而寻找针对个人的沟通方式。吸引消费者关注 360 儿童卫士智能手表，并引导他们的购物决策与购物行动。

训练 10 消费市场下沉

一线城市的竞争惨烈，这让越来越多的品牌选择市场的下沉，而二线城市因为聚集了国际品牌、本土品牌、区域品牌，信息渠道也开始和一线城市接轨。在这样的背景下，三四线城市及县城拥有更多的消费者，也成为企业重视的市场区域和各大品牌争夺的新战场。

2012 年 7 月，欧莱雅全球总裁到河北保定考察，体现出欧莱雅扩大三四线市场覆盖和营销的意图；蒙自是中国西南边陲小镇，距离云南昆明大约 300 公里，2012 年开设了一家宝马 4S 旗舰店；寿光是山东潍坊下辖的县级市，屈臣氏在这里开设了第 1 000 家门店。

像蒙自、寿光这样的小城镇，在中国版图上大约有 1.2 万个。过去鲜有品牌及大中型零售商注意到它们，但是最近市场已经发生了巨大的变化。

■ 请用照片记录三四线城市及县城消费市场中的品牌。

2. 消费者的决策与行为

精读知识点 1 消费者的购买决策模式

消费者购买决策是指消费者谨慎地评价某一产品、品牌或服务的属性并进行选择、购买能满足某一特定需要的产品的过程。国内外许多的学者、专家对消费者购买决策模式进行了大量的研究，并且提出了一些典型模式。

请收集相关资料进行阅读。

精读知识点 2 购买决策卷入度理论

关于购买决策卷入度（engagement）的研究在学术界可谓硕果累累。购买决策卷入度是指消费者对某一购买决策或购买活动的关注程度。

对于不同产品或同一产品在不同情境下的购买，消费者的卷入程度是不同的。例如，在购买电器、家具等大件产品时，消费者的决策卷入度会明显高于购买食盐、纸巾等日用品。对同一产品如化妆品的购买，在作为礼物送给别人和供自己使用时，所花费的时间和精力可能会存在很大差别。

请收集相关资料进行阅读。

精读知识点 3 精细加工可能性模型

20 世纪 70 年代末 80 年代初，社会心理学家佩蒂和卡西奥波在对广告说服进行广泛研究的基础上，针对上述各种理论模式所存在的问题，提出了一个新的综合性的模式，他们称之为精细加工可能性模式（简称 ELM）。ELM 从宏观上描述了信息加工深度或认知卷入程度对态度改变的影响。

请收集相关资料进行阅读。

精读知识点 4 《生活者发想：革新营销的新视点》①

在 30 年前，日本广告公司博报堂就开始使用“生活者发想”这个概念了。与以往将“消费者”（购买、使用商品、服务的人）作为企业的市场营销对象不同，博报堂不是仅仅看到人们消费的一面，而是把消费者当作多方面追求丰富生活的人，即“生活者”来对待。另外，“发想”是个日文词，其含义是“想出事物，获得新的想法和好的主意”。“生活者发想”是一种市场方法论，它是通过对生活者多方面的洞察，来描绘生活的未来。

① 日本博报堂生活综合研究所. 生活者发想：革新营销的新视点[M]. 杜海清，译.北京：文汇出版社，2012.

思考与讨论 1 什么是影响消费者决策的关键点?

思考要点记录

题目陈述

消费者的购买行为多种多样：漫不经心型购买（周末全家看完电影后，在附近的商业中心吃饭闲逛）；新问题型购买（初夏，一个女孩子在自己的脸颊上发现了晒斑）；应急型购买（家里用了十多年的电冰箱忽然坏了），等等。在以上几种情况下，消费者通常是怎样完成购物过程的？他们的购买决策过程各自是怎样的？在这个过程中，推动他们购物的决策关键点各自都有哪些？请对比三种类型的决策在决策关键点上的差异。

背景知识

消费者的决策通常是一个过程，这个过程有长有短。一般来说，快速消费品的决策耗时较耐用品（或其他更具有价值、错误购买的后果较为严重的商品）更短。在消费者的决策过程中，关键的决策点可以引导消费者的决策倾向甚至影响到最后的购买决策。

营销传播活动中的媒体与信息传播控制很难像一个消费者的挚友那样，通过全程陪伴、沟通来对其产生影响，而是只能把握关键点，在关键的时刻更有效率地完成沟通并产生影响。那么，理解什么是影响消费者决策的关键点是非常重要的。

关键点包括媒体的位置与在此位置需要释放的信息两类。例如，在购买过程中，当消费者走在本类商品的货架间，那么映入眼帘的促销黄价签对消费者的决策就有很大影响；再例如，在消费者选购手机的过程中，在互联网上搜索出的同价位手机性价比分析的帖子，就会有很好的决策影响力。

思考与讨论 2 围绕关键点的触点管理

思考要点记录

题目陈述

谈谈你对围绕消费决策关键点所展开的触点管理的理解。请根据你的实际购物经验，谈谈在某次消费决策中的关键媒体接触点与关键信息内容是怎样的。讨论：如何为“中粮初萃五常稻花香大米”规划影响消费决策的关键

思考要点记录

触点与信息诉求要点?

背景知识

围绕消费者决策的关键点，广告活动可以对消费者的媒介接触点信息进行规划，触点管理（contact management）在此时就可以高效地发挥出对消费者的影响。

在触点管理背后，孔隙理论（Aperture）能够对效果的发生作出说明。孔隙理论认为每个特定品牌的潜在客户都存在一个理想的时间、地点来接受品牌信息。这个时间、地点可能是当消费者正处在品牌搜索走廊里，也可能在消费者进入走廊前的信息收集阶段。此时消费者对品牌感兴趣且注意力最高。据此，广告策划的关键任务之一就是通过消费者洞察，寻找这样的最佳时机，使目标消费群者在关键时刻接触品牌信息，这个理想点被称为孔隙。就像是棒球运动中击球的最佳点一样，孔隙是品牌信息在最合适的时间、地点接触消费者，并取得最好效果的点。[①]

消费者的消费决策过程离不开对品牌的接触，每个触点所传达的品牌信息都可能影响最终决策。终端接触是宜家品牌最重要的关键点。

消费者进入宜家选购家具，不仅可以亲身感受店内的整体设计，还能体验人性化的服务。同时，宜家还在消费者选购家具后提供自主设计的服务。在每个决定购买的关键点，宜家都能够向消费者传达最重要的产品信息和体验，以此提高决策效率，促进购买。这就是有效的触点管理。

当然，宜家对于消费者来说还有一些其他的关键接触点，包括口碑、宜家的产品手册等。

阅读分析

冲动性购买倾向[②]

冲动性购买倾向是指个体可能实施非计划的、不经仔细考虑的立即购买行为（即冲

① 威廉·维尔斯. 广告学原理与实务[M]. 北京：北京大学出版社，2007.

② 熊素红，景奉杰. 冲动性购买影响因素新探与模型构建[J]. 市场营销，2010（8）.

动性购买）的程度。在日常生活中，有的消费者本身就更倾向于采取冲动性行动，具有冲动性购买倾向，即更容易产生冲动性购买行为。冲动性购买倾向是消费者日常生活中冲动性购买方面的总体表现，是消费者在面对诱惑时，欲望与自我控制两种相反理论的作用结果，能够在一定程度上反映不同消费者在冲动性购买行为方面的差异。因此，冲动性购买倾向能较好地预测消费者的冲动性购买行为，即一些消费者会比另外一些消费者拥有更强的冲动性购买倾向，对冲动性购买倾向的判断有助于广告策划者锁定目标消费者。

日常生活经验告诉我们，消费者在购买不同产品方面的冲动性也并不相同，如有的消费者在服装消费方面具有高冲动性，而在CD消费方面具有低冲动性；有的消费者在餐饮方面具有高冲动性，但在电子产品消费方面具有低冲动性。因此，了解消费者对特定产品的冲动性购买倾向能更准确地预测客户对产品的冲动性购买行为。

另外，相关研究表明，消费者对特定产品的冲动性购买倾向，受其产品卷入度的影响。一方面，消费者会由于对某种产品的高卷入而产生强烈情感，从而容易产生冲动性购买行为，即消费者对某种产品的卷入水平越高，越可能进行冲动性购买；另一方面，为了获得更大的乐趣，消费者往往更可能浏览其卷入度较高的产品，高频的浏览也容易导致冲动性购买。为此，客户可采取更多的措施来吸引高卷入消费者，比如资助一些特殊俱乐部，举办展示活动，或频繁开展回报活动。此外，客户可以建立数据库，对高卷入消费者进行跟踪，以便更有效地定位目标消费者，设计出特殊的促销活动；在展示商品时，客户应该仔细挑选展示品，以吸引高卷入消费者。

需要我们理解的是，当面对低卷入产品（包括快消品）时，我们会快速做出是否购买的决定，但是这并非意味着这类购买行为是冲动性的（冲动性购买行为与计划性购买行为相对，是一种自发的、无意识的非计划性购物行为，而且具有一定的复杂性和情感因素）。①

■ 请深入思考：如何激发消费者的冲动性购买行为?

■ 在什么情况下，哪些载体上的产品信息曾激发出你的冲动性购买行为？请举例。

训练 1 认识购买者

每一个成年人都会熟练承担“购买者”的角色。将自己视为购物者，从自己的体验出发，开始慢慢熟悉“购买者”的决策过程。

■ 最近让你印象最深刻的一次购买行为是什么？请用文字描述这个决策和行动过程，从动机的产生开始，直至决策的各种原因、转折，甚至可以包括你以前的经历对这次决策

① 熊素红，景奉杰. 冲动性购买影响因素新探与模型构建[J]. 市场营销，2010（8）.

的影响，描述越细致越好。

■ 在描述完成后，请把你认为信息介入会影响你行动的若干机会点用线条标注出来。陈述一下，你觉得应该在这些环节呈现怎样的信息内容，并且使用怎样的媒体渠道传播能达到这个目的呢？

■ 以上每个购买完成的过程都是一个决策的链条。不同购买的决策判断往往千差万别，即便不同的购买者购买了同样的商品，但是决策过程和判断理由可能完全不一样。当我们在分析这些决策链条的时候，会发现一些基本的、本质的或者说最重要的、带有启发性的、说服力强的，但又在一定程度上与竞争产品有差异的理由。这些理由在未来很有可能成为说服消费者选择你的品牌或产品的诉求点，更可能在你的方案中升华为借以沟通的“核心概念”。请你列出你认为很重要的决策判断环节与说服你的内容。

决策判断环节	说服内容
1	
2	
3	
4	

训练 2 发现自己的关键决策

通常，不同的消费者会有不同的购物习惯。例如：

某男 1：他总是会尽量简化自己的购买过程。在购买衬衣的过程中，他选择了离自己最近的店铺，在男装部看到几个品牌的衬衣，他看到有一款是有折扣的，询问了是否纯棉，看了一下衬衣的颜色和衣领的款式，试穿后就购买了。在这种情况下，购物现场的折扣信息成为推动消费者购买的关键决策点。

某男 2：他对衬衣这类产品有充分的了解，今年选购的衬衣当然得和去年的不一样，他关注时尚杂志的衬衣款式，也在网上搜过购买衬衫的攻略，无论是版型还是面料、颜色，他都有自己的选购想法。另外，他还知道，选购衬衣不是简简单单地看看品牌和价格，需要的信息还包括：材质、纽扣、紧身程度、织纱、今年的流行趋势、免烫、可水洗、和现有服装搭配，特别是要了解大品牌的折扣情况等。在这种情况下，能够满足消费者大部分需求的产品本身成为影响该消费者是否购买的关键决策点。

你曾经有过怎样的购买决策过程呢？你会怎样搜集及利用信息呢？什么信息会影响你的决策呢？

■ 请描述一次你的真实决策过程（在以下三个命题中选择一个），在描述中注意发现你的关键决策点在哪里：

① 最近心情不好，想吃巧克力；

② 最近牙齿怕酸，想买新的牙膏；

③ 为几天后可能需要的夜宵而准备方便面。

■ 决策关键点的小调查：在零售终端拦截刚刚购买洗发水的消费者，调查五个样本，依照以下表格，了解相关具体信息，并思考怎样在广告活动中利用它。

消费决策的关键信息与媒体接触探索：

回忆并记录近期完成的一次购买决策过程，商品类型范围为：日用品、食品、护肤品、服装、电子类产品，等等。

消费商品类型 ____________ 商品及款型 ____________________

单价 _______________ 是否重复购买 ________________ 购买时间 ________

购买场所 ____________ 决策时长 ____________ 是否为自己购买 __________

描述动机： 时间： 具体情况： 紧迫程度：
对你最有决策影响力的信息： （可能是本品牌或其他品牌） 时间 / 在哪些媒介接触点看到： 次数（估算）/ 具体内容：
第二有决策影响力的信息： （可能是本品牌或其他品牌） 时间 / 在哪些媒介接触点看到： 次数（估算）/ 具体内容：
第三有决策影响力的信息： （可能是本品牌或其他品牌） 时间 / 在哪些媒介接触点看到： 次数（估算）/ 具体内容：
还对哪些相关信息的内容有印象： 时间 / 在哪些媒介接触点看到：

训练 3 品牌的力量

品牌是一个名称、名词、符号或设计，或者是它们的组合，其目的是可用来识别某个销售者或某群销售者的产品或劳务，并使之同竞争对手的产品和劳务区别开来。正是这种作用，使品牌成为企业的无形资产，也由于品牌与产品质量的关联，使消费者对品牌产生信任感。企业往往运用品牌推广来赢得更多的消费者，取得较高的市场占有率，由高附加值获取超额利润，形成竞争壁垒，保持消费者的品牌忠诚度。

品牌识别度、品牌回想度与第一提及知名度等都是可以指向销售实现的指标。

① 品牌识别度：在见到或被告知某品牌或产品时，表示知道、了解或者熟悉这是什么品牌产品的比例。

② 品牌回想度：在未经提示的情况下，能够说出本类产品中某品牌的比例。

③ 品牌第一提及率：在提到某种产品时，消费者第一个想到的是哪个品牌呢？品牌第一提及率是在未经提示的情况下，主动记忆且第一提及某品牌或广告的消费者占所有消费者的比例。品牌第一提及率可说明特定品牌在特定产品 / 行业中的代表性程度，并能在很大程度上反映产品的销售情况及市场占有水平。

- 请对以下五行业 / 品类进行简单的调研，了解其品牌第一提及比例最高的是哪个品牌？
- 了解这五个行业 / 品类的市场占有率最高的是哪个品牌？
- 品牌第一提及知名度与市场占有率一致吗？
- 如果有不一致的行业 / 品类，你能试着解释原因吗？

行业 / 品类	第一提及知名度品牌	市场占有率第一品牌
洗衣液		
薯片		
牙膏		
智能手机		
家用空调		

训练 4　发现内行消费者

内行消费者对广告和品牌的理解自成一派，他们并不会深陷广告精心编排的故事中，他们更有兴趣和能力去了解内行才能掌握的产品知识，能识别精良的质量、卓越的设计，他们乐于体验产品与服务中的美好，会认为对此支付溢价物有所值。

内行消费者通常数量并不庞大，但却可以为企业带来巨大的利益。他们对品牌更为忠诚，一旦该品牌跻身“好品质”“符合其身份”的名单，他们就会乐于反复购买且不再对价格斤斤计较；而且，内行消费者往往会成为周边人群消费的咨询顾问，其“权威身份”决定了他们往往是口碑传播的“灯塔顾客”，通常我们可以将“内行消费者”称为“达人”。

■ 发现并接近本行业 / 品类的“达人”是很重要的一项工作，但是，我们很难根据消费者的有限几次实际购买行动就判断出谁是“达人”，而谁又具备“达人”的潜质。请思考：在营销传播的活动过程中，如何才能捕捉到达人呢？

■ 在你身边一定会存在一些达人，他们可能对化妆品品牌、手机品牌，或者是对时装、运动鞋品牌等非常熟悉并拥有独到见解与观点。发现一位身边的达人，她（他）是谁？是哪个行业 / 品类的达人呢？有何特征？

■ 通过深度访谈，发现和记录这位“达人”成长的过程，并思考：在营销传播的活动过程中，如何才能捕捉到达人？

训练 5 发现购买决策的参与者

在某些产品的购买决策过程中，其参与者扮演着以下五类角色：

① 发起者：首先提议购买某种产品或服务的人；

② 影响者：其观点或建议对决策有影响的人；

③ 决定者：最后决定整个购买意向的人；

④ 购买者：实际执行购买决策的人；

⑤ 使用者：实际消费产品或服务的人。

在一个购买决策过程中，五种角色可能同时由一个人担任，也可以由不同人分别担任。

■ 在以下你的购买物品中，请列举决策是一个人完成的，还是由不同的参与者共同完成的？请思考每个参与者各自扮演什么角色。

购买的物品	购买决策的参与者
本人使用的手机	共（　　）人。每人扮演的角色：
本人使用的洗发水	共（　　）人。每人扮演的角色：
本人使用的护肤品	共（　　）人。每人扮演的角色：
本人使用的运动鞋	共（　　）人。每人扮演的角色：
本人使用的方便面	共（　　）人。每人扮演的角色：

■ 在儿童消费品中，消费决策的参与者都有可能是谁？请通过调研，了解每个参与者各自扮演什么角色。

购买的物品	购买决策的参与者
妈妈购买奶瓶	共（ ）人。每人扮演的角色：
妈妈购买奶粉	共（ ）人。每人扮演的角色：
亲朋购买婴儿服装	共（ ）人。每人扮演的角色：
亲朋购买婴儿护肤品礼包	共（ ）人。每人扮演的角色：

■ 你有没有办法将一个品牌产品购买决策的参与者都纳入到你的营销传播的沟通环节中？尝试思考解决方案。

■ 描述与 iPhone6 手机消费有关联的各种类型的人群，他们各自会在何种环节对 iPhone6 手机的消费活动产生哪些关联和影响？使用思维导图软件，勾画人们和市场的关联关系与类型（思维导图软件适合描述结构性思维或事物。需要完成全面的调研，调研以质性研究方法为主，调研的对象可不仅限于同学中，也可以对亲朋好友进行深度访谈）。

训练 6 冲动性购买

相对于计划性购物，冲动性购物是一种更加即兴的、无计划性的，也没有经过深思熟虑的一种购物行为，冲动性购物者更可能由于从情感上被商品所吸引而渴望立刻得到满足。

针对冲动性购买行为的研究至今已有 60 多年的历史。冲动性购买就是消费者感到突然的、强烈的、持续的驱动力而立即购买商品的行为。由于这种购买行为几乎涉及所有的消费者，所以冲动性购买在广告活动中备受关注。

影响冲动性购买的因素有很多，这些因素可分为营销刺激（商品的陈列、促销活动等）、情景因素（当时消费者的资金状况、心情等）和冲动性特质（商品的外形和包装、储存、新奇性）等三个方面的影响因素。

■ 为以下不同类型的冲动性购买各准备一个自身经历过的相应案例：

① 纯粹性冲动购买：是一种真正的冲动购买行为。消费者事先完全没有购买欲望而临时做出购买决定，是一种突发的行为，购买时没有考虑品牌、价格、有用性，等等。

② 提示性冲动购买：是指购买者在购物现场看到有关该商品的广告或者其他关于该商品的信息，提示顾客回忆起尚未满足的消费需求，从而产生的冲动购买行为。

③ 建议性冲动购买：当消费者第一次看见某一产品，即使他对该产品没有任何认知，想到未来可能会需要，也会产生冲动购买行为。

④ 计划性冲动购买：是指消费者进入购物现场之前在头脑中已经有一些购买打算，但进店以后由于发现价格优惠而产生购买该产品的行为。

■ 了解网购中的冲动性行为，并为其准备一个相应的案例。

3. 心智洞察一：拒绝的理由

精读知识点 1 消费者洞察是出发点

在广告传播运作中，消费者洞察（consumer insight）是至关重要的一环，它挖掘消费者对产品或服务的真实心理需求。消费者洞察是整个市场营销团队真正的变革活力。

从广告传播角度看，消费者洞察是深入了解消费者的心理需求，立足于消费者与被传播的产品或服务的主要利益点的关联，以及他们怎样看待该品牌、类品牌或服务，他们的行为、信念、感受层面一些特别的东西。广告人员需要在广告传播策略制定和创意执行中画出一幅生动的目标消费者的心理效果图。

洞察不是观察。观察是记录消费者的所做所说，我们常常可以在众多的调研资料中直接找到；洞察却是回答问题的原因所在，是探索性发现，以揭露表象背后的本质，在品牌与消费者之间建立联系。

请收集若干篇此领域的相关学术论文进行研读。

（以下训练将提供几种消费者心理洞察思路，仅限于提供洞察的视角和简单的规则，以免在过于宽泛、不着边际的观察中消耗时间与精力。洞察的视角与规则也并非严格适用于某一种特殊情况。洞察视角与规则的选用，要同市场研究的目标相匹配。）

精读知识点 2 态度与行为的关系

广告人试图通过态度来判断行为。但是这两者之间的关系是否存在，在心理学范畴内仍是备受争议的话题。

对态度—行为关系的探讨是社会心理学领域的重要问题，其主要目的在于考察态度对行为的预测能力究竟如何。然而，随着研究的不断积累，态度对行为的预测已不是简单的两者之间关系，这一过程已经受到诸多其他变量和因素的影响。

请收集若干篇此领域的相关学术论文进行研读。

思考与讨论 1 选择与决策

思考要点记录

题目陈述

选择与决策往往是一个很复杂的心理过程，在这个过程中，有分析、有取舍、有态度、有冲动……如果我们想洞察消费者的选择与决策细节，那将是一次有趣而又有价值的工作。请通过讨论过程中的相互询问，尝试发现并收集与某品牌产品相关的选择与决策因素。除了关照影响因素外，还要尽量关照细节问题。

背景知识

我们常常在消费者问卷调查中看到一个问题：“请问你在购买某类产品时，对你影响最大的因素都有什么？”调查结论多种多样，例如有品牌、功能、质量、原料、包装、购买地点、价格、广告、代言人、产地、品牌来源国等，这些通常是消费者在进行消费决策时会考虑的因素。完全非理性的购买是很少见的，即便是那些看似并未经过思考和判断的消费过程，我们也会从中探知到一些选择的理由与决策的关键点。

我们非常关注态度中所包含的一些内容，如承载态度的因素、态度的倾向，以及对于支撑态度倾向时对形成的各类细节问题的表态。重要的是，消费者并非总是完全理性地以严谨的分值来评估这些细节信息，并完成决策，而是会选择与自己生活、文化相关的关键问题点，并放大其作用。

内隐态度与外显态度的主要区别是：内隐态度是被自动激活的，它的激活既不需要认知能量也不需要动机。而外显态度则需要较多的认知能量和动机去从记忆中检索。当人们检索到外显态度，且它的强度能超越和压制内隐态度，人们才会报告外显态度；当人们没有能力和动机去检索外显态度时，他们将只保留内隐态度；外显态度相对易于改变，内隐态度的改变则较难，那些态度改变技术通常改变的只是人的外显态度，而非内隐态度。

思考要点记录

广告对品牌态度的影响主要有两种方式：一是广告刺激通过形成或改变消费者对品牌的认知来影响其品牌态度，二是广告刺激通过形成或改变消费者对品牌的情感体验来影响其品牌态度。当然在现实的广告运作领域也存在混合型广告，即把理性诉求和感性（情感）诉求混杂在一起，但是这种广告仍然是分别通过理性因素和感性因素对消费者产生影响。

思考与讨论 2 选择与拒绝的理由

思考要点记录

题目陈述

我们能从消费者拒绝一个产品或品牌的理由中收获什么？所有的拒绝理由对营销传播来说都是有价值的吗？什么样的拒绝理由是洞察所应锁定的内容？试举例。

背景知识

当我们尝试去发现一个品牌产品与消费者的真实关系时，我们的出发点通常是为了了解这个品牌产品与消费者之间有哪些良性的关系状态，又有哪些非良性的关系状态，而后会将通过营销传播手段改善某些非良性关系状态设定为某次广告活动的任务。

对于良性关系状态的探知，可以使我们获得类似这样的结论：某口香糖的知名度很高，大部分消费者认可它口味多样、品牌形象好、超市陈列很醒目等特点。由此可以探知消费者为什么会接受本品牌产品，从而判断出以上因素对消费者决策的重要程度。甚至，可以通过对竞争对手的相关调查，发现有哪些因素使竞争对手与消费者之间建立起了良性关系，但是又是本品牌做得不足的。因此，对于良性关系状态的探知是有价值的。

对于非良性关系状态的探知通常是去了解消费者在某次购物过程中为什么没有购买本品牌产品，反而去选择了竞争对手的产品，这样可以使我们快速洞察到一些新的问题点，例如：某口香糖很多年都是同样的包装，没有趣味；它是大叔大婶喜爱的品牌，所以不适合我，等等。从对消费者某一次或几次拒绝的调查，我们有机会去发现这个品牌应该尝试改变的重要问题点，从而清晰地整理出一个产品或品牌

思考要点记录

的营销传播任务。

在对良性关系进行探知，问及消费者“为什么购买某品牌产品？”时，得到的“选择的理由”往往会比较含糊，比较粗线条，或者难以引导被访者很准确地思考这个决策过程中最关键的问题点。但是在探知非良性关系时，我们更容易得到比较明确或者说更容易说得清楚的“拒绝的理由”，通常被调查者会比较容易把直接的细节与深层次的原因说出来。

对“拒绝的理由”的探知，是在“发现市场营销传播任务”的过程中比较有效的一个探知角度。

训练 1 超市“间谍”

《顾客为什么购买？》一书的作者帕科·昂德希尔为我们描述了以下跟踪购物者的研究状态：

我们跟踪的目标是一位 40 多岁的中年妇女，她穿着棕褐色风衣、蓝裙子，正在洗浴用品区选购商品。她正在抚摸毛巾，记下这点——她抚摸了一条、两条、三条，总共四条毛巾。她正在查看价格标签，把这个也记录下来。如果不想被发现，就要小心，不要靠得太近。她从展示台上拿起两条毛巾，离开了洗浴用品区，记下时间。现在，找准时机，尾随到通道，继续跟踪她去下一站……

我们已经研究了所有的零售环境，包括陈列商品的货架、货柜、桌子，每个标志、横幅、小册子、方向指标牌、计算机交互设备，商店出入口、窗户和墙壁，自动扶梯、直梯、楼梯、斜坡，排队等候付款的队伍、等待就餐的队伍和排队上洗手间的队伍，以及每个通道的每个角落。除此之外，我们还在深入研究人们在商业场所里的行为：他们去了哪里、经过哪里，看到了什么、忽略了什么，阅读了哪些信息、没有阅读什么，以及他们如何处理遇到的每一件事，他们怎样购物，等等。

我们试图对顾客从货架上拿下一件毛衣仔细查看，或者阅读药盒上的说明或快餐店的菜单等行为进行精确的剖析及行为心理学的分析。通过对从最宽泛的数据（如星期六上午有多少人走进这家商店，按年龄、性别和购物量分组）到最狭义的数据（如超市里 35 岁以下的阅读谷类食品包装盒侧面营养说明的男性购物者与那些只看盒子正面的购物者相比，前者更可能购买该商品吗？）进行搜集、核实、了解和分析，我们可以了解到人们是如何做出购买决策的。

即便我们可以使用照相机、摄像机、各种追踪器来研究这些顾客，但是在过去 30 年里，最重要的研究工具依然是普通的纸张，我们称之为跟踪单，手握这些单子的人成为跟踪者。跟踪者是实地研究人员，他们的基本工作就是在商店里秘密地跟踪购物者，记录下他们的每个行为。

据经验，相比学习心理学的研究生而言，剧作家、艺术家、演员、小说家等有创造力的人更适合做这项工作，他们没有理论束缚，只会怀着无穷的好奇心观察顾客的行为，及思索顾客这么做的原因，这些人富有耐心、沉着冷静、具有观察力，会设法观察卖场整体及其中的每一个细节。

跟踪工作结束后，跟踪单上填满了难以计数的信息。跟踪者返回办公室，花费更多的时间来整理所有跟踪信息，使用 Excel 数据库是比较便利的方法。从跟踪获得的细节中，我们可以发现很多有趣的结论，例如，将牛仔裤带到试衣间试穿的男士中有 65% 的人会买下它，而在女士中这个比例仅为 25%；在准备买电脑的顾客中，4% 的顾客会在周六上午购买，而到下午 5 点之后购买的则为 21%，等等。观察结论可以帮助我们更好地理解如何与购物者进行接触与沟通。①

■ 阅读以上的资料。在超市中选择一个品牌，根据购物者购买的竞争品牌，来选择样本，了解他们拒绝本品牌的原因。

训练 2 为什么不购买海飞丝洗发水？

海飞丝是宝洁旗下主打去头皮屑功能的洗发水，其竞争对手为其他品牌去头屑洗发水。在探知消费者拒绝海飞丝洗发水的理由的洞察过程中，需要注意以下几个要点：

① 至少需要在洗发水零售场所的进行实地观察与访谈；

② 观察样本必须锁定以下条件：在选购洗发水的过程中，选择了其他品牌的洗发水，而未选择海飞丝品牌；

③ 对样本的访谈至少包含一个角度的问题：为什么没有选择海飞丝品牌的洗发水；

④ 在访谈中，尽量避免样本过于含糊的表述，以获得有明确指向的原因。

■ 请实施本洞察过程，并将消费者拒绝海飞丝品牌的主要原因记录下来：

■ 请分析说明，在这些主要原因中，有无需要归类、合并的内容？有无通过营销传

① 帕科·昂德希尔. 顾客为什么购买？[M]. 缪青青，等，译. 北京：中信出版社，2011.

播操作无法解决的内容？

■ 请勾画出一个你认为最应该立即通过营销传播操作来解决的问题。

训练 3 拒绝农夫山泉矿泉水的理由

以农夫山泉矿泉水为调研的品牌。洞察消费者拒绝农夫山泉矿泉水的理由。

■ 请参照上题，列出洞察的实施要点；

■ 请实施本洞察过程，并将消费者拒绝农夫山泉品牌的主要原因记录下来：

■ 请分析说明，在这些主要原因中，有无需要归类、合并的内容？有无通过营销传播操作无法解决的内容？

■ 请勾画出一个你认为最应该立即通过营销传播操作来解决的问题。

训练 4 洞察与创意性发现

我们通常通过“洞察”，去发现市场中存在的亟待解决的问题，或者为这些问题发现创意性的解决之道。甚至可以说，我们通过消费者洞察获得的许多认识，会有助于我们在品牌、产品与消费者之间建立良好的关系。

“洞察”的用意并不是验证某结论或观点的普适性，而是去发现最重要的问题点或解决方法。为此，“洞察”更适宜使用非量化的手段，去“探索性”地发现。作为一个探知和判断的过程，“洞察”并非要去制造真理，对其结论并不存在绝对的衡量标准，但是存在分析层面的合理性，那就是对消费者复杂的探知视角的确认。

请尝试通过消费者洞察，获得一些发现：

■ 请调查中国市场中消费者喝咖啡的理由。请在这些理由中选择其一，作为某品牌咖啡拓展市场规模的诉求方向。

■ 红牛功能性饮料在市场中一直不温不火，从哪里拉动更多的消费需求会比较好？

■ 寻找铁罐雀巢咖啡被消费者接受的理由？也请指明其所针对的消费者群体。

■ 如何增加速冻饺子的市场需求量？

4. 心智洞察二：消费决策过程

精读知识点 1 消费者购买决策过程

消费者购买决策过程（the buyer decision process）是指消费者通过分析、评价某一产品、品牌或服务的属性，并进行选择、购买能满足某一特定需要的产品的过程。

虽然学者们乐于对消费者的购买决策过程进行分类及模式化的描述，但是只有在介入不同消费者对不同类产品的真实购买决策过程中，我们才能够真正发现对制定广告策略更为有效的关键点。

请收集关于“消费者购买决策”及“决策过程”的相关文献进行阅读。

精读知识点 2 卷入理论及 FCB 方格

消费者卷入理论（Involvement）可以合理地解释为何消费者并非总是依据理性决策模式，进行充分的信息搜集、筛选、评估再做购买决策。消费者卷入行为研究的相关思路有两个方面：

① 通过对消费者卷入构面的量化研究，区分消费者，并针对不同消费群，有针对性地以“电视—杂志”等拥有不同卷入程度的媒体，展开低卷入或高卷入广告的大规模信息传播；

② 应用卷入理论，以品牌形象建设为手段，策略性地提升或降低消费者卷入度行为，使得消费者行为能够在以电视媒体为代表的现代大众媒体框架下取得更好的传播效果。

以卷入理论为背景，FCB 方格（类别购买决策理论）是 1980 年 Foote Cone & Belding（博达大桥广告公司）公司的 Richard Vaughn（理查德·伍甘）开发的一个用来描述消费者购买决策行为特征的工具。

FCB 方格根据购物者“高介入度—低介入度”和“思考（认知）—感觉（情感）”两个维度形成了四个方格，每一方格内分布的产品，其对应的购物者都有着不同的购买决策行为特征。

如下图所示：

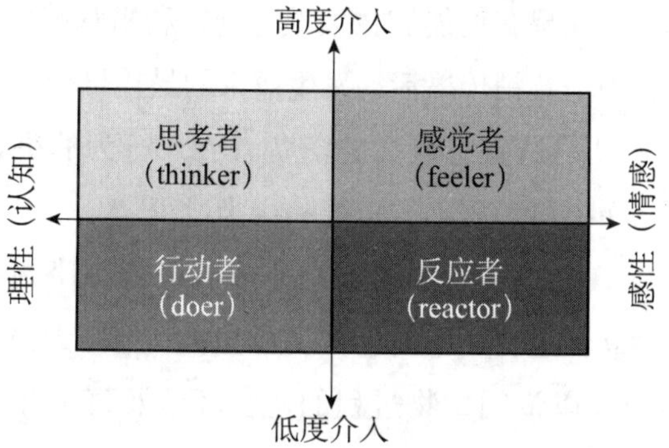

图 4-1 FCB 方格

方格 1：消费者类型是思考者（thinker）。特征是高介入、理性；购买产品如汽车、住房、家具等。购买决策遵循模式为：学习（learn）—感觉（feel）—行动（do）。广告应重视足够理性的诉求支持，鼓励试用比较。

方格 2：消费者类型是感觉者（feeler）。特征是高介入、感性；购买产品如香水、时尚服饰等。购买决策模式为：感觉（feel）—行动（do）—学习（learn）。广告应重视在情感上打动消费者。

方格 3：消费者类型是行动者（doer）。特征是低介入、理性；购买产品是一些介入程度低的日用产品，多为求便性的习惯性购买。决策模式为：行动（do）—学习（learn）—感觉（feel）。广告应重视购买后的认同。

方格 4：消费者类型是反应者（reactor）。特征是低介入、感性。购买产品主要是满足个人的特殊嗜好，如雪茄、电影等。决策模式为：行动（do）— 感觉（feel）— 学习（learn）。广告应重视消费者的体验和自我感觉。

■ 请收集关于“卷入理论”“涉入理论”的相关文献进行阅读。

思考与讨论 致力于消费者的决策管理与激发

思考要点记录

题目陈述

通过翔实记录消费者从购买动机开始到购买行动接触的每个细节，包括判断过程、接触信息的内容，以及所受影响、每一个环节的行动选择等，我们才有机会去发现消费者决策过程中的关键环节，继而才能针对消费者的决策过程，进行营销传播的规划。请通过认真讨论，细化通过营销传播的过程对消费者决策的关键点进行管理与激发时的操作要点。

背景知识

消费者在每一次的购买流程中都可能会经历不同的激发、情境与

思考要点记录

选择，如果我们能够在关键时刻，利用营销传播活动对消费者产生影响，则是营销传播活动发生效果的最佳机会。

① 更适宜有较高的消费者卷入行为的决策，消费者能够意识到自己在决策过程中的思维和行为过程。

② 在消费者刚刚购物完成后进行访谈调研（低卷入度情况在购买后立刻进行，中高卷入度行为在一至两天内进行）。

③ 以询问购物过程的逐步环节及每个环节内思考判断的细节为主要调研内容，涉及动机激发环节、多个思维判断过程、相关信息的内容与媒体渠道的接触情况，以及购物场所的变化等内容。

④ 即便是消费同一品牌产品，不同消费者也可能会拥有不同的购物决策过程，请尽量多地收集样本访谈资料，并做出对比分析，找出你认为重要的关键环节及内容。

⑤ 建议关注：并不一定要以样本体现出的数量比例来做重要与否的判断，而是要靠常识及洞察的关键来判断。另外，关键点也不用仅仅依照某一流程模式来确立。

训练 1 尝试一次鱼骨图

鱼骨图又称为因果流程图，是一种发现问题“根本原因”的分析方法，可分为问题型、原因型及对策型鱼骨图等几类。

鱼骨图的形状像鱼的骨架，头尾间用粗线连接，有如脊椎骨。在鱼尾填上初始步骤，鱼头代表了目标，脊椎就是达成过程中的所有步骤与影响因素。每一个环节或影响因素，都可以考虑是否可以在鱼骨图中用一根鱼刺表达。

鱼骨图的绘图要点：

填写鱼尾（按消费决策动机的产生为起点来描述），并从鱼尾出发画出大骨；

画出主骨，表明消费决策过程中的主要环节；

画出鱼骨的中骨、小骨，填写不同主要过程中的细节；

画出鱼头（消费决策的结果）；

用特殊符号标出你认为最重要的一些因素。

要点：绘图时，应保证大骨与主骨成 60 度夹角，中骨与主骨平行。

■ 你想乘飞机去云南丽江（或国内其他城市）旅行，请细化从动机产生，到乘飞机丽江落地为止的与本次旅行有关的主要事项。

■ 请使用以上方法，依照以上命题尝试完成一张鱼骨图。

■ 可以分别尝试手绘与 XMind 的鱼骨图功能。

训练 2 用鱼骨图来描述一个品类的几种决策过程

我们关注的消费者是 18—25 岁的年轻女性，请在这批消费者中选取 5 个最近因换季有过护肤品购买行为的人作为访谈样本，洞察其在换季过程中购买护肤品的决策特征。

在访谈过程中，我们需要与被访者进行深入的沟通，了解其动机是如何产生的，在选购的过程中都经历了哪些环节，如收集信息的不同阶段、店铺的不同选择，以及最后是如何购买的，等等。访谈中关注消费者的思考与判断的细节因素。如果有些样本的基本决策过程是相似的，可考虑将样本分类，最终提出最有代表性的鱼骨图即可。

■ 将访谈内容整理后，尝试使用鱼骨图来描述出不同样本的决策过程；

■ 标注出营销传播活动可以影响到的几个关键环节。

■ 在对本品类的消费者决策过程的访谈及资料整理过程中，你都有哪些有趣的新发现？无论涉及哪些领域的内容，都请在下面列出来。

训练 3 新媒体环境下的购买决策过程

在新媒体环境下，消费者的购买行为也在逐渐发生着变化。例如，手机的购买决策已经绝不仅仅如以前一样，主要发生在观看电视广告或其他平面广告、朋友建议、实体店铺零售终端现场等几个环节，现在消费者决策的环节变得更复杂。正因为如此，有效的营销传播信息沟通就更应该能够清晰地辨认出购买决策过程的方方面面，使营销传播信息能够得以有效传达。

■ 请以你最近一次的手机、摄影、电脑及周边数码用品等商品的消费过程为背景，整理整个购买决策过程的细节。

■ 请依此完成鱼骨图，尽量描述出获取信息、收集判断依据的行为路径，及在不同的环节的思考中判断细节。

■ 请标注出营销传播活动可以影响到的几个关键环节。

训练 4 关键决策点与触点管理

关键决策点是在消费决策洞察中需要发现的，在典型的消费者购物决策过程中非常重要且有效的沟通环节。在这一环节实施的营销传播活动，可以有效地推动消费者决策行为向对广告主有利的方向发展。

关键决策点可能是通过对正处于选择状态下的消费者提供正向的信息发挥作用；也可能是在消费者通向竞争对手的决策线路中给以针对性的拦截信息发挥作用；也可能是在消费者正处于对本品牌说“NO”的环节时，排除误解或推出更重要的品牌价值点发挥作用……

对于关键决策点，在消费者购物决策过程中可能并不止一处，通过调研发现决策点沟通的不足问题，才能更好地设置针对性的沟通策略。

一般而言，对关键决策点的辨认需包括两个要素：媒体的接触点与沟通内容。对这两个要素，均需有清晰、到位的认识。

- 请通过访谈，了解 U 盘的消费者购买决策，并制作出几张典型的鱼骨图。
- 标注出营销传播活动可以影响到的几个关键环节。
- 就每一个关键环节，说明其媒体接触点的种类与适宜的沟通内容。

	媒体接触点	沟通内容
1		
2		
3		

5. 心智洞察三：消费者知识图景

精读知识点 1 激活扩散理论

根据认知心理学家所研究的激活扩散理论，人的记忆是由知识构成的，知识由节点以及节点之间的连线构成的网络来表示。当在问题中涉及一个概念和属性时，表征这个概念或者属性的节点就会被激活。激活将通过连线扩散到网络中的临近节点上，由于扩散而被激活的节点的激活程度，依赖于这些节点与最初被激活的节点之间的联系强度。借助激活扩散理论，可以将消费者关于产品和品牌的相关语义知识，看作品牌名字这一节点与其他节点之间的联想。联想和品牌联想是形成消费者相关知识的基础。

请收集关于“激活扩散理论”的文献进行阅读。

精读知识点 2 消费者知识

自 20 世纪 80 年代开始，消费者知识（consumer knowledge）便开始成为消费者行为领域中一个独立的研究区域。许多研究表明，消费者知识度的不同会使得其消费行为的表现差异巨大。曾有学者认为，消费者知识包括了三部分内容：① 与产品直接相关的具体知识；② 与产品不直接相关的间接知识；③ 消费者情感。

研究表明，消费者知识与诸如信息收集、信息处理以及决策过程这类行为有关系。一方面消费者所拥有的知识可以直接用于产品的选择与决策，另一方面消费者知识又可以表现为消费者进行选择的能力，例如怎样获取信息、怎样应用信息、什么时候应用信息，等等。

请收集关于“消费者知识”的文献进行阅读。

精读知识点 3 大数据意义下的洞察

新媒体的数字化特征使得每一个信息流和节点在环境中都清晰可见，并且可以得到完整的信息反馈。为了给决策者提供一个统一的全局视角，许多领域建立了数据仓库，但大量的数据往往使人们无法辨别隐藏在其中的能对决策提供支持的信息。因此，数据挖掘（data mining）技术应运而生。

数据挖掘是指从数据集合中自动抽取隐藏在数据中的那些有用信息的过程，这些信息可帮助决策者分析历史数据及当前数据，并从中发现隐藏的关联和模式，进而预测未来可能发生的行为。

在数字媒体的背景下，部分行动的关联数据是比较容易获得的，如消费者通过点击某门户网站的 banner（横幅）广告，进入某品牌的页面完成了购买。但是，另有部分关联数据因为跨越不同的平台或属于不同的数据形态，则必须通过同源数据的方式来获得。

整合不同来源数据的方法首先就是应用同源数据（single-source data）。同源数据研究被追踪样本的看电视、阅读和购物的习惯。研究公司招募一个家庭实验固定样本组，给每个家庭的电视机装上测量仪，并定期调查家庭成员的阅读情况及其他广告信息接触情况，同时，用条形码扫描仪记录他们日常用品的购买情况。为获得背景信息，大部分系统也追踪记录零售数据，如销售额、广告和促销数据等。所以，同源数据提供关于家庭变量和市场变量的综合信息：家庭变量包括媒体消费和购买，市场变量包括产品销售额、价格、广告、促销和店内营销措施等。

通过努力，以数据挖掘为基础，我们能够清晰地分析每一个链接节点的行为、特征及彼此间的关系，从而使我们能够做出符合节点趋利心理的调整和扩充，为未来可能发生的消费行为提供影响。

请收集关于“大数据”“数据挖掘”“同源数据”的文献进行阅读。

思考与讨论　关于消费者的“买”与“不买”

思考要点记录

题目陈述

你怎样理解相关知识在消费者分析、决策时所发挥的作用?

背景知识

关于消费者的“买”与“不买”，“知乎”用户给出了这样的答案：对消费者行为的一个通用性假设，就是认为他们会追求个人效用最大化。具体到购买行为中，对一个特定的产品，如果它提供给消费者的效用大于消费者付出的成本，那么消费者就会购买。其中的效用和成本涉及的方面是很复杂的。效用不仅包含产品实际所能提供的使用价值，还包括购买产品所能得到的心理价值等，因此学科上引申出许多相关的研究，如产品涉入水平、消费者参与、社会化学习等；成本也类似，不仅包含了实际为商品所付出的价格，还包含了整个购买行为所付出的时间和努力、机会成本等。

总而言之，当消费者感觉一种产品给他带来的实际效用，不管是心理还是生理上大于他所要为此付出的代价，那么他就会选择购买。但是，在决策判断的过程中，消费者并非思考的是这样宏观的问题（追求个人效用最大化），而是会在决策过程的分分秒秒中，不断调动已掌握的相关知识，并获取新的相关知识，以做出分析判断。

因此，关于消费者的“买”与“不买”的辨识，可以利用对消费者所调动与获取的相关知识的了解来达成。

训练 1 思维导图法

思维导图（mind mapping，又称心智图法）是我们整理知识结构的重要工具。人类的思维具有放射性特征，进入大脑的每一条信息、每一种感觉、记忆或思想（包括每一个词汇、数字、代码、食物、香味、线条、色彩、图像、节拍、音符和纹路），都可作为一个思维分支表现出来，它呈现出来的就是放射性立体结构。而思维导图就非常适合人类思维的放射性立体结构，方便我们将各种点子、想法以及它们之间的关联性以图像的方式呈现出来。

完成思维导图时需要注意的事项：

① 将主要概念、想法放置于图的中心位置，建立起视觉化的表达结构；

② 尽量使用大空间，以便稍后有足够的位置添加其他内容；

③ 可以使用不同的颜色和大写字母，突出重点与关系，个性化每一张思维导图。

④ 在思维导图上寻找、发现并建立关系；

⑤ 为次级主体建立次级中心。

■ 选择并快速阅读一本由东尼·博赞（Tony Buzan）撰写的思维导图的书；

■ 下载一个思维导图软件（推荐下载 XMind）；

■ 手绘整理“消费巧克力的知识”。

训练 2 品牌体验与知识范围

品牌体验（brand experience）是消费者个体对品牌的某些经历（包括经营者在消费者消费过程中以及品牌产品或服务购买前后所做的营销努力）产生回应的个体化感受。也就是说，品牌体验是消费者对品牌的具体经历和感受。当然，“体验”的内涵要远远超出品牌引领下的产品与服务，它还包含了消费者和品牌或供应商之间的每一次互动——从最初的认知，到选择、购买、使用，再到坚持重复购买。

品牌体验是建立消费者知识的重要过程，它为消费者带来的知识类型多样，范围广泛。

■ 请列举一个你最有好感的品牌。

■ 你最初是怎么知道这一品牌的？你购买过或使用过这一品牌吗？如果答案是肯定的，请描述你从购买和使用过程中获得的有关此品牌、产品或其他相关的知识。

■ 你在购买和使用之外，还接触过本品牌吗？请描述你通过其他接触方式获得的品牌、产品或其他相关的知识。

训练3 葡萄酒的产品知识

在美国葡萄酒行业的竞争案例中，有七个基本因素在起作用：

① 每瓶酒的价格；

② 包装上的形象标识，包括标签上的奖项、神秘的酿酒工艺术语（强调制酒的艺术性和科学性）；

③ 高投入的营销方式，以在拥挤的市场中提高该品牌的认知度，并鼓励经销商和零售商为该品牌的酒提供显眼的摆放位置；

④ 酒的酿造品质；

⑤ 葡萄酒园的声望和历史渊源（为此列出庄园和城堡的名称，以及建立酒厂的历史年代）；

⑥ 酒的味道的复杂性和高雅性，包括丹宁公益和橡木发酵等；

⑦ 各种葡萄酿造的不同口味的酒，以满足顾客的不同喜好。

在向那些内行的研究者宣传时，这些因素被认为是突出葡萄酒特点的关键，值得特别重视。[①]

■ 请在上文基础上，根据中国市场的实际情况，补充、修正、细化葡萄酒类产品有竞争价值的产品知识（例如：销售环境、广告媒体类型等）。

训练4 小米手机消费者的知识

小米手机的目标消费者很多元。我们可以试着将小米手机的目标消费者分为三类：

①“重度发烧米粉”：对小米手机的品牌、功能有深度认识，并有浓厚的兴趣参与到小米手机的功能构建环节中来。对其沟通的目标可以是支援其对小米品牌和小米手机的知识，并维护其对小米产品的忠诚度。

②“轻度发烧米粉”：对小米手机的品牌、功能有好感，并对其有一些了解。对其沟通的目标可以是增进了解，推动其成为“重度发烧米粉”，或建立起其对小米品牌的忠诚度。

③“不感冒的潜在米粉”：符合小米手机消费者的消费类型与收入条件，可以发烧，但是还没产生兴趣的人们。对其沟通的目标可以是增进他们对小米的了解，建立起对小米品牌和手机的好感，进而推动他们完成购买行为。

① W.钱•金，等. 蓝海战略[M]. 吴宓，译. 北京：商务印书馆，2005.

为了维系小米手机与消费者的日常沟通，我们针对以下问题做出进一步的调查，以此明确你的想法和做法。

■ 针对以上三类消费者群体，进一步勾画出他们各自的知识图景。

■ 三类消费者群体各自拥有的知识程度不同，他们之间有没有哪些知识是相同的？三者有没有共同缺少的知识？

■ 可否在同一方案中对三类消费者群体同时进行沟通？

■ 可否通过广告活动，促进三类消费者之间的相互影响，使彼此产生正向的影响？

■ 进一步思考和细化相关沟通的方案。

训练 5　方便面的负面知识

随着人们生活品质的不断提高，“方便面是非健康食品”的观念已经深入人心，但是，2015 年最新行业报告显示，康师傅和统一两大巨头占据着方便面市场一半左右的市场份额，在方便面市场整体不景气的状态下，两种方便面品牌的上升势头依然强劲。康师傅红烧牛肉面单品年销售额就达到了 60 亿元左右；统一老坛酸菜牛肉面的年销售额也超过了 40 亿元。

几乎所有人都有关于方便面的知识，也有许多人知道它属于非健康的食品。

■ 你能把消费者关于方便面负面的知识进行一次性整理吗？

■ 尽管方便面的“声誉”如此，但是还是有很多消费者愿意经常购买并食用方便面。请分析：与方便面产品负面知识相对应的，促使消费者购买的理由都有哪些？

■ 请区别出理性购买与非理性购买的情况。

训练 6　数据与社交媒体内容的洞察价值

对社交媒体的网络挖掘也揭示了一些显著的负面事实，其中就包括网络挖掘的样本并不具有代表性。

例如，曾有研究显示，85% 的有关品牌、产品和企业的消费者自创网络内容以及 52% 的网络内容消费来自 14% 的人口，这一范围狭小且高度集中的群体主要在群体内部进行交流。网络内容的发布者不仅数量有限，而且具有鲜明的特征和独特的态度。

在以健康饮食为主题的研究中，在大量发布网络内容的人群中，有 70% 认为匀称苗条的身材十分重要，而在其他人群中持此观点者的比例仅为 30%。

网络挖掘的结果勾勒了一幅更加积极的整体景象，而传统的定性定量研究则显示了消费者对这一话题的担忧、怀疑和失望。[①]

■ 哪些产品品类显示出更高的消费者参与度，并在社交媒体上引起了更广泛的讨论？请列举 3—4 个品类，并简单做出说明。

■ 请专注其中某一品类，探索其在社交平台上所呈现的内容，并思考通过这些内容，你都能得到怎样的观点。请一一列举这些观点。

■ 在样本代表性不足的情况下，你认为社交媒体内容的洞察方法应该是怎样的？

■ 综合讨论：如何确保优质的社交媒体洞察结果？

训练 7 清单情结

清单是指什么？通常，人们在网上更乐于阅读“25 款必备小家电”“春季皮肤保湿食物大全”等类似菜单的内容，而没有耐心去阅读论述完备的长文。科学家对此的解释是，一般来说，人们通常想知道自己的位置，想知道后面还有几项要看，这种掌控感对于人类来说特别重要，它能带来安全感。

人类确实喜欢清单。人们使用清单的意义大概就是为大脑搭建起一张认知防护网，防止遗忘，弥补人类与生俱来的认知缺陷。无论是平常工作中的进度表，激励学习的任务清单，还是采买年货的购物清单，它们之所以存在都是因为——人们需要被提醒，以及喜欢自我暗示“有条理”。

除此之外，人类对归类也有着一种渴望，无论参照多么奇怪的标准。

清单既可以作为一种自我知识整理的方式，也可以作为向他人推介相关内容的方式，其在趣味性上的潜力可被深挖，成为一种可被广泛接受的消费者知识的展示方式。

周末午后清单：

温暖的太阳，一杯咖啡，看着电视。

打开电脑，下载各类品牌优惠券，补齐所需化妆品，浏览下喜爱的品牌，然后看部电影休息一下。

幸福清单：

在网络上曾流传着这样一个能迅速提升幸福感的清单，这个幸福清单的前五名是：

① 烤箱

② iPad

③ 只卖 200 元的松下吸尘器

---

① DOMINIC F，C F，EMMANUEL H. 网络挖掘是否真能挖到宝？[J]. 商学院，2012（7）：51-53.

④ 只卖 600 元的松下空气净化器

① 高保真耳机与降噪耳机

清单全文共列举了 27 件可增加人们幸福感的小物件，并配以相应的用法说明，生活感悟确实可以和某些物质相关联，并得到认可。如果这是松下的广告贴，也是可以被接受的。

- 请列出“95 后”的恋爱幸福清单；
- 请列出自行车运动爱好者的周末清单；
- 请列出“金领”快节奏型加班生活的清单。

6. 对消费者做出描述

思考与讨论 1　生活形态和消费情境

思考要点记录

题目陈述

对消费者的生活形态进行调研是对目标消费者做出生动描述的保证。请关注城市退休老人群体，了解他们的生活形态及围绕在老人身边的消费情境。

在调研中，请短暂陪伴在他们的身边，了解他们生活中的重要主题，如健康、子女、休闲、消费、伙伴等。请使用相机记录他们的生活和消费，并利用访谈记录下他们对态度、习惯与观念的表述。

请将以上内容最终整理成主题为《城市老人的消费与生活》的PPT文件。

背景知识

广告活动在不可避免地被按照某一特定群体生活方式的需要来进行规划与设计。

阳狮有一个关于消费者日记的洞察工具，通过对一些特定消费者的观察，记录他们的行为、心情等，分析消费者的一些生活方式，价值观以及接触媒体的习惯。一个经典案例是：通过分析消费者日记，他们发现养狗的人群和养猫的人群有着非常不同的习惯。养狗的人相对比较外向，经常带狗散步，与其他养狗的人一起讨论，基于这一习惯的一些广告活动就会非常成功。但是，猫不需要外出散步，猫的主

思考要点记录

人也不如狗的主人那么外向。猫的主人喜欢在家与宠物分享时间，如同猫的习性，他们不那么合群，喜欢在网上和朋友交流着关于养猫的问题，等等。针对这个人群，做一些网上互动的社区会比做户外活动获得更好的效果，而且成本更低。

行为和心理一直是消费者研究的两个学派。早期，消费者研究以行为学派为主导，后来，则主要导向对消费者心理的研究。而在“生活圈”时代，则又回到了以行为研究占主导。个体移动性形成“生活圈”的轨迹，我们必须尝试透过行为再结合其生活方式、情感、价值观等观察消费者。这种以行为轨迹为主导，与生活方式、情感、价值观等因素相结合的研究方式，可将其称为“生活形态”研究。①

思考与讨论 2　对消费者做出描述的角度

思考要点记录

题目陈述

对消费者做出描述的角度非常多元。请收集一些描述消费者特征的案例，以及一些有关消费者研究的资料，小组讨论并共同拟定一个包含多元描述指标的菜单（指标尽量细化，角度越全面越好）。

背景知识

对消费者群体进行描述的角度是非常多元的，我们可以从很多角度来展示目标消费者及其特征。当然，描述角度要依据广告策略分析的需要来选择。以下仅列出部分可供参考的指标：

① 人口及地理统计指标：在描述消费者群体时所涉及的年龄、性别、居住地等指标。

② 消费行为与心理特征：在描述消费者群体时，所关注的消费者忠诚、体验、了解、购买习惯、价格关注等方面的指标。

③ 消费者生活形态：也就是说明“一个人是如何生活的”。生活形态是一种生活的模式，可以借由个人的活动（activities）、兴趣（interests）与意见（opinions）来加以辨别。这其中将涉及家庭生活、工作与商品的关系、媒体使用等全方位的描述。

① 王碧清，陆俊卿，高嵩. 新媒体时代的消费者洞察[J]. 现代广告，2007（5）.

训练 1 飞利浦榨汁机的消费者

飞利浦的某款榨汁机的产品诉求是“可以做纯果冰淇淋的慢汁机”，很多消费者对这款榨汁机并不了解。

■ 请首先了解榨汁机品牌、产品及其市场基本状况。

■ 对于这个产品的消费动机及动机发展，可能是由于消费者想在自己家中做冰淇淋，所以需要榨汁机这样的辅助工具；也可能是由于消费者想在自己家中榨果汁，所以在选购榨汁机时选择了一个带有心仪功能的慢汁机。另外，还会有其他一些消费动机产生及发展的方式，请尽量调研、全面讨论，列在下表中。

1. 由于消费者很喜欢吃冰淇淋，想自己在家中制作冰淇淋，所以需要榨汁机这样的辅助工具；
2. 由于消费者希望在自己家中榨果汁，所以在选购榨汁机时选择了一个带有心仪功能的慢汁机；
3.
4.
5.

■ 以上消费动机及发展过程，对应的都是具有哪些特征的消费者？

■ 每类代表性的消费动机与动机发展，对品牌 / 产品来说都意味着不同的沟通内容和沟通方式。请描述它们各自的市场价值，选取其中你认为最有价值的一类动机及其匹配的消费者群体。

■ 细化分析这个消费者群体的特征，将他们的身份、生活方式、价值观念、生活爱好、语言风格、娱乐项目、关注话题、消费能力、偏爱的品牌类型、与他人的关系方式等信息整理成文字。

训练 2 “轻奢品”的消费者

这是一个“轻奢”的时代：奢侈自它形成的那天起，就不会让自己轻易地被埋没，它为小部分人服务，满足的却是大部分人的虚荣。之后，聪明的中国人精辟地总结出了“轻奢”二字。

■ 请通过了解奢侈品行业的发展，并查找关于“轻奢”文化的资料，给出关于“轻奢”概念的界定；

■ 请描述“轻奢品”消费者。他们是谁？有怎样的特征？他们的生活是怎样的？他们通常与什么产品建立怎样的关联？

训练 3 描述消费者的购买选择

第二次世界大战后到 20 世纪 50 年代期间出生的人自称“X 一代”，“X”有“寻找未知”“否定现实”“反抗社会”等含义。

而在 1961—1981 年期间出生的为“Y 一代”。“Y 一代”对父辈的人生意义从怀疑到讽刺，是放弃了寻找的一代人，因为他们不能理解这世界上发生的任何事情，在他们看来，这个世界是没有意义的世界。

最近国外的一本青年杂志把 1995 年后出生的，定为 Z 年代的新新类，简称“Z 一代”（Generation Z）。我们可以归纳一下“Z 一代”的普遍特征：

“暮光之城”系列是一部关于年轻少女爱上吸血鬼的故事书，在 2008 年被成功改编成轰动的人鬼言情电影，而“Z 一代”的人生就此分割成两个时代，即：暮光之城前和暮光之城后，就相当于公元前和公元后；

“苹果”是一种水果，但对于“Z 一代”来说“苹果”首先是个品牌，然后才是水果；

在“Z 一代”的生活里，百度、微信是动词，因为他们常常跟人说：你去“百度”一下；

用惯了方便可视触摸屏的“Z 一代”，就好像当年他们的父母使用纸张一样；

依赖手机的“Z 一代”，在家里偶尔用座机给他们的朋友打电话时，会觉得非常陌生、紧张和滑稽；

旧时说“秀才不出门能知天下事”，而“Z 一代”经常在网络上同时进行很多事情：和他的朋友聊天、做功课、买电影票，甚至搜索他们的偶像；

“Z 一代”往往会在所有的科技产品前面加上一个“i”……

■ 运动品牌对于“Z 一代”来说就是生活必需品。对于跑鞋的选择，请告诉你的客户 NIKE：“Z 一代”都是怎样抉择的？他们因为什么购买？因为什么抉择？他们怎么购买？选择你喜欢的方式，讲述有关故事。

训练 4 消费者群体的媒体渠道接触特征

大学生们是刚刚离开父母，尝试独立生活的消费者。他们拥有可支配的生活费用，可以主导自己的消费选择，他们也在慢慢建立起自己的消费观念与习惯，不断认识及接受诸多品牌，并形成品牌忠诚，大学生的大学四年消费生活对其接下来几十年的消费生活均会产生影响。大学生群体还代表了年轻人群体，乐于接受创新概念和产品，对消费市场的影响显著。因此，大学生群体是很多品牌都关注的消费者群体。

请描述大学生群体的媒体渠道接触特征，描述范围至少覆盖以下几个要点：

- 大学生与不同媒体类型与媒体平台的接触；
- 大学生的媒体内容接触特征与话题范围；
- 大学生乐见的文字风格和表达形式；
- 大学生习惯使用的第二次传播的方式。

（对所研究的大学生群体可选择不同的一、二、三线城市大学生作为样本）

训练 5 对消费者群体和受众的分析性描述

案例：麦肯锡的中产阶级观点[①]

自 2005 年以来，麦肯锡一直采用问卷调查和深度访谈的方式跟踪分析中国的消费群体，并依据其收入水平、年龄阶段、地理位置和购物习惯勾勒出中国消费者群谱图。2012 年的调查发现：在新兴中产阶级之中，上层中产阶级即将成为今后十年带动消费支出上涨的重要引擎之一。与此同时，一批更加具有全球化思维的中国新生代将对市场产生巨大的影响。

麦肯锡将中产阶级中家庭年收入介于 10.6 万—22.9 万元的群体称为“上层中产阶级”，这在过去的研究被称为“新主流阶层”。2012 年，该阶层仅占所有城市家庭的 14%，占比远不如“大众中产阶级”（家庭年收入为 6 万—10.6 万元）。而到 2022 年，麦肯锡估计上层中产阶级将占城市家庭的 54%、城市消费总额的 56%；而大众中产阶级占比将下降到 22%。中产阶级迅速成为主体消费力量——他们的消费行为更精明和成熟，更愿意为产品品质支付溢价，并且非生活必需品的消费占比越来越大。

上层中产阶级的消费行为引领着中国未来的消费趋势。麦肯锡的研究表明，上层中产阶级更有可能购买笔记本电脑、数码相机等。据 2012 年的调查，56% 的上层中产阶级购买了衣物柔软剂，而大众中产阶级仅有 36% 购买了该产品。除“富裕阶层”以外，上层中产阶级也推动着奢侈品消费的快速增长。

中国的新中产阶级还分为几代人，其中最主要的一代我们称为“二代中产”（G2）。到 2012 年，这一群体接近 2 亿人，占城市人口的 15%。十年内，他们所占的消费份额将翻一番，达到 35%。届时，中国 G2 的规模将是美国婴儿潮的近三倍，而美国婴儿潮一代正是多年来塑造美国消费市场的主体力量。

① 资料来源：《麦肯锡季刊》。

G2 出生于 20 世纪 80 年代中期以后、中国经济开始腾飞的时代，大多数是家中独生子女。他们的父辈经历过物资匮乏时期，消费心态比较保守。相比之下，G2 自信、思想独立，其消费行为也体现了这种独立性。研究显示，G2 是思想、行为“西化”的一代——他们认为贵的东西就是更好的，愿意尝试新的东西，追求品位和身份地位，忠诚于其所信赖的品牌，更青睐小众品牌。G2 更加依赖互联网。在购买新的家电产品或个人数码用品之前，42% 会上网查看他人的使用体验、评论或反馈。他们的父辈中仅有 26% 会这么做。

根据麦肯锡的研究，G2 对家庭购买决策起到了很大影响。虽然 G2 塑造着中国消费新格局，但他们身上还保留着上代人的某些价值观。他们的祖辈将传统的思维方式传递给了一代中产（G1）消费群，即生于 1968—1987 年之间的人群。很多 G2 消费者也和父母或祖父母一样，偏爱储蓄、不愿意借贷，崇尚努力工作，他们以金钱、权力和社会地位来衡量一个人的成功。但是，传统价值观的延续并没有转化为与父辈类似的消费行为。就像 G1 一样，虽然他们忠诚于老品牌，但是比父辈更容易接受新思想。

■ 随着智能手机拍照功能的日益强大，便携式卡片相机的市场已经呈现普遍“被碾压”的趋势，单反相机的市场也在消费者新的相机使用习惯与观念的冲击之下“风雨飘摇”。佳能希望重构单反相机在中国中产阶级消费者的相机认知中的位置。请以上文为资料背景，讨论并确定佳能此次广告活动所需沟通的消费者（受众）群体。

■ 请回答：广告活动所需沟通的消费者（受众）是谁？特征如何？（请注重一步步分析的过程，最终将结论呈现出来。）

训练 6 懒人经济

不想打扫卫生，又爱干净；躺在床上不动，又想拿东西；不想做饭，又不想出门吃饭……现代化的生活打造了很多生活懒人，他们的要求总是很无理，但却在一步步地开始实现。

在当今社会，“懒”已经不是传统意义上“好逸恶劳”的贬义词，而被赋予了更多褒义与时尚的概念。从学习时代步入工作岗位，快节奏的都市生活改变了人们的生活状态，而工作之余，静下心来时却渴望在忙碌中寻找一种惬意，将自己完全放松，在周末的早上慵懒地伸个懒腰，开始一个懒人的生活，使心灵得到平静。由此，一个新兴的行业——懒人经济出现了。

城市里有一种男女，他们薪资不错，衣冠楚楚，花大量时间社交，却吝于花一分力气做家务、逛超市。他们的家里，充满各式各样令人惊叹的现代机器：牛奶、面包、火腿统统放进一台早餐机器，短短几分钟，一套美味新鲜的营养早餐就搞定了；他们从来没有动手擦过皮鞋，只是连脚带鞋伸进一台全自动擦鞋机里，鞋就立即变得崭新…… 他们是最得“都市精髓”的城市动物，勇于用金钱换取精力与时间……其实人生短暂，能走捷径的时候，谁愿意去绕弯路呢？

正如喜剧作家范托尼所说，大多数懒人的最高境界，是以智慧与发达的资讯寻求事半功倍的捷径。

■ 请将“懒人”与不同商品（可列举）的关系用视觉化的方式表达出来。

训练 7 逆性别营销的视角

早在 2001 年，雀巢 Yorkie 巧克力棒上市后所开展的“不适合女性”系列广告采用了性别逆向广告这一方式。当时，Yorkie 巧克力棒正面临品牌老化的危机。在同行产品普遍取悦女性消费者，突出产品瘦身、营养等特质时，Yorkie 巧克力棒逆潮而动，选择男性消费者为诉求对象，填补了市场空白。

人们普遍认为化妆品是女性的专利，男性应注重的是内涵，而且男性过去确实也很少使用护肤品、化妆品。然而，今天的男性不仅仅更加注重修饰自己的外在仪表，同时也会为自己添上很多时尚装备，以彰显自己的魅力，男性也会细致耐心地为自己挑选香水、领带、名牌手表等，发型修剪也细致认真。

在消费领域，以往女性似乎更善于处理那些快速消费品和日用品，而面对一些复杂的技术性的产品，她们常常无从下手，因为她们根本不愿意去看复杂的说明书。而现在，女性购买数码相机、手机、电脑、汽车等产品的现象也屡见不鲜。

以往属于女性市场的产品，如快消食品、洗涤用品，有转向男性诉求的趋势；而针对男性市场的汽车、手机等，针对女性市场的开发活动也很有意义。关键是，逆向的传播在很多时候可以带来一箭双雕的效果。

■ 请选择一个可以做逆性别营销的品牌产品，选择合适的表现方式，为其勾画出消费者的典型形象与特征。

训练 8 70、80、90 后消费者网购消费行为对比

■ 在你身边，寻找 70 后、80 后、90 后的消费者各一人，请首先就三个样本的网购消费行为特点进行访谈调研；

■ 请将这三个样本的典型网购消费行为特点以对比的方式进行描述。

第5章

对产品的细化分析

我们通过消费者洞察获知了某些来自市场的不尽如人意的信息或反应，例如，因为消费者并不了解产品的某种功能的重要性，所以不去选择该产品。那么，应该针对消费者确立怎样的产品认知，其关键点可能包括：产品的价值点选择、产品诉求提炼、目标消费者锁定和定位等。

在此过程中，消费者和产品的关系最为重要。因为只有建立在消费者动机、需求的基础上，产品才有可能被买卖，它的价值才可能被实现。

1. 消费者需求与产品之间的关联

■ 训练：在品类中抉择差异的方式，以及品牌引导的差异在其中的地位。

■ 本训练适宜三人小组共同完成，时间为三大，需要小组进行调查，呈现形式为PPT，需要描述出排名与原因分析。

不同的产品品类，其被接受的主要因素是不同的，各组同学通过本训练及相互之间的交流，应该对此获得深刻的认识，并了解不同品类产品间的差异及其原因。

在以往的操作中，购买原因排名多展示在问卷调查的题目中，例如“请选出选购的理由，并根据重要程度做出排名”，或者使用量表，让被调查者针对不同的购买理由打出分值。与这些操作不同，在真实有效的探索性研究中，我们鼓励同学们进行开放式的调查，以寻找不同的因素，缺少这一环节，哪些因素最重要就无从谈起。更为重要的是，通过这样的研究，我们往往可以探知到常识以外的知识，并使之成为我们广告方案的重要支撑点。

思考与讨论 1 消费者需求与产品利益点的匹配

思考要点记录

题目陈述

在“消费者研究”的知识体系中，“消费者需求”是一部分重要内容。而能够满足消费者需求的，则是产品所能提供的利益点。请围绕以下产品，讨论其消费者需求与产品功能的匹配要点是怎样的。

产品	消费者需求与产品功能的匹配要点
优乐美奶茶	
小米手机	
黄飞红麻辣花生	
BMW X5	
西门子冰箱	

背景知识

从消费者的角度出发来理解产品是非常有益的，这个已经得到普遍认同的视角带给了我们一个新的认识：对于消费者来说，他们想购买或者所关心的不是所谓的产品，而是某种利益。

每一个消费者都试图通过消费获取最高的利益，这些利益可能来自产品的价值、服务的价值、形象的价值等。当这些利益相加大于产品的价格时，消费者的满足感就会显而易见，而企业则可以通过消费者满意的消费过程，获得高于成本的回报。

在广告策划活动中，产品与消费者可以说是对同一事物的两个审视视角，对于两者进行分析的落脚点便在于是否能够深刻了解产品与消费者所能产生的“关联、关系”体现在哪里，这个具体的“关联、关系”是如何实现的？

消费者对特定产品的需求可能会来源于以下几个大的方面，可依此细化具体的消费者需求与产品利益点之间的关联情况：

■ 价值：消费者之所以喜欢该产品，是因为他们相信该产品能带来比同类竞争产品更大的价值；

■ 规范：消费者之所以喜欢该产品，是为了避免或消除一种与

思考要点记录

其规范和价值相左的内心冲突；

■ 习惯：消费者之所以喜欢该产品，是因为他们已经习惯了使用这种产品；

■ 身份：消费者之所以喜欢该产品，是因为该产品使他们能在他人面前尽显身份；

■ 情感：消费者之所以喜欢该产品，是因为他们喜爱这个品牌；

■ 好奇：消费者之所以喜欢该产品，是因为该产品能满足他们的好奇心。

除此之外，还有消费者对产品"基本不作选择"的选择，这多是因为货架上遍布产品，所以方便了并不慎重取舍的消费者们顺手带走。

思考与讨论 2　产品特质与消费行为

思考要点记录

题目陈述

请通过讨论确认产品本身所固有的一些特质（见下文）是如何影响到消费者的消费行为的。

背景知识

消费者的很多消费行为特征与产品本身所具有的一些特质是息息相关的。例如，某产品如果保质时间短，那么一般消费者就不会一次性采购相当多数量的产品；如果产品价值比较高，那么一般消费者更倾向于在购买前多花费一些时间与精力去比较、选择。以下是一些有关的产品特质：

■ 产品所处不同的生命周期阶段；

■ 产品购买的难度及所需的信息量；

■ 产品是否是新产品及是否有创新；

■ 错误消费某类产品时的后果；

■ 产品的品质是否已确立及是否可靠；

■ 产品的单位体积和重量；

■ 产品保质时间的长度；

■ 产品的价格高低；

■ 产品 / 服务的差异化程度；

思考要点记录

- 行业 / 品类的品牌同质化程度；
- 产品的有用性及被需求强度；
- 新产品推出的速度；
- 产品的售后服务水平；
- 产品促销与否。

训练 1 洞察需求与产品利益点的关联

"一颗柠檬茶"是 85 度 C 的招牌饮料，在门店现场制作销售，价格 10—13 元。其制作方法如下：

① 处理柠檬：清洗柠檬，处理掉柠檬表面的蜡；

② 在柠檬的一侧划刀，紧凑但不要切断完整的柠檬，方便柠檬汁渗出；

③ 在杯中挤出部分柠檬汁，之后将柠檬放入杯中，并用冲泡好的冷（温）立顿红茶浸泡；

④ 按需在杯中加入糖和冰块，制作完成。

请就这样一款产品，进行调研分析：

- 这款产品对消费者来说都有哪些利益点？请一一列举。
- 请通过调研，发现利益点中最关键的两个，标示出来。
- 请用讲故事的方式，整理出一个典型的消费者购买心理发展过程，注意将消费者需求与产品功能之间的关联细致地展示出来。

列举所有利益点	
最关键的两个利益点	
消费者购买的故事	

训练 2 为产品的利益点培养消费者

戴比尔斯"右手之戒"

在 20 世纪初，戴比尔斯开创了将钻石嵌入订婚戒和结婚戒进行营销的先河，熠熠生辉的钻石成了象征爱情和忠贞的精髓，于是赠送钻戒求爱的传统由此形成。几十年来，这种传统成了钻石行业赚取巨额收入的稳定来源。而现在，戴比尔斯希望能再次扩大钻石的需求，增加钻石的利益点。

在新时期，戴比尔斯的广告开始拓展钻石对现代职业女性的价值，广告诉求“全球女性：高举右手”，这一广告词很好地总结了这种平衡：“左手轻摇摇篮，右手驾驭世界。”右手的钻石戒指不是象征忠贞爱情的婚戒，而是象征现代女性独立价值的“右手之戒”。

“右手之戒”（right-hand ring）的目标消费群体是年收入在 10 万美元以上的 30—50 岁的女性。这些广告中出现的是性感、惹眼的女性，她们有着健美的身材，穿着皮夹克，右手上的钻石都闪耀着光辉。有一则广告写道：“左手宣告的是承诺，右手代表的是独立；左手为情爱而生，右手为精彩而活；左手渴望为爱人相牵，右手渴望为友人抬起。世上的女性们，举起右手吧！”

这一广告连同戒指本身似乎正合女性胃口。到 2003 年年底，“右手之戒”开始出现在麦当娜和碧昂丝·诺里斯的手指上。据估算，在 2004 年上半年钻石饰品销售额所增长的 15% 中，大部分要归功于女性（购买首饰的人数增加了 11%）——尤其是为自己购买“右手之戒”的女顾客的增加。据此，“右手之戒”的市场份额达到了 40 亿美元之多。

对于一款新产品或者产品的新概念来说，消费者也许需要的是经历从未知到接受的过程，或者是从不需要到需要的心理转变。消费者当前不知道或者不需要某种产品，并不意味着这款产品的利益点就没有价值。两者的关联有时是需要通过建设、培养才能达成的，这恰恰是营销传播活动所需要承担的任务之一。

■ 请寻找一个针对产品某利益点来培养消费者需求的营销传播案例。用文字将该案例清晰描述出来。

■ 在中国，男士大部分都没有使用专用护肤品护肤的意识，如何才能建立起男士护肤品与男性消费者之间的良性关联？请为此提出你的思路。

训练 3 为产品利益点匹配多角度的需求

通常，我们可以使一个产品匹配若干不同的消费者需求，从而挖掘出不同的消费者群。

蒙牛“特仑苏”源自蒙语，是“金牌牛奶”的意思。牛奶来自位于北纬 40 度左右黄金奶源带上的特仑苏专属牧场，产自国际良种奶牛，而进口优质牧草、先进的动物福利理念等为奶牛的生长提供了良好的条件。特仑苏突破了每百克牛奶含 2.9 克蛋白质的国家标准，达到了 3.3 克天然乳蛋白含量，因而销售价格高于普通牛奶。

消费者对特仑苏的需求是多元的。有较高收入的中青年消费者因特仑苏的高品质舍弃普通牛奶，转而消费特仑苏；也有父母为了给孩子补充营养而选择特仑苏；还有一般家庭选择特仑苏作为礼品；而年老体弱者为强健身体选择特仑苏，等等。这些需求维系了不同特征的目标消费者群，使得这款产品成为消费者覆盖面很大的一款产品。

■ 卡夫乐之薄脆咸饼干颜色金黄诱人，口感咸香，甜度不高，层层松脆，是非常受消费者欢迎的一款饼干。对于这款咸饼干来说，其咸香的口感成为其特殊的利益点。请为本利益点匹配不同的消费者需求，补充到下表中。

年轻人零食	儿童早餐		
老人加餐			

训练4 产品的有效细分与过度细分

“牙膏分男女”

纳爱斯曾经掀起过一场声势浩大的广告活动，突破性地推出了纳爱斯男女系列牙膏。“神马分男女？牙膏分男女”的牙膏产品细分，是极具创意，还是陷入了超级细分的陷阱？对成功的产品细分而言，其细分差异化的价值、意义一定要足够强大才有可行性。在牙膏方面分男女系列，产品的差异化重要性足够吗？“牙膏分男女”这一点对消费者而言重要吗？另外，“分男女”的牙膏的细分差异是否容易被模仿和超越？一个有效的差异应尽量满足六个原则：重要性、独特性、优越性、专利性、盈利性和可承受性。有时，我们必须慎重考虑产品细分的有效性。①

■ 询问10个身边的人，是否需要按性别来给牙膏分类？

■ 如果牙膏可以让使用者拥有不同香型的口气，你觉得是否需要将男女使用的牙膏区隔开来？

■ 如果因为男女接触烟、酒、茶的强度不同，导致男性和女性对牙膏功能的需要有所不同，你认为是否需要将男女使用的牙膏区隔开来？

■ 如果由于早晨起床与晚上睡前口腔保健需要的不同，是否需要将牙膏分为早晚不同的类型？

■ 请简单统计以上的调查内容，分析产品功能与消费者需求之间的关系。

■ 是什么导致某些产品细分被认为是过度细分，而有些产品细分就是合理细分？

■ 你认为“牙膏分男女”是过度细分吗？

① 蒋军. 牙膏分男女这样细分有效吗？[J]. 中外管理，2011（4）.

训练 5 阿迪达斯女性产品市场

阿迪达斯表示，公司女子产品的销量增长十分强劲，2013 年以来一直保持两位数增长。2015 年是阿迪达斯“姐妹”主题营销的第三年，阿迪达斯提出了一个新口号——“有姐妹，没有不可能”。

女子店对于所有体育品牌来说都是新的市场，各大品牌相继推出女子产品线。例如，耐克在 2014 年全球只开了两家店，其中之一就开在了中国；加拿大女子瑜伽运动品牌 lululemon 进入中国开了展示店；阿迪达斯在 2014 年年底开了三家女子店。这意味着，世界知名运动品牌的战场开始转向女子运动产品线，而这也可能成为阿迪达斯在中国市场的重要策略。

■ 合理构想：针对女子设计的阿迪达斯产品应该都包含哪些品类？请一一列举。

■ 对于阿迪达斯产品来说，女子用品与男子用品相比，除了设计风格不同外，还应具备哪些不同？请一一列举。

■ 其实，女性可以买到满足自己需求的其他品牌的产品，那么，阿迪达斯的女子产品怎样才能让女性刮目相看？通过小组讨论的方式，将你们所认为的关键点一一列举出来。

■ 如果将“阿迪达斯女子店”视为一个产品，那么“产品功能要能够迎合消费者的需求”——通过以上思考过程，你们怎么看待这个问题？

训练 6 美的“蒸立方”微波炉

2014 年美的发布了“蒸立方”微波炉新品，推出首创纯蒸技术，即通过“直喷蒸汽”将食物蒸熟，且不借助其他器具；首创炉腔内蒸气温度达到 300℃，使食物脱脂减盐的同时保留原汁原味，更有效地保留营养，等等。

■ 请通过搜集、分析微波加热的机理与蒸法加热的机理，理解美的推出的“蒸”概念。

■ 很多消费者并不认可“蒸”的微波炉，请通过消费者调研和销售人员调研，分析产品功能，回答以下问题：对于尚不认可“蒸”概念的消费者来说，应该如何改善消费者需求与产品功能之间的匹配关系（例如，不要空泛地强调“蒸”，而是强调“蒸”之后的新口感，其实还有很多其他的需求与功能之间的匹配角度，思考怎样匹配对说服消费者会更有效）？

训练 7 高端汽车的关键购买因素

在各种购车因素中，“安全性”最重要，其他的关键因素包括：品牌、声誉、动力系统技术、外观及内饰等。另外，麦肯锡还发现，在中国市场中“消费能力”与“动力科技”之间呈现线性关系，这表明中国的富裕车主更青睐动力系统先进、科技含量高的汽车。

对不同的消费者来说，关键因素会有不同，有些消费者将高端汽车视为事业发展的必需品，而不是生活乐趣的来源或者对自己的奖励。他们的普遍态度是：“这辆车得在商业圈子里体现出我的信誉……我得融入这个圈子……这辆车就像是我的名片。”

消费者可能会喜爱高端品牌，但不会非常热衷买某个品牌，也不太注重驾驶体验。他们或许对旧车置换非常感兴趣，非常关注高端汽车的折扣力度。①

■ 按照常规思路来说，高端品牌汽车的价格高，因此消费者就需要具有较好的经济实力。即便消费者喜爱高端汽车技术、设计与品牌形象，若不具备一定的消费实力也无法达成。但是，市场与消费者通常会为我们呈现出更为复杂的现状，只有进行切实的调研，才能够让我们充分认识到消费者的需求与产品的匹配关系。请针对消费者（设计合理样本）进行简单的调研（5 个样本的访谈），核实或修正、细化以上现象。将你调研得到的结论记录下来。

2. 产品被需要的理由必不可少

精读知识点 1 产品利益点的三个层次

菲利普·科特勒的“市场营销”理论体系对产品所提供给消费者的利益点进行了三个层次的划分：

① 核心产品层次

这一层次体现的是产品最基本的功能和效用。每一个（类）产品实际上都是为解决消费者生活中的问题或麻烦而出现的，产品和消费者的基本关系因此建立在“消费者实际上真正希望通过消费行为解决什么基本生活问题”这一层面上，这是产品对于消费者最基本的吸引力所在。

① 沙莎，黄韬. 决胜中国高端汽车市场[J]. 商学院，2014（4）.

例如，在购买洗衣机时，消费者最基本的需求是解决洗衣服的麻烦，人们可以从洗衣服的家务劳作中解放出来，所有针对洗衣机的消费都应该首先建立在这对关系的基础上。

② 有形产品层次

产品的功能和效用通过一定的具体形式表现出来，有形产品层面向人们展示的是产品实质的外在特征，它包括外观形式、内在质量，以及促销成分。有形产品至少包含五个特征：质量水平、特点、式样、品牌名称以及包装。

产品的有形层次使得产品与产品之间形成了差异，同时，也给消费者的进一步选择提供了机会。例如，对于洗衣机这种产品，几乎每个消费者在购买过程中都会对其功能、质量和样式进行选择，而生产洗衣机的企业也会尽量使自己的产品在这些方面具备一定的优势。

③ 附加产品层次

由于产品也可以提供附加服务和附加利益，这使得消费者有机会通过获取这些额外利益而选择某产品，由此形成了附加产品这一层面。例如，某些洗衣机的厂家除了提供功能超前、外壳设计极具特色的产品外，还提供快速修理、保修、送货安装、热线服务电话等服务，甚至还建立了微博、俱乐部以及会员关系，随时提供各种相关帮助，这些利益点通常对消费者具有很大的吸引力。

请查阅“产品利益点的三个层次”的相关资料。

精读知识点2 消费者品牌忠诚

消费者品牌忠诚是指消费者由于对某一品牌持有强烈的正面态度而产生的对品牌的承诺行为，其表现形式为持续性地重复光顾和购买，在购买决策和评估等行为过程中表现出鲜明的品牌偏向特征。品牌忠诚是一种行为过程，也是一种心理（决策和评估）过程。

请查阅“消费者品牌忠诚”和“品牌忠诚度”的相关资料。

思考与讨论1 产品的卖点

思考要点记录

题目陈述

每个产品都有不止一个针对消费者需求的利益点，但是，每个产品是否只有一个卖点呢？在判断产品的某一特征是否为“卖点”的过程中，关键的取舍原则是什么？

思考要点记录

背景知识

卖点（selling point）是商品自身所具有的能打动消费者的机能、特征和设计等方面富有魅力之处，主要体现为产品或服务的特质、品质、性格中可以为使用者带来方便和满足感的东西，也就是从诸多产品“利益点”中选择出来，用以告知、说服消费者的那部分内容。

对于一个品类的产品或者一个品牌的产品来说，该产品的优点或特点可能会有很多，但是并不是每个优点都非常有市场价值。所以，在挖掘产品卖点的时候，要在罗列了产品的诸多优点和特点之后进一步研究，即从中捕捉到对产品来说真正有市场价值的优点或特点，并作为广告的诉求点提出来。提炼出的诉求要点一般不宜过多，且要点内容应该集中说明产品的主要优势。

例如，蒙牛纯甄酸奶是一款不添加色素、香精和防腐剂的高端酸奶制品，其严选优质牧场奶源，进口丹麦菌种发酵。诸多优点中，本产品选择了“一款能够常温保存的酸奶”作为卖点。因为大多数品牌的酸奶均需要冷藏，想外出携带很不方便，一些不喜欢或者不能吃冰冷食物的女性和老年人也只能放弃饮用冷酸奶，在冬季里饮用冷酸奶也让人很不舒服，而这款常温纯甄酸牛奶采用六层复合利乐钻的外包装技术，常温下可密封保存 5 个月，轻松解决了消费者不能食用冷酸奶的诸多问题。

思考与讨论 2　为产品发现新的消费需求

思考要点记录

题目陈述

消费口香糖是一件极其麻烦的事，要在许多品牌中挑选购买、要方便随身携带、还要忍受口腔内甜味过后味同嚼蜡的感觉，最后还需要耐心处理垃圾。很多时候，口香糖是因为过期被扔掉而不是吃掉的。对口香糖来说，产品与消费者之间的关系并不太好，除非口香糖能充分满足消费者的某种需求。

- “清新口气”的需求足够强烈吗？“舒缓压力”的需求足够强烈吗？
- 还有对口香糖的其他需求吗？
- 怎样让“清新口气”“舒缓压力”及其他平淡的理由变得更为

思考要点记录

刺激?

■ **清晰整理“为产品发现新的消费需求”的业务操作思路，并简要地写下来。**

背景知识

也许，人们并不是总能想起某类产品，也不是总能轻易地创新某类产品的使用方式。在这个时候，面向市场创新和提示出新的消费需求，重新创造出产品和消费者需求关联，是营销推广的一个好视角。

Corona（科罗娜）啤酒向来被认为“难喝”，专家认为它有“淡淡的硫黄味、让人头晕的臭鼬味道和淡淡的熟蔬菜的味道”，这款啤酒还获得了来自消费者的超低分的口味评价，尽管如此，这款墨西哥啤酒的销量却在最近不断地猛增。在当前，就像百威这样的传统啤酒品牌也在面临销量下降的窘境，为什么 Corona 会如此成功?

这全拜营销推广所赐。Corona 近几年的啤酒营销势头非常强劲，尤其是在冬季鼓励人们去买这种适合在海滩饮用的啤酒。为了达到推广啤酒的目标，Corona 到目前为止推出了数个广告。其中一个广告夸奖 Corona 是搭配感恩节火鸡饮用的完美啤酒。①

思考与讨论 3　以体验赋值

思考要点记录

题目陈述

人们的感受细腻而丰富，在面对产品时，消费者可能在意的是他在消费过程中所获得的产品固有价值以外的那部分内容，请讨论：以下产品能如何规划自己被需求的理由：

饼干	下午茶时刻那杯红茶旁边摆放的饼干，给人以轻松惬意的感受。
咖啡	
画展	
高度数白酒	

① 资料来源：《为什么难喝的啤酒反而卖得很好？》，煎蛋官网，2015年5月。

思考要点记录

背景知识

消费者除了会购买那些有形的产品外，他们还会花钱购买一些无形的或者转瞬即逝的体验。比如，在消费电影、音乐会、银行服务、航空旅行或者进餐那样短暂过程中所获得的良好体验，常常能让消费者心心念念，再三光顾。那么，消费者在消费过程中的体验是有机会成为消费主角的。

看电影是为了放松，也许并非仅仅追逐某一部电影；欣赏演唱会是为了找到在群体中释放激情或寻找回忆的感觉，并非仅仅为了音乐本身。消费的动机如此偏离产品的初衷，却又恰恰是产品与消费者需求之间最为契合的关联方式。创造消费体验的价值，可以为产品与消费者需求的关联增添可供创意操作的层面。

训练 1 寻找产品的利益点

通常，我们可以从产品所具有的客观价值入手，来寻找产品对消费者的利益点。产品和服务是两个基本角度。例如，对一款空调产品来说，产品角度是指它的功率、功能、价格、外观、省电程度等；而服务角度则可能包括安装、使用说明书、交货速度、售后服务以及维修服务网点等。

中国牙膏市场多年来坚持产品差异化的道路，国产品牌两面针、中华、蓝天、云南白药等品牌虽然也一直在努力跟进，但是，牙膏行业琳琅满目的概念与细分，使得产品的差异必须足够醒目，才能从诸多竞争产品中脱颖而出。

蓝天六必治牙膏是蓝天集团旗下的中药养护牙膏品牌，该产品传承百年中药养护技术，专业预防及解决牙龈出血、肿痛、口腔溃疡、蛀牙、酸冷刺痛、口腔异味、牙菌斑和牙渍等常见的口腔问题，养护口腔健康。

- 请列举所有你知道的蓝天六必治的产品利益点。
- 其中有没有一些利益点是你的发现？

蓝天六必治的产品利益点	
你的发现	

训练 2 创造产品的利益点

美国雀巢公司出品的奇巧巧克力受到了日本学生的青睐，不是靠口味，而是靠名字，因为“奇巧”的英文发音与日语中的“考试成功”谐音。

“奇巧”是英文“Kitkat”的中文译法，这个表达在 20 世纪 30 年代开始出现在英国，后被朗特里·麦金托什有限公司用来作为其公司生产的巧克力脆的名称。巧合的是 Kitkat 的读音与日语“kittokatsu”的发音相似，后者有“我将尽力确保我会成功”之意。对于很多学生和家长来说，与其说“奇巧”是一块巧克力，不如说它是一个幸运物。

在中考和高考等大考到来之时，日本学生通常会吃一些“幸运食物”，如一种肉排。如今，这种传统的幸运肉排则被舶来品奇巧巧克力代替了。日本学生对奇巧巧克力的突然钟爱使得奇巧生产商有些招架不住，一度使厂家大规模提高产量，以适应该产品在日本市场上大幅度增长的需求。

■ 雀巢奇巧巧克力可以补充能量，它好吃，是外出旅行的必备品，但是，我们还看到了隐藏在它品牌名称中的利益因素。产品利益点的发掘潜力是不可低估的。请思考这款产品还有什么潜在的利益点？说明并简单分析其可行性。

■ 列举可口可乐现已体现出来的利益点。

■ 除此之外，还有没有其他的利益点？

训练 2 产品重塑生活：Nike+

Nike+ 是耐克运动数字化路线当中非常重要的一步，是耐克创新的一款具有颠覆性意义的产品，借助 Nike+ 平台，耐克为消费者提供了一种全新的运动生活视野，也为耐克带来了数字化时代探索和发展的新领域，又一次显示了品牌对创新的不断探索和努力。

Nike+ 平台的出现实现了运动和生活在数字化时代的结合，Nike+ 让更多消费者，特别是年轻消费者觉得运动就在生活里面，Nike+ 的用户可以在社交平台上分享运动并得到帮助。

耐克虽然是一个运动品牌，但它更接近一般消费者的生活。Nike+ 将运动变成消费者生活形态的一个部分，从这个角度看，Nike+ 是耐克创新的一款具有颠覆意义的产品。Nike+ 是让运动和生活连接在一起的一个平台。

未来，耐克不会局限于“让一双鞋变得更轻”这类的产品创新，而是聚焦在服务方面，如何让耐克能够 24 小时活在消费者的生活里，我们有很多的期待。

■ 可能改变生活、进入人们生活的产品都有哪些？

■ 有没有一些目前并未列入，但是有可能具有这种潜质的产品？

训练 3 发现“面包新语”面包房的利益点

面包新语首次把上班族定为目标客户，即年轻、时尚的18—35岁的女性白领。产品带有一点另类的气质，反传统、时尚、好玩又有趣，这样就打破了一直以来把家庭主妇作为面包市场消费主力军的传统模式。

■ 面包新语店址常设在商业地产中的某一个十字路口的一角，开放、透明，店内设计时尚，前店后厂的现烤制方式产生的诱人香气四溢，对顾客的诱惑力十足。

■ BreadTalk直译就是“会说话的面包”，利用面包讲故事，将生活中常吃的面包，赋予更多趣味和流行价值。比如“卧虎藏宝”“上海侬好”“太空5号”“大地震”等，让很多年轻人乐于收集包装或馈赠面包。

■ 面包还能讲出自己的故事。面包新语原创的招牌面包叫“松松”，它有这样一个故事：某个轻轻松松的早上，一位老阿婆把祖传最拿手的肉松，一不小心洒落在特制的奶酱上面，糊涂的老阿公也把它们一起涂在日式松软面包上吃起来，没想到好吃得不得了。在故事里，“面包新语”还不忘告诉人们，亚洲已经有至少100万人尝过这款“松松”了。

■ 对于面包来说，虽然它的基本功能和特点也至关重要，但它可能并不只是填饱肚子的食物那么简单。

■ 以面包新语品牌为例，它还有什么可能的利益点？再从不同的角度深挖一下。

训练 4 对需求的测试

当一些品牌在进行产品研发或者产品上市研究时，会格外关注消费者对产品的需求问题。对消费者需求进行测试的方法有很多种。

例如，无偏见测试（blind-test，又称盲测）就是其中一种重要的测试方法，可以让被访者在不受品牌名气的影响下做出客观选择。盲测的过程中，被测试产品的品牌、名称、包装或其他可以识别的内容要求隐藏起来，不给被访者过多的提示。盲测经常用于抽查新商品以检验其与老商品的可比性及竞争性。由于品牌名称和包装在很大程度上影响着消费者对商品的感性认识，因经，盲测在一定程度上成为了解商品的口感、气味及成分等是否被消费者认可的唯一办法。

教堂测试（Church Panels）也是一种测试方式。宝洁对消费者的反馈非常重视。在产品研制的初期，教堂测试常被用来协助调研：在教堂的地下室，他们会设置不同的测试站，每一站分别放置测试品，如面纸、花生酱、药物包装等，以供去教堂的妇女使用。测试的结果不会被下定论，但是可提供给产品研究小组一个实际的参考。

另外，当产品属性逐渐确定以后，家庭测试可被用来评估一连串有关产品的议题，特别是在居家使用的情形。当产品研制告一段落，品牌管理小组将介入并取得主导权，研究方向将偏向市场营销；如果测试显示一切顺利，产品将上市。

■ 请尝试设计并完成一次“无偏见”产品测试，并记录下主要过程与结论。

训练 5 “发现”的尝试

当电商渠道逐渐被消费者所接受，传统手机商们开始做“互联网手机”。于是 2014 年上半年，传统品牌对“互联网手机”的热情达到了前所未有的高点。这样一种单纯以“低价”和“电商”为纽带的模式已然成为“互联网手机”的主流模式，目前，互联网手机都是在同样的配置上拼价格，然后通过电商平台出货。

对企业来说，他们一头压成本，一头降低渠道费用，从中攫取利润差价，最后的结果却是：手机卖了不少，钱没怎么赚到，其本质还是个大坑。一味地压低价格甚至开始动摇手机的品牌形象，让部分原本有可能卖出好价钱的产品，也在互联网手机之争中沦为了“炮灰”。

■ 选择一款符合这种情况的品牌手机。

■ 发现消费者对本款手机的需求点，考察你所发现的这一需求能否帮助消费者克服对价格的敏感？

■ 如果将本需求内容从与消费者沟通的角度表达出来，以建立起良好的说服力，需要分几个层次呢？请落实成文字。

3. 同质化与差异

思考与讨论　避免产品品牌形象同质化是广告活动的重要任务

思考要点记录

即便我们的企业能够轻易地创造出成千上万个新的差异，这些差异也可能是任何一个其他企业所能轻易达成的。这样产品实际上很难

思考要点记录

具有实质上的差异。因此，避免产品品牌形象同质化成为广告活动的重要任务之一。

在成熟的市场中，同行业、同品类中定位和形象相似的成熟品牌众多。广告活动的本质是为品牌赋予特征、个性，以便于消费者记忆、选择，从而使本品牌在与其他品牌的竞争中取得优势，但是在实际的业务推动中，却仍然避免不了业务方法的雷同、创意表现的思路相同、服务者生活背景相似、产品特征相同、企业资源相同等问题，最终使得以制作差异化产品为己任的广告活动，在一次次精彩的广告创意之后，仍然走向了品牌的同质化。

■ 请讨论差异化导向的广告活动，为何可能会造成品牌同质化的市场结果?

■ 请举例说明以上这一问题的实际存在状态。

■ 请分析如何改进业务，才能尽量避免市场中出现品牌同质化的现象。

■ 请设计一个小调查，调查分析消费者是如何在心理上区别同类产品的差异的。记录下调研结论，并说明它对广告活动的策划有什么启示?

阅读分析

苹果公司将何去何从[①]

近年来，苹果公司无论是在技术、营收、利润，还是公众认知度和好评度等方面，都在竞争中遥遥领先，以至于让人觉得这种势头已经无以为继……有这种可能吗?

有人认为，不同于以往苹果所面对的“创新者红利”（Innovator’s Bonus），今后苹果可能将陷入“创新者困境”（Innovator’s Dilemma）中，也许不在2015年就在2016年，大家都很关注接下来将会发生什么。

所谓的“创新者红利”，是说品牌可以从创新中获得极高的利润。即使有一些动作迅速的追赶者在性能上足以与该品牌匹敌，但市场已认定谁是创新者，那么谁的品牌形象就会更出色。但是，这一红利期被认为已经从八年缩短至最多四年。如果苹果不能继续进行一些引人注目的创新，那么很快它将丧失为自己产品获取溢价的能力。

① 申永祥. 苹果或在2年内陷入“创新者困境”[EB/OL].（2015-02-01）[2017-08-01]. http：//www.managershare.com/post/169960.

也有人认为，以上观点忽略了苹果真正的技能。事实上，苹果真正的创新度并不高，它真正的强项在于对一种前卫设计不断进行完善（特别是 iPhone），或者是不断进行产品迭代，直到让它变得极具魅力（比如 iPad 和 MacBook Air），苹果所仰仗的并非某种一夜之间便大红大紫的产品，而是一个逐步改进的漫长过程。

■ 请分析苹果在各大品牌虎视眈眈的情况下，正在尝试使用何种方式保持其产品优势？它在这个阶段成功了吗？

训练 1 三得利乌龙茶的产品差异点提炼

进行产品的差异化分析，首先要对产品有深刻的认识，在此基础上，分别对产品本身的特色、服务以及品牌形象等方面内容一一进行挖掘，将产品的研究分析落实在三个步骤上：

第一步，了解产品的基本品质。

第二步，在与同类竞争产品或服务对比的基础上，找到本产品的差异性特征。

第三步，了解我们的产品如何与消费者的生活相融合。

差异化分析试图将产品或相关服务差异化，树立起在全行业范围中独具特色的标志。一般说来，如果差异化的基础是产品革新、技术的卓越性、产品质量的可靠性以及系统的客户服务等内容，那么差异化所带来的价值能持续更长的时间。消费者普遍重视此类属性的差异化价值，而且竞争对手一般也较难复制这些差异点。

■ 三得利乌龙茶是日本三得利集团旗下的一款饮料产品，请了解该产品后回答问题：市场中有与三得利乌龙茶同类型的产品吗？如果有，请列举。

■ 请通过对三得利乌龙茶的各个利益点的发掘，寻找足以支撑其产品差异化的要点所在。

训练 2 如果不能做出与众不同的产品

在苹果手机诞生之后，三星并不能创造出与之完全不同的产品，但是在一个阶段中（2013 年左右），三星智能手机也获得了很好的市场回报。2013 年的数据显示，虽然苹果设备销量比前一年同期更多，但净利润同比却大大下滑，特别是在占苹果整体销售份额很大的大中华地区，销售额首度出现跌幅。而同期三星的销售额和营业利润均创历史新高，同比涨幅相当大。三星凭借多种型号，多种价格的手机产品挑战了苹果智能机市场的统治地位。

- 请分析三星手机是否创造了对消费者来说有效的差异点（与苹果手机相比）？
- 调查当前市场中哪种型号的三星手机销量好或有爆款，分析其产品的差异点。
- 你还能举出其他行业的类似案例吗？

训练 3 依赖于捕捉差异的方法

对于大部分产品来说，同质化使它们很难产生根本差异。

寻找产品差异点，要将产品差异性分析与消费者分析结合起来，从需求与产品之间无数可能的契合点出发，寻找最具创新性及一定认可度的那个。

就目前的墙面漆市场来说，产品本身满足消费者的利益点主要集中在环保、性价比、价格、气味、可擦性、覆盖细纹、防霉抗菌、色彩等几个因素中，产品之间同质化较为严重，缺乏有效的产品区分。

多年来，由于立邦、多乐士等强势品牌的大力推广，这些利益点已经深入人心，几乎成了墙面漆行业产品诉求及卖点的执行标准。另一个不得不接受的事实是：其他多数墙面漆生产企业基本采取跟随策略，仅进行细枝末节上的创新。

那么，从消费者需求方面考虑，墙面漆产品是否还存在突破性的创新空间？这一方面的有效创新，必然可以帮助某些墙面漆品牌摆脱竞争压力的阴影。

例如，某墙面漆品牌的产品体系不仅拥有传统意义上的墙面漆和木器漆，还存在一些有特殊装饰效果且完全不同于强势品牌的涂料——质感系列产品。比较传统涂料，质感系列产品不但色彩更加丰富多变，而且在装饰质感上达到了后者不可能达到的效果，例如，壁布系列犹如墙纸，页岩系列犹如石材。

- 请通过对产品差异性和消费者需求的综合考量，以上文“质感系列”为例，分析并找出一至两种当前适用的、不同以往的墙面漆产品差异点。

训练 4 让差异可辨识

从大多数企业客户的角度看，为产品创造有效的差异点是广告策划持续努力的方向，但是尽管很多产品是有所创新的，但是它的差异点却很难被消费者有效辨认及认可。

黄飞红麻辣花生这一产品诞生于 2007 年，胶东半岛的落花生，配上天府之国的上等麻椒和火红小辣椒，经过十几道工艺精心制作，生产出了香辣美味的麻辣花生。黄飞红麻辣花生的“花生产地”“天府麻椒和辣椒”，甚至“配方和技术”都是可以被提出的产品差异点，但是这些差异点如果不经包装，在众多的麻辣花生产品中是很难被消费者认可的。而黄飞红麻辣花生在诉求“吃完花生后，麻椒和辣椒可以用来做出地道的麻辣口味菜肴”之后，这一产品的差异点便鲜明了起来。让差异可辨识，一方面可能需要我们为差异点创造不一样的表达方式，使得产品能够被辨识与记忆；另一方面也需要有效的推广活动。这些都是让产品差异可辨识的重要推动力。

■ 针对不同的产品差异辨识强度（包括很容易清晰辨识的、不容易辨识的以及一般水平的）寻找案例？

■ 分析其产品差异点能够被有效辨识的原因。其各自的差异点都是怎样被辨识出来的？

■ 有没有很难被消费者注意到的、比较失败的产品差异点？

训练 5　两大可乐品牌的同质化竞争

20 世纪 50 年代，百事可乐的规模和影响力根本无法与可口可乐匹敌。后来百事可乐决定以低价取胜，同样的价格，其容量是可口可乐的两倍，以此在短期内获得了一些市场份额，也获得了一些特定人群的青睐，但是从品牌上始终无法超越可口可乐。

到了 60 年代，百事可乐终于意识到可乐产品的同质程度很高，不应该再在产品方面做太多文章，以口味正宗来争地位是无用的，因为可口可乐在人们心中的地位已经无法撼动，所以百事可乐转向于产品之外，联系一些社会问题，比如年轻群体的价值观，以此树立新形象，这就是由产品差异转向形象的制造。

百事可乐成功地把产品塑造为“反主流”“前卫”的形象，以区别于可口可乐代表的“星条旗”“圣诞老人”等主流价值观，吸引了叛逆的年轻人的目光。最终，两大品牌知道不可能将对方消灭，而且相互竞争可以相互促进，并可激励创新，否则市场就会失去活力。于是双方都从恶性竞争中吸取了教训，开始共同努力把市场做大。①

■ 当竞争的产品差异难以被捕捉或难以有效确立时，我们应该如何规划差异化竞争？

训练 6　肯德基咖啡与麦咖啡

近年来，咖啡市场日益火爆，麦当劳、哈根达斯等品牌先后进入其中。2015 年 1 月，

① 马新莉，王志勤．向两大可乐学习如何经营同质化品牌[J]. 商学院，2012（7）.

肯德基对外透露将全面发力咖啡市场，当年将在不少于 20 个城市的 1,000 家餐厅陆续推出现磨咖啡系列。肯德基将其现磨咖啡价格定在 10 元起，而其主要竞争对手麦当劳旗下麦咖啡定价 20 元左右（少部分 15 元以下），星巴克咖啡 30 元左右。

英国《金融时报》一组数据指出，相比全球咖啡饮用量 2% 的增速，中国的咖啡饮用量则以每年约 15% 的幅度快速增长，是全球增速的 7 倍之多。

事实上，随着中国咖啡市场的兴起，特别是星巴克在中国的火爆，使得麦当劳、肯德基等众多洋餐饮企业开始"觊觎"该市场。2009 年，麦当劳将"麦咖啡"这一咖啡品牌引入中国内地市场，这一时间点虽然比星巴克入华迟了整整 10 年，但借助与麦当劳门店紧密结合的优势，麦咖啡成为麦当劳在中国的新的业绩增长点。作为后来者的麦咖啡，除了价位上略低于星巴克、COSTA 等咖啡品牌，也以主推专业咖啡师的方式突出品牌特点，很好地错开了与星巴克的直接交锋。据麦当劳透露，目前麦咖啡在中国内地的门店数已经超过 800 家，逼近星巴克目前在华门店数。

而肯德基早在 2009 年开始就测试咖啡产品，先在上海、北京等地的部分肯德基餐厅低调试水现磨咖啡，最终于 2014 年 11 月初在上海尝试大面积开卖现磨咖啡。2015 年 1 月，肯德基在北京超过 300 家餐厅开卖现磨咖啡系列产品，并开始向全国肯德基餐厅推出。据悉，哈根达斯 2014 年年底也进军咖啡市场，餐饮市场已然掀起一场"咖啡大战"。①

■ 请通过调研走访麦咖啡、肯德基咖啡、星巴克、COSTA、85 度 C、哈根达斯（如条件具备）等几个销售咖啡产品的连锁品牌，分析这些咖啡产品之间的差异。

4. 物与人的对话

精读知识点 1 《体验式营销》②

本书内容涉及：从特色与功效到顾客的体验，体验式营销的幅度和范围，管理消费者体验的框架、感觉、感受、思维、行动，体验营销的战略方针等内容。

目前有关体验营销的书籍资料丰富，可自选阅读。

① 资料来源：第一财经网。

② 伯恩德·H·施密特. 体验式营销：如何让顾客对企业和品牌产生感觉：感受 思维 行动 联系[M]. 张愉，译. 北京：三峡出版社，2001.

精读知识点2 《等待猫吠？》[①]

本书探讨了在消费者和沟通方法上已经发生的变化，并为市场营销人员找到了一种能说服像猫一样精明的消费者的有效方法。

精读知识点3 广告劝服的原理和方法

劝服理论（Persuasion）被定义为“通过接收他人的信息产生态度的改变”。产品和品牌永远不可能独立于消费者的感知而存在，“如何去沟通”才能让广告消费者能够产生对产品或品牌的兴趣，对有关信息能够听得进去，如何才能让消费者改变已有的看法，形成有利于广告主或广告品牌的态度，这就是本领域涉及的知识。

请收集有关“劝服理论”的资料进行阅读。

思考与讨论1 情感与体验

思考要点记录

题目陈述

消费者被告知品牌信息与产品信息后的感受，与体会产品/品牌相关的人、事物、情感后的感受是截然不同的。也许你曾对某些品牌产生过格外亲近、了解、信任或自豪的感受，那么这些感受是从哪里来的呢？请通过讨论汇集大家的观点，总结创造情感与体验的方法都有哪些。

背景知识

很多时候，态度与情感的建立是与亲身感受与接触等体验过程分不开的。而那些来自媒体的告知与讲述，则始终需要补充一些亲身的接触才能使消费者对产品形成从陌生到亲近、从遥远到归属的感受。

区别于以往依赖广告投放开发市场的品牌，建立消费者体验的过程成为英特尔超级本被人们广泛接受的重要方法。

2012年，英特尔开展了体验式营销活动：为消费者提供情境式体

① 布莱恩·艾森伯格，等. 等待猫吠？[M]. 季丽娜，译. 北京：中信出版社，2009.

思考要点记录

验，近距离感受超级本带来的个人计算体验变革。超级本是电脑的一个类别，超薄且性能超强。如果配合超级本的推出，体验至少应该规划出怎样的沟通层次？

2012 年，英特尔的市场投入巨大，为了支持 OEM（Original Equipment Manufacturer，原厂委托制造）厂商的大规模上市，超级本的广告全面铺开：电视、平面、户外……一个也没有少，几个特别的方式就是：邀请王珞丹代言、开展超级本体验之旅活动、打造体验店，等等。

为此，英特尔与苏宁电器、大中电器等家电连锁卖场合作，设置了超级本体验店；与宏图三胞等 IT 连锁卖场推出了“全景体验店”，以情景体验的方式，帮助消费者做出消费决策；与京东商城合作，开通线上超级本专区，为消费者带来无限体验乐趣和购买选择。在各大 PC 卖场开展“超级本 TM 嘉年华”活动，让消费者更容易体验、认知和购买。

对于消费者来说，距离也许会带来“美感”，但是对消费者的决策与购买来说并不一定是好事。对于距离感强、体验感弱的品牌，负面口碑及谣言很容易破坏消费者对产品和品牌原有的认知，而亲近的、有情感体验、对熟知品牌具有自豪感的消费者，绝对是该品牌的巨大财富。①

思考与讨论 2 情境与破解

思考要点记录

题目陈述

在购买雀巢速溶咖啡时，你需要怎样被说服呢？你身边的人都需要怎样才能被说服呢？讨论并对比一下。面对不同的情境，怎样才能完成有效的说服呢？

背景知识

当我们深入到目标消费者实际的购物过程中时，会发现实际情境与任务情境千差万别，消费者在面对产品时的所思所想，是我们不可以忽视的问题。

我们可以尝试针对某种产品，发现该产品消费者的购买动机与任

① 刘龙静. 英特尔的体验式营销[J]. 商学院，2012（9）.

思考要点记录

务。每种动机与任务代表了一种决策的情境，因此我们也应该有着不同的诉求与说服策略。

在超市的方便面货架前，消费者来来往往。有的消费者在货架上看到了五谷道场是非油炸的，就决定购买了；有的消费者认为方便面不健康，走过货架时也没有被提示非油炸概念，因此根本没有购买；有的消费者因为不喜欢五谷道场的口味，即便它有健康概念，最后还是选择了康师傅等其他品牌；有的消费者，因为五谷道场面饼小，需要两包才能吃饱，成本太高就没有选择；还有消费者认为非油炸方便面也是方便面，不够健康，不如吃挂面，等等。这些都代表了购买时的不同情境，每种情境都因为每个人的独一无二而显得独特。

以上不同的情境可对应不同的沟通渠道与沟通内容。例如，针对最后一种情境，我们需要消费者有机会全面认识非油炸方便面的健康性，强力灌输其健康的理念，并说明其价值。对目标消费者的说服内容是需要结构化展示在不同媒体渠道中的，并需要一个响亮的、提纲挈领的概念来吸引消费者的注意，使其能够辨识广告活动的完整行动，并让相关活动成为整体。这样下来，针对一种沟通任务情境的完整内容沟通体系就建立起来了。

训练 1 对产品的了解

产品可能是在企业的生产车间刚刚走下流水线的那个物品，也可能是摆放在商场超市等待消费者选择的那个物品，产品本身可能具有很多消费者并不知晓或了解的内容。但是，产品作为一个客观存在，它必须与消费者达成有效的沟通，消费者需要了解产品的，也许是一个功能，也许是一种感受，也许是一份信任……

通常每个成年人都会有大量的商品购买及使用的经验，但是，消费者真的了解所购买的那些商品吗？物与人的沟通就是从这里开始的，观察消费者对于他们耳熟能详的产品，还有多少信息需要了解？

■ 美汁源是可口可乐公司的一个品牌，是全球销量最大的果汁品牌之一。2004 年美汁源到中国并成功推出了“美汁源果粒橙”，你对于“美汁源果粒橙”产品的了解有哪些？请记录下来。

	既有的了解内容	调研后了解的及希望了解的内容
美汁源果粒橙		
需补充		

■ 请通过资料收集及走访销售点等调研方法，对“美汁源果粒橙”获得更多的了解。记录下来，并且思考关于这个产品，你希望知道什么？

■ 请筛选出你认为是对消费者购买决策有正面影响的那部分知识，并对这些知识进行分类。

■ 做出初步的判断：对于身边的产品，消费者所获得的了解是不是很充足？市场营销活动可以通过什么方式让消费者了解更多关于产品的正面知识？

训练 2 品牌是将物情感化的过程

2005 年，华润雪花啤酒推出了“雪花纯生”高端系列产品，首次尝试进军高端产品市场。至 2008 年，雪花啤酒开始与清华大学合作，连续多年出版“中国古代建筑知识普及与传承系列丛书”，同时，其出资主办的“雪花纯生中国古建筑摄影大赛”也一直持续至今，与古建筑推广配合的正是雪花啤酒旗下的高端品牌雪花纯生，产品定位为社会精英阶层，这部分人群对于产品的文化内涵有需求。虽然古建筑与啤酒这两种事物之间的关联较小，但是由于古建筑话题在文化及文化传承问题中的受瞩目程度较高，使得它能够与雪花纯生建立感知、情感化、内涵化的良好路径。

2006 年，华润雪花啤酒又推出了“勇闯天涯”中高端系列产品，与之相匹配的是雪花啤酒在当年启动的以“勇闯天涯”户外探险为核心的品牌建设活动。与其他啤酒品牌不同的是，雪花没有一头扎进体育营销中，而是另辟蹊径，以户外活动召集者的身份出现，将人们对户外活动的热情潜移默化地转移成对雪花啤酒的情感。在这个个性张扬的时代，户外活动成为雪花啤酒这款中高端产品丰富内涵、从物走向情感的良好路径。

以上案例使我们看到了品牌将“物”情感化的过程，也让我们看到了这种操作方式可以为市场带来效益。

大白兔奶糖是糖果行业的一个老品牌。奶糖曾在人们的记忆中留下过深刻的印象，如小朋友的炫耀和幸福、颇受重视的礼物、回味无穷等。但是在今天，奶糖在人们生活中已经逐渐淡化，甚至更多代表了高热量、高甜度的负面认知，代表了砂糖、葡萄糖、乳制品、明胶等成分，代表了对过去那个年代的回忆。怎样让更多的消费者在非节日或婚庆时想起购买大白兔奶糖呢？如果我们想要使大白兔奶糖的产品利益点重新清晰起来，那么，利用品牌带来浓墨重彩般的情感感受也许是我们可以尝试的途径。

■ 通过简单的访谈调研，整理大白兔奶糖这一品牌给人们带来的情感感受。

■ 你认为大白兔奶糖品牌所带来的哪部分情感感受是可以利用的，能够在现阶段成为与消费者沟通的主题？

训练 3 创造触摸产品的机会

消费者对产品的触摸是消费者与产品近距离接触的机会。由于不同消费者的触摸需求不同，触摸对不同消费者的影响也不同。触摸需求有两个维度，一是功能性维度，二是本能性维度。功能性维度需求高的个体，通过触摸搜集产品信息，以便做出判断。消费者可以通过触摸获得更多的有关产品属性的信息，例如产品质地、重量等，这些信息是通过其他途径（如阅读产品说明书或凭视觉观察产品）所无法获得的。对本能性触摸需求高的个体来说，触摸是一种享乐型体验，进行触摸是为了好玩、有趣、刺激、愉悦与享受。

消费者可以通过触摸的感受，形成、改变或改善消费者对产品的认识，提高他们对产品的熟悉度，以及增强其评价产品的信心，以至于直接影响到消费者的购买。①

■ 请进行分析及总结：不同品类的产品都有哪些购前触摸的机会？请分析不少于五种差异较大的品类。

■ 请为这五种品类的产品设计一些额外的触摸机会。

■ 请选择某品牌汽车的 4S 店，亲自触摸产品，寻找那些在触摸过程中对消费者来说很重要的环节。

训练 4 可识别性

用什么来塑造物与人对话中的可识别性？

第一，可以用来自于产品身上的某个识别点；

第二，可以用创意去塑造这个识别点；

① 熊素红，景奉杰. 冲动性购买影响因素新探与模型构建[J]. 市场营销，2010（8）.

第三，这个可识别点既可以是定位的阐述，也可以是某个易识别的“符号”的展示。

总之，物与人的对话，不像人与人的对话，能够通过姓名、长相、身份来锁定对象，锁定过去与现在所有沟通信息与所获信息的连贯性。物与人的对话会因为“物”本身的展示角度、展示时间段都是不稳定且模糊的，因而更不易被识别及连贯识别。所以，在一切营销传播环节都将可识别的强度与识别的连贯性进行有意识的关联建设，这是非常必要的。

产品及品牌的可识别强度不高，是很被动的，应该怎么处理呢？

■ 无印良品是一个日本杂货品牌，在日文中意为“无品牌标志的好产品”。产品类别以日常用品为主。产品注重纯朴、简洁、环保、以人为本等理念，在包装与产品设计上皆无品牌标志。产品类别从铅笔、笔记本、食品到厨房的基本用具都有。它所倡导的自然、简约、质朴的生活方式也大受有品位的人士推崇。请通过实地调研及资料收集，分析无印良品是如何创造可识别性的？

训练5 短板的处理

很多产品都带有与生俱来的“短板”，例如，某快餐热量高，某饮料糖分高，某款手机内存不高等等。在物与人的对话中，对产品或品牌好的方面，营销人员当然是应该不遗余力地大力宣扬，但是对于产品或品牌的短板之处，通常处理起来会慎之又慎。

对于短板之处，很多产品或品牌的处理方式是绝不碰触、视而不见。但是往往市场风云变换，企业的不碰触不等于消费者不了解、不比较，不等于市场不会对此有所反应。因此，掌握短板的处理方式是有必要的。

有的产品或品牌以增加相应的良好感知，来冲淡消费者对其短板之处的负面感受。例如，某快餐品牌因生产油炸食物导致消费者对其形成了“不健康快餐”的认识，对此品牌很难否认，但是，该品牌可以在菜单上多添加蔬菜、田园、健康食材等概念的单品，并通过主打健康单品的广告，使消费者频繁将本品牌与健康概念相关联，借以冲淡油炸食物带来的负面感知。

有的产品或品牌的短板之处并非确有其事，而是由消费者普遍的偏见导致，在此种情况下，对产品或品牌的短板之处进行解释是很好的处理手段。例如，甜味食品因为糖的含量高，会被消费者认为不宜食用。但是当某品牌食品的甜味是由于有黑糖或麦芽糖的成分的话，就需要帮助消费者重新辨明产品的利益点。

有的产品或品牌在处理短板问题时，会使用主动帮助消费者解决问题的方式，来降低产品给消费者带来的负面影响，借以打消消费者的顾虑。例如，针对方便面营养价值不高的短板，某品牌可以在菜料包设计、营养补充建议、方便面配菜与煮食方法等方面给消费者以帮助，可缓解消费者食用方便面的压力。

很多时候，当广告策划人员发现某产品有与生俱来的短板后，会直接感受到营销传播的难度大大提升。不单单是“暴露短板与否”的问题，完成“把不是那么完美的产品推荐给消费者”这样的任务，本身就会给营销传播人员带来很负面的感受。但是，广告从业者很少有为此而放弃客户的，尝试从消费者的角度来解决问题，也许我们可以创造出企业与消费者双赢的局面。

■ 五谷道场的诉求是非油炸的方便面，是健康食品。但是，消费者体验说明，其口味并不能完全让人满意，且有面饼小吃不饱等问题，这些问题对营销传播业务环节来说，很难去修正。请你从传播的角度寻求方法，如何影响消费者对短板之处的关注与认识？请详细说明之。

■ ABC 卫生巾是市场中有些“特立独行”的一个卫生巾品牌。ABC 名称源于英文单词“Always Being Clean”的首字母，寓意永远地追求清洁、卫生与健康。ABC 品牌产品所含“KMS 健康配方”是 ABC 品牌产品的主要利益点，但恰恰就是这一利益点被很多消费者质疑。请你寻求方法，并详细说明如何影响消费者对此短板的关注与认识。

训练 6　一个概念还是多元角度

以单一的 USP 概念的传播与认知，来推动品牌和产品的营销是一个比较理想的原则，因为产品对消费者来说并非总是只有一两个价值点，而且基本上所有的行业都存在多品牌竞争的市场状况（自由市场非垄断条件下），我们虽然会倾向于通过简化消费者分析判断过程的处理方式，寄希望于消费者能被靓丽的广告片所吸引，并不断完成忠诚的购买，但是这样的愿景通常是不存在的。

面对利益点多元的产品，面对激烈的竞争压力，很多品牌得以在市场中生存下来的主要原因，就在于懂得利用消费者判断、决策的知识不完善的状态，利用市场信息的不对称，以及消费者动机与选择的多样性。然而即便如此，如果市场营销者一味懒惰，贪恋于简化消费者分析判断的过程，贪恋于消费者决策中的盲目倾向，那么市场的风险也是不言而喻的。

在目前的市场竞争中，即便是低卷入类的产品或快消品，消费者的购买决策行为也比以往更复杂，而且即便是购买同一品牌产品的诸多消费者，他们的购买意图与决策的关键点大都有着明显的差异，购买理由也不尽相同。因此，物与人之间有效的沟通难以再主要依托于单一概念的灌输。建立物与人更为全面的、多角度的沟通，引导消费者的购物决策成为当前应多被关注的沟通原则。

■ 回忆你刚刚发生过的购买经历，分别选择你购买的两个快消品和耐用品品牌，标注出你的决策理由。

品牌产品	购买理由

■ 你的决策支持是来源于企业传达的有效广告信息吗？在你的购买过程中，你希望企业提供给你更多的有效信息吗？

■ 是否出现过这种情况：你购买产品的关键理由与品牌目前所传播给你的利益点并不一致。你认为广告活动应该如何解决这种不一致性？

训练 7 品牌社区的力量

哈雷是如何让几代人都成为粉丝的？①

1983 年，哈雷摩托车成立了品牌社区性质的车友会——Harley Owners Group（哈雷车友团，简称为 HOG），将其粉丝聚于一堂。今天，HOG 已经发展到 115 个国家，有 80 多万会员，在中国有数千位忠实粉丝。

HOG 到今天为止，依然被定义为一个“Sponsored Community Marketing Club”，也就是受到品牌商赞助的社团营销性质的俱乐部组织。只不过，从一开始，哈雷公司在理念上就设定“HOG 不仅是促销产品，更是‘推销’一种生命存在的方式”。

HOG 的忠实粉丝绝大多数是消费力极高的中青年男性，他们认为自己能够聚集的秘诀就是哈雷摩托本身。

但实际上，HOG 绝不只是一个自然形成的品牌消费者聚集体，而是调用了商品本身的所有人文内涵。所有 HOG 成员都认为：哈雷不仅仅是一部摩托车，它和它背后的故事几乎容纳了一切让男人疯狂的元素——自由、流浪、包容、狂野、财富虚荣、民族主义……但同时，HOG 也发扬了自己巨大的组织力和影响力。

■ 通过阅读相关领域的文献，界定“品牌社区”的含义；

■ 收集中国市场中“品牌社区”的案例，选取其中一个品牌的“品牌社区”，分析描述其存在的状态。

■ 人们可以通过本“品牌社区”，获得有关品牌和产品怎样的感受？这些感受是如何达成的？

① 张丽娟. 百年哈雷：如何让几代人都成为粉丝？[J]. 销售与市场杂志（渠道版），2013（10）.

第6章

对竞争与行业细化分析

1. 环境的大趋势

精读知识点 总体环境的PEST分析法

在对环境进行分析时，PEST分析法是一种提示性非常强的分析规则。PEST是政治（Political）、经济（Economic）、社会（Social）与科技（Technological）的英文首字母缩写。PEST分析法提出的这几种环境因素，为研究组织的总体环境提出了有益的出发点。通过考核这些因素对企业的影响可以轻松地发现为某行业、组织进行环境分析的要点。

思考与讨论 环境分析要素与广告策略决策

思考要点记录

题目陈述

环境是变化的、复杂的，环境在不断给企业的生存带来不确定性，正因为如此，才有必要对其进行深入分析，环境问题才成为市场研究人员非常关心的一个问题。

■ 进行环境分析时，哪些是关键要素？请列举一下（如技术环境、经

思考要点记录

济环境等）。

■ 近年来，中国的人口环境要素中都出现了哪些典型现象？请一一列举。

■ 以人口老龄化现象为例，请描述此社会问题，并进一步分析说明它都影响到了哪些行业的市场发展？

■ 请依照以上的过程，一一分析每种环境分析要素。

■ 请分析讨论：环境要素问题都有可能在广告策略的哪些环节发挥作用（可在具有一定的策划经验后讨论此问题）？

背景知识

任何组织（包括我们的广告客户）都是在一定的历史时代、地理范围和资源条件中运转的。这个特定的状况通常会带来可供挖掘的各种可能性，从而赋予企业各种各样的决策依据和生存形态。

在广告策略制定之前对其环境做适当的分析是很有必要的。策略制定人员为了有效地应付这些随时可能发生的变化，为了随着生存环境的变化而调整或改变自己的战略，就必须深入地分析和了解企业生存状态中的各个重要因素，通过策略分析理解企业所面对的环境状况，从而为提供有效的策略方案打下良好的基础。

通常，企业所处的环境因素会持续不断地发生变化，从而对企业的生存发展产生持续的影响。一旦环境因素发生了变化，组织就必须相应地调整自己的战略。因此，环境分析是战略决策的一个基础。

阅读分析

一线城市高收入家庭“新三大件”①

中国的经济从1978年改革开放开始，实现了质的飞跃。20世纪70年代末80年代初的高端人群普遍流行老三大件：手表、自行车、缝纫机，一个都不能少。有时还会算上录音机，称为“三转一响”。

到20世纪80年代末90年代初，随着港台电视剧大量进入内地，电视剧中的家电设备逐渐让中国的消费者痴迷，消费倾向开始向电气化时代迈进，人们追求的“三大件”变成了冰箱、彩电和洗衣机。

① 本资料参考了慧聪研究2012年8月的调查分析报告。

从 2008 年开始，在高端人群消费的腕表、珠宝、香水、护肤品、服装、皮具 / 箱包、鞋、彩妆和保健品这 9 大品类里面，支出比例最高的前三甲中，腕表以 23% 位居第一，珠宝以 20% 位居第二，服装达到了 14%，居第三。腕表、珠宝和服装成了中国高端人群消费的新三大件。

第一位的腕表在经历了经济发展的 20 年后又一次回归，但这次回归显然不单纯是功能上的回归，更多的是身份和阶层的代表。

第二位的珠宝在楼市调控、股市疲软的情况下，成了投资消费的新选择。

第三位的服装，名牌服装也是高端人群消费中支出比重较高的品类，虽然是三大件里面增长幅度最小的品类，但是也高于中国 GDP 的增长。

■ 社会、经济、文化环境的变化带来的消费倾向的变化，可以为行业、为企业带来怎样的机遇或压力?

训练 1 流行文化的商业价值

流行是一种普遍的社会文化心理现象，是一个时期内大众社会中许多人都在实践和追随的一种新的物质生活方式和精神生活方式，是按照一定节奏、以一定周期、在一定地区或全球范围内、在不同阶层和阶级的人口中广泛传播的文化。

人们每天都在接触流行文化，包括听的音乐、时尚观念、阅读的书本杂志、欣赏的电影等，而人们的穿衣风格、行为举止，甚至思想判断都在受着流行文化的影响。从商业的角度看，流行就意味着消费潮流，它在当代社会已成为一种与产业发展因素（如营业额、利润等）紧密相连的东西。

流行文化从一开始就在寻求广告支持并与广告结成了联盟。在完成其传播使命的过程中，流行文化成为连接消费者和广告的纽带。

■ 随着智能手机的普及，人们开始沉浸在手机的世界中，并对自己能够拥有新技术和新应用而自豪。但是有没有可能在未来几年产生“远离手机”的流行观念?手机品牌在营销传播过程中应该如何应对这样的流行文化氛围?

■ 近年来，小资的客厅文化广受欢迎，家居物品从音响、视频设备，到杂志与精致的摆件，再到艺术品与小食品，都体现出小资味道。但是有没有可能在未来几年出现“户外小资”的流行观念，让小资文化的价值重点展现在他们的户外体验、游历与健身等方面?这会影响到哪些产品的市场营销?

■ 在过去几年，家用轿车的持有量迅速提高，家用轿车被认为代表了家庭财富与面子，在一定经济实力的确保下追逐更高档、大排量的汽车，成为常见的现象。未来是否会流行“汽车的环保性能代表家庭形象”这样的观念？汽车品牌在营销传播过程中应该如何应对这样的流行文化氛围？

训练 2 环保观念的兴起

地球环境的恶化引起了人们的广泛关注，于是，环境保护日渐得到了各国的重视。但是，由于环境保护在一定程度上可能与经济发展、社会问题有着比较难协调的冲突，因此，人们对于环境保护概念的理解也日趋新颖和合理。

环境保护就是通过采取行政的、法律的、经济的、科学技术等多方面的措施，保护人类生存的环境不受污染和破坏；还要依据人类的意愿，保护和改善环境，使它更好地适合于人类劳动和生活以及自然界中生物的生存，消除那些破坏环境并危及人类生活和生存的不利因素。

■ 社会中环境保护观念的兴起都给哪些行业带来了发展的契机？

■ 根据以下列举的三个受益的品类，分析说明社会中环保观念的推行带来了哪些新的市场趋势与机会点？

■ 思考：三个品类受环境影响的角度有何不同？

产品品类	市场趋势与机会点
卫生纸（以维达、清风等为代表）	
自行车（以捷安特、永久等为代表）	
室内墙面漆（以多乐士、立邦等为代表）	

2. 行业分析的基础

思考与讨论 1 共性视角：发现规则与突破

思考要点记录

题目陈述

如何理解行业中体现出来的共性问题？

思考要点记录

背景知识

行业一般是指生产同类产品或具有相同工艺的生产过程，或提供同类服务的经济活动类别，如饮食行业、服装行业、机械行业等。行业是由一些公司组成的群体，它们的产品有着众多相同的属性，以至于会为了争取同样的一个买方群体而展开激烈的竞争。

对行业问题的研究往往会涉及对行业经济的运行状况、产品生产、销售、消费、技术、行业竞争力、市场竞争格局、行业政策等行业要素的深度研究，从而发现行业运行的内在经济规律，以进一步预测行业未来发展的趋势。行业分析是介于宏观经济与微观经济之间的中观层次的分析，是发现和掌握行业运行规律的必经之路，是行业内企业发展的大脑，对指导行业内企业的经营规划和发展具有决定性的意义。

共性与个性是人们对事物的普遍性与特殊性的认识与反映，个性是在共性中存在的。行业分析的本质在于对企业间共性特征和模式的发掘。

行业分析将视野投放到了那些生产相同或十分相似的产品的若干企业的身上，这使得分析者能集中关注企业生存于其中并保有关系的市场环境。对这个层面的市场环境进行研究，是理解企业的市场地位和奋斗方式的基点。

与竞争分析相比，行业分析也将为拟定广告策略提供不可缺少的帮助。其中主要的帮助就在于，行业分析能让分析者辨明属于某一类产品的共性特点，并发现其对市场和消费者行为的影响。例如，由于糖果产品的消费特点，其消费高峰期会出现在年节前后或婚嫁高峰期，这个规律使得糖果行业的促销活动每年都集中于几个特定时间段。正是这些影响要素使一个行业形成了自己的整体特征，这为解读一个特定行业的市场运作模式及其合理性，发现企业之间市场关系存在的合理性，以及营销手段存在的合理性提供了帮助。

在广告策划中进行行业分析的主要任务有二：其一是在行业共性中寻找广告策略设定中所必须依循的条件及必须遵守的原则，能够让分析者在充分理解企业和产品的生存背景的情况下，以及在行业模式的合理条件下，可在市场共性中发现个性优势；其二则是借此明确在行业的共性的问题中是否可以寻找到可突破的亮点，在策略上突破行业熟悉的套路，寻求市场策略的突破，发现竞争的突破点。

思考与讨论 2 行业归属的边界

思考要点记录

题目陈述

M&M牛奶巧克力的广告语是“只溶在口 不溶在手”，该品牌长期都以归属于巧克力行业的产品定位为人所熟知。但是目前，在中国的巧克力市场上，儿童并不被鼓励食用糖果，其中也包括巧克力，而M&M巧克力产品的糖豆外形，又与成年人所习惯的巧克力形态差距较大，反而与成人的彩虹糖等糖果相近。请思考并讨论，M&M巧克力作为糖果类产品，其后的广告策略中，定位归属“巧克力”好，还是归属“糖果”好？

背景知识

在广告策划的环节中，明确客户的品牌或产品隶属于哪一个行业，是确认本品牌或产品所依存的经营条件、市场环境和竞争环境等的关键。例如，农夫山泉公司旗下的“水溶 C100”是含有 12% 果汁的富含维生素的饮料。在广告策略分析过程中，其行业分析的范围应该为“饮料行业”，还是“果汁饮料行业”，或者是策略分析设定在“富含 VC 的饮料品类”的范围？其实，这一归属的确定并不涉及“正、误”问题，而是需要从制定市场策略的需要出发，选择合理的行业分析范围来判定其行业归属。

思考与讨论 3 行业共性下的竞争状态

思考要点记录

题目陈述

“某行业呈现出怎样的竞争条件和状态”与“某品牌的竞争对手分析”两部分策略分析内容间的差异是什么？试举一例进行说明。

背景知识

处于同一行业中的企业会生产相同或非常相似的产品，并角逐同一个市场，企业彼此间将构成不同程度的竞争关系。所以，在行业

思考要点记录

分析中，我们应该重视如何从竞争的角度，来审视这个行业的共性问题。

（1）竞争对手

通常在同一行业内，我们仍可以按照产品的功能及对消费者的不同价值，进行进一步的品类划分。我们需要去理解，针对消费者的某一需求，行业中的不同产品的解决方案都是怎样的，各有怎样的优势。在诸多的解决方案间，并不一定都存在直接的竞争关系，但是，在寻找竞争对手时，解决方案的相似性却是一个最重要的决策因素。

在一个行业中，设计具有需求潜力的、独有的、难以模仿的解决方案，是赢得市场的重要方法；而面对行业中诸多成熟的解决方案，找到有价值的突破与差异的方向，是回避激烈竞争的主要手段，也是我们进行行业分析的重要目标。

（2）竞争力度

在不同的行业中，由于竞争者数量、产品的差异以及消费者的消费特征等因素不同，行业内的竞争力度也有所差异。如果一个行业出现下面这些情况，就可能导致非常激烈的竞争：

① 市场成长非常缓慢，且在这个行业中只有这一家公司想获得主导地位时，该公司必须从竞争对手那里抢夺市场份额。

② 行业内竞争者的规模大致相同，或者某一竞争者计划打垮竞争对手，此时行业的竞争比较激烈。

③ 行业生产的固定成本或存货成本非常高，此时，企业为了达到基本的销售量，会尽量争取较大市场份额，甚至不惜采用降价促销的方式。钢铁、汽车、电脑等行业就属于这种情况。

④ 行业的生产能力趋于过剩，此时，企业可能通过降低价格进行产品销售（降价销售），从而加剧市场竞争。

⑤ 行业的产品和服务差别较小，同质化程度高，此时，竞争基本上也将基于价格竞争而展开，很难保证消费者的忠诚度。

⑥ 行业中的企业由于某原因很难退出，或退出成本太高，此时，行业内可能因为过剩的生产力而发生激烈的竞争。

面对激烈的竞争，企业的市场行为及广告活动也应该在考虑竞争的激烈程度和竞争手段的基础上相应地进行调整。

思考要点记录

（3）竞争的角逐

一个行业的竞争状态可以从很多方面体现出来。例如，在竞争所覆盖的地理区域的层面上，可以看到从一线城市到二、三线城市，从东部地区到中部、西部地区等不同的竞争模式；从技术层面上，可以看到企业对产品差异化开发的关注，对品牌建设的重视；在经营策略的层面上，可以看到从市场的粗放经营到精耕细作的模式；在对消费者的挖掘层面上，可以看到企业对市场份额的争夺，或是不断地增加潜在消费者对行业的认知。

精读知识点 《蓝海战略》①

本书通过对跨度达100多年、涉及30多个产业的150个战略行动的研究，提出：要赢得明天，企业不能靠与对手竞争，而是要开创"蓝海"，即蕴含庞大需求的新市场空间，以走上增长之路。这种被称为"价值创新"的战略行动能够将新的需求释放出来，为企业和买方都创造巨大的价值，使企业彻底甩脱竞争对手。

训练 1 行业特征与广告策略要点

因为行业之间在特征和结构方面有很大差别，所以行业及竞争分析必须首先从整体上把握行业中最主要的经济特性。以下是了解某行业特征时我们需要关注的不同因素：

① 市场规模
② 竞争厂家的数量及相对规模
③ 市场增长速度
④ 行业在成长周期中所处的阶段
⑤ 购买者的数量及相对规模
⑥ 产业整合情况
⑦ 竞争角逐的范围
⑧ 主要的资源以及进入和退出市场的难度
⑨ 行业的盈利水平
⑩ 各方的议价能力

① W. 钱•金，勒妮•莫博涅. 蓝海战略：超越产业竞争开创全新市场[M]. 吉宓，译. 北京：商务印书馆，2005.

⑪ 竞争的主要方式

⑫ 产品更新速度

⑬ 行业中产品档次的空间

⑭ 产品购买的难度及所需要的信息量

⑮ 产品价格的高低

⑯ 错误消费的后果

⑰ 产品的品牌是否已经确立及是否可靠

⑱ 产品保质时间的长短

⑲ 产品的差异化程度

⑳ 行业中产品的主要销售季节

㉑ 行业中产品的价值点分布

㉒ 行业中产品的单位重量、体积

㉓ 行业的广告信息发布模式

㉔ 广告创新程度

㉕ 行业的空白处与危机处

㉖ 主要成功者的操作方式

■ 请参照这些因素，审视手机行业的行业特征。

■ 以上所整理出的行业重要特性，可能会在某种程度上决定一个品牌或产品的广告策略，尝试分析手机行业的特征，体会行业特征和广告策略要点间的关系（例如，手机行业的产品更新速度较快，主打产品的市场推广期有限，导致广告投放策略需要在主导产品上市前期和初期进行密集的多媒体渠道投放，以快速扩大影响力）。

训练 2　相似产品冲击行业概念

相似产品是指从消费者（交易）的角度看，当一项新产品的价格、功能（用途）和质量都近似于原产品时，一个理性的消费者会接受它作为原产品的替代品。

但是相似产品的界定边界是含糊的。如果产品的差异程度微小，我们会依据消费者的消费决策感受，将其模糊判定为相同产品；如果产品的差异程度较大，可以依据消费者的消费决策感受，将之模糊判定为相似产品。

相似产品若与原产品之间存在较大差异——例如，普通红茶绿茶粉冲泡的瓶装茶饮料与黑乌龙茶瓶装茶饮料，虽然它们是外形很相似、解渴功能相同的茶饮料，但因其产品原料的差异，各自在产品功能上也有所不同——在感受到消费者的决策判断差异后，我们可以确定其为相似产品，而不是相同产品。

因相似产品间差异的存在，有时也会带来行业或品类划分上的机会：

2008 年，可口可乐公司与雀巢公司合力推出了“原叶茶”饮料，“原叶茶”与普通茶饮料不同，它是 100% 用现代工艺对茶叶进行萃取制成的，不使用茶粉调制，产品色泽清澈透亮，口感带有鲜爽茶滋味，更贴合中国消费者对“茶”的理解。

可以说，原叶茶所归属的行业应该是（瓶装）茶饮料行业，但是，“原叶茶”与原有市场中的瓶装茶饮料“红茶”和“绿茶”等相比并不完全一样。在市场中，当绝大部分的茶饮料为茶粉冲泡的状况下，就会与真正由茶叶萃取的茶饮料形成鲜明的消费者认知区隔。“不使用茶粉”的产品差异点使得原叶茶获得了“相似品”的身份。

■ 请通过调研，分析说明“原叶茶”开辟“非茶粉冲泡”茶饮料新品类的可行性。

■ 如果开辟蓝海可行，非茶粉茶饮料的出现是否重新改写了茶饮料行业的格局?

训练 3 替代品关系形成竞争

替代品是指两种产品存在相互竞争的销售关系，即一种产品销售的增加会减少另一种产品的潜在销售量，反之亦然。

相同或相似产品，对消费者来讲是可以选择和替代的，对生产者和销售者来讲是具有竞争关系的。有的是因为相近品可形成替代；有的替代关系则与产品相近与否毫不相干，是因为功能的替代性导致的，如计算器与算盘。替代品又分为完全替代和不完全替代，完全替代意味着一种商品的问世会导致另一种商品逐渐销声匿迹，这种情况较为少见；而不完全替代则是我们经常可以见到的现象，如果汁饮料与瓶装饮用水之间的关系。

■ 请为下列品类的品牌寻找不完全替代关系的竞争产品：

蒙牛早餐奶——维维豆奶（例）	英雄钢笔——
Kindle 电子书阅读器——	金士顿 U 盘——
不二家棒棒糖——	飞鸽自行车——
碧浪洗衣粉——	佳能卡片相机——
曼可顿面包——	中国国际航空——

训练 4 创造和发现互补品的关系

“什么酒搭配什么菜？”这是饭桌上的消费者都应该关心的问题。同一个产地的葡萄酒和食物，由于具有相同的风土条件和长久累积形成的饮食习惯，往往都会磨合出最合适、最不易出错的搭配。然而，当葡萄酒离开了家乡来到中国时，就不免需要入乡随俗了。

传承了数千年、博大精深的中式菜肴对于外国酒商来说，常常难以通盘了解。通常他们首先会注意到上菜方式的不同：中式大桌菜通常是很多道菜一起出，同时将煎煮炒炸蒸炖焖煸等各种烹调方式的菜摆在桌上，根本无从预测用餐者的品尝顺序。其次需要关注的是中国餐桌上菜式的复杂度与完成度，中式菜繁复细致的烹调手法与讲究的汤汁酱料搭配，能让菜本身的味道十分完整平衡，没有留下多少余地给酒来发挥。

为此，首先需要打破的就是"红酒配红肉，白酒配白肉"的老思维；其次，我们也很难为每道菜配上合适的葡萄酒；最后，在中国菜的餐桌上，也绝不能像饮用白酒一样饮用葡萄酒。尽管如此，如果我们能够解决令人伤脑筋的葡萄酒与中国菜的搭配问题，葡萄酒也许会卖得更好。

■ 葡萄酒"求偶"中国菜。请思考葡萄酒在中国餐桌上有哪些互补品以及它的使用方式应是怎样的。

训练 5　手机拍摄取代卡片机？

如今，举着手机拍照的人随处可见。

2000 年，全球第一款拍照手机夏普 J-SH04 问世，由于其摄像头像素仅为 11 万，当时其拍照功能并未引起多大的市场效应。但是，自 2003 年夏普发布全球第一款搭载百万像素的手机 J-SH53 开始，拍照手机受到越来越多用户的青睐。同时其他厂商也开始将拍照功能作为拓展手机市场的新卖点。之后，100 万、200 万、300 万像素的手机开始涌现。发展至今，手机像素已经高达千万，甚至最高已达到 4 100 万。拍照手机在用户日常生活中的作用也开始凸显。

有数据显示，在日常拍照行为中，40.8% 的网民只使用手机拍照，居于主导地位。此外，值得关注的是，使用手机拍照次数多于数码相机的网民占比为 39.0%。可见，使用手机拍照已经成为越来越多网民的选择。

应该说，手机像素和拍摄画质的不断提升，是网民喜欢使用手机拍照的主要原因。而手机摄像头中镜头、传感器等元器件的改进，大大提升了手机照片的画质。光学变焦、防抖、暗拍等手机拍照技术的改进与提升，保证了用户在不同场景下使用手机拍照的成片质量。

智能手机时代的到来，加速了拍照手机的进化，同时也帮助其扩大了市场规模。智能手机随时随地上网分享的功能让手机拍照行为更加普遍、更加频繁。手机很有可能在几年内取代普通卡片机，成为拍照用户的首选甚至是唯一选择。

■ 阅读以上资料并思考，手机是否可以成为卡片机的替代品？

■ 在手机的拍照功能已经改变了消费者使用相机的拍照习惯的情况下，请为卡片机发现新的消费者需求，使卡片机具有更鲜明的不可替代的特性，从而继续拥有生存发展的机会。

训练 6 农夫山泉水溶 C100

中国饮料行业一向是快速消费品中竞争最为激烈也是最为惨烈的行业。谁能够满足消费者的需求，谁就能够在饮料市场获得成功并继续扩大市场。

水溶 C100 在诞生之初，着眼于国内尚属空白的柠檬汁品类，以象征时尚、高档的柠檬汁为诉求（西餐和高档场所出现），最终在中国消费者心中形成了具有当时主流产品无法替代的特性，避开了同质化的激烈竞争。通过新颖的包装、独特的口味、歧视性的定价、慢营销理念，走出了一条产品差异化的定位之路。

对时尚女性而言，适量补充维生素 C 是保持年轻活力、美容与增强免疫力的重要手段。2008 年夏，以“5 个半柠檬 C”作为广告卖点的水溶 C100 的上市，率先在中国市场开创了一个补维生素 C 的复合柠檬果汁的细分品类。因此，农夫山泉所推出的水溶 C100 横跨功能饮料和果汁饮料两大细分品类，拓展了消费者的需求，其细分品类很快得到了其他品牌的模仿。

作为市场的先入者，国内第一个柠檬汁产品水溶 C100 是成功的。在水溶 C100 取得不错的销售业绩后，娃哈哈“HELLO-C”、汇源“柠檬 ME”、天喔“C 满全能”等产品相继跟进，以每瓶低近 1 元的价格，向水溶 C100 发起挑战。尤其是娃哈哈“HELLO-C”，从产品名称到包装，俨然水溶 C100 的孪生姊妹。

■ 以水溶 C100 为代表的 Vc 复合果汁细分品类的界定较为清晰，产品功能与消费者群体的需求也较为一致。在这种情况下，请从品类共性的角度，思考及分析该细分品类拥有怎样的产品特性、营销环境和竞争状态。

3. 行业成功的关键因素

思考与讨论 行业成功的关键因素

思考要点记录

题目陈述

每个行业都有其成功的关键因素，某企业或品牌会因为在关键因素方

思考要点记录

面成功的作为，使得其企业或品牌具有良好的市场发展状态与前景。有哪些便利方法使我们能够更准确地探知某行业成功所必须拥有的关键因素？对于很多行业来说，当探知“品牌与广告”属于行业成功的关键因素后，是否还必须进一步探知此关键因素背后具体的操作规则？对我们的营销传播活动来说，除了“品牌与广告”外，还有哪些关键因素具有操作价值？

背景知识

策划人员可以通过识别行业内成功的关键要素来简化行业分析，然后再利用这些关键要素对那些特别重要的问题进行集中讨论，特别是当那些重要问题可以与营销传播活动产生关联时。

环境变化愈频繁，能生存下来的竞争者就愈少。不同的产业、不同的发展阶段，各竞争因素的重要程度不同。关键的竞争变量越少，竞争者的数量也就越少。如果关键因素只有一个，那么最多只有两三个竞争者能够生存下来。

不同行业的竞争关键要素会体现在从原材料到售后服务等不同的因素上。例如电梯行业，没有人有耐心在发生故障的电梯里等几个小时。因此，一旦有公司决定进入这个行业，就自然有义务建立和维持花销巨大的服务网络，可以说，这是进入该市场的一项固定的费用。因此服务成本就成了电梯公司利润率的关键。我们可以用同样的角度来研究化妆品行业、食品行业等，从中发掘这些行业成功的基本因素。对于很多行业来说，营销传播、品牌建设的方式与技巧也会成为其成功的基本因素。在一个行业中，分析一个品牌是如何获得成功的，特别是在营销传播的环节，可以发现经验、调研及资料所提炼出的因素具有以下特点：

① 这些因素是符合行业条件及规律的；

② 这些因素是该行业品牌获得成功的经验性路径；

③ 这些因素对于希望再次获得成功的品牌来说，或许是可以借鉴的。

精读知识点 行业特征影响广告策略

一个行业内产品的用途、价位、风格等与生俱来的固有特质，将使得消费者在消费这种产品时，往往具备特定的心理模式和行为模式。这个问题提示我们，行业特征、产品特质将会与消费者的购买心理、购买决策与行为模式紧密相关，因而也就与针对消费者所制定的广告策略紧密相关。

一个行业产品的价位，将影响到消费者在购物决策过程中的信息卷入程度；一个行业产品的保质期或更换频率，决定着消费者的重购间隔；一个行业产品的需求特点，将决定其被购买时的情景。例如，一部分家电的购买是因为旧家电的损坏，在这种情况下，新家电的采购将在一个比较短的时间内完成，其信息卷入并不非常充分，与耐用品的高卷入状况并不十分相符。类似的因素有很多种，这里不需多作列举，但是这些产品特质，都将最终影响到对这个行业广告策略的决策。

不同行业的广告惯用模式具有一定的差异。这些差异的产生大多取决于企业所共同组成的行业环境特征、竞争模式、品牌分布和地位、产品特质，以及消费者习惯等因素，从而导致其广告策略的不同。由于广告活动中千变万化的创意与方案源自广告策略的要求，所以我们可以看到，丰富多彩的广告创意与方案在不同行业中的应用是有所侧重的。

行业特征对广告策略制定的影响，多产生于以下若干环节中：

（1）行业特征可以凸显产品推广规则、产品差异化推进的节奏以及诉求点；

（2）对行业内强大的竞争对手，可以有针对性地捕捉其在地域、信息推广以及公关等各方面的弱点；

（3）面对行业内强大的竞争对手，可以非常有针对性地捕捉其在定位上的差异；

（4）行业竞争强度的发展趋势，决定了市场开发的速度与广告投放的强度；

（5）行业间市场的共通性，决定了企业的竞争对手可以是相近行业中的企业；

（6）行业内分销渠道的模式，决定了在企业的广告受众中，经销商和零售商的重要地位；

（7）行业竞争者的数量多少，决定了企业的市场行为和广告行为的保守程度；

（8）行业中产品种类和数量的丰富程度，一定程度上能影响消费者的议价能力，以此可以决定对消费者渗透信息的力度和角度；

（9）行业的后向整合程度，决定了广告有效利用自建专卖店这一传播渠道的重要意义；

（10）行业所处的生命周期状态，决定了企业市场的目的和策略。

训练 1 感冒类（非处方）药品行业的成功关键因素

我国有 75% 的人每年至少患一次感冒，也就是说每年有近 10 亿人至少需用一次感冒药物。在国家食品药品监督管理局公布的第一批 OTC 药品目录中，感冒、呼吸道药品多达 83 种。感冒药是 OTC 药品市场上竞争最为激烈的领域之一，有上千家企业竞相角逐，但绝大部分市场份额由人们耳熟能详的十几个品牌所控制。尽管目前我国感冒药市场竞争几近惨烈，但由于该类药品市场空间巨大、技术门槛较低和利润回报丰厚，仍刺激着众多企业趋之若鹜。

■ 请利用调研与资料，分析感冒类（非处方）药品行业的成功关键因素都有哪些？

■ 请分析说明，有哪些成功的关键因素是在营销传播活动中必须关注的？

■ 请分析说明，除了在该行业以往经验的基础上所探知的成功关键因素之外，你还有无关于成功关键因素的创新发现？

训练 2 成功的关键因素会发生变化

决定竞争的诸多因素经常会发生变化。最常见的例子是，随着市场的逐步成熟，成本以及价格因素往往变得十分重要。另外，技术革新也可以加重竞争的变异性，正如 20 世纪 60 年代的冲印市场，从分批处理发展到流水线生产。成功的关键要素对于行业中的所有重要组织都具有普遍意义，并且公司之间不存在差别。

2008 年，三鹿奶粉事件令中国乳业遭受了巨大损失，国产乳制品声誉扫地，消费市场受到了严重打击。而后国内乳品加工企业致力于培育高端消费人群，开发高端乳制品市场，不断创立新规格的牛奶，高档包装，高价位，以产品的多元化来扩大消费者的消费机会、重新培养对某一规格的信赖；再以高投入打造优质奶源，并以高价格把产品卖给消费者，这就是通常所讲的“高投入、高产出”的产业发展模式。到目前为止，乳品企业采取的高端品牌市场营销策略是成功的，因为近几年来国内乳品市场的增长主要是高端品牌的增长，乳品企业之间的竞争主要是高端市场的竞争。

然而，随着中新自由贸易协定和中澳自由贸易协定的签署，以及对美国、欧盟等主要经济体高度开放的奶业政策，不仅洋奶粉在国内市场份额不断扩大，而且常温奶，甚至是低温奶也正在源源不断地进入国内市场。与洋品牌相比，国内的高端品牌的竞争力到底如何？这还需要时间和市场的验证。国内乳品企业培育出来的高端市场可能会被洋品牌蚕食。另外，“高投入、高产出”的产业发展模式可能会在国际竞争中丧失比较优势。因而，在完全开放的市场条件下，国内高端品牌在国际竞争中将处于不利地位。

行业是在不断面临着变革推动力的，而变革也会因此而随时发生。在探知行业成功的关键因素时，2015 年之前的企业市场发展模式与之后的就可能存在巨大的不同。在此类转折点上，我们格外需要拥有发现成功因素的视野。

■ 请整理国外奶制品大量进入国内市场前的牛奶市场成功的关键因素。

■ 请针对近期（或未来）市场，整理牛奶市场成功的关键因素。

■ 总结你得出两部分结论时所用的方法。

训练3 创意性地发现成功因素

啤酒行业危机，打败自己的只有自己

2014年，啤酒业出现了行业连续24年增长后的首次负增长，下滑了0.96%。2014年国内啤酒产量完成了4 921.9万千升，相比2013年下降了0.96%，饮料酒中，啤酒是唯一出现下滑的酒种，而数据显示，2015年1—3月份全国啤酒产量为1 052.91万千升，同比减少2.18%，形势相当不乐观。

业界将导致啤酒销量下降的客观因素归结为：2014年旺季气候偏凉；经济大环境、政策限制“三公消费”、替代品的影响，如中低端白酒、葡萄酒和预调酒的影响；而将主观不利因素归结为：低廉的产品和包装形式，这不利于日益增长的非现饮渠道及其消费行为。

但是，这些可能因素并非都是核心因素。

从客观上看：第一，天气会影响啤酒销售，但最多是区域销售增长变缓，不可能出现行业基本面的下滑，另外，青岛和百威都分别实现了5.2%和6.3%的增长，难以说明下滑是由天气原因导致的。第二是政策如限制“三公”、酒驾入刑等，前者对啤酒销售基本没有影响，后者在酒驾入刑前期有短期的影响，后期影响非常小。第三是预调酒等替代品的影响，至少现在来看，预调酒100多亿的规模不可能对啤酒构成任何实质性的威胁。

从主观上看：随着互联网、移动互联网的发展，消费者本身和其购物行为发生了很大变化，渠道结构、对产品的期望、饮用场所都发生了很大的变化。如果啤酒还是那个啤酒，包装形式还是那个包装形式，当然会被消费者抛弃了。

啤酒行业同样也处在不同的发展变化之中。对于啤酒行业成功的关键因素，我们不可以仅仅分析既有资料与他人观点，相信市场与行业并不能够对很多行业现象都拥有那么正确、清晰、完整的了解，我们只有深入到相关联的现象与规律中，才能创意性地去探知真相。[①]

■ 在新媒体、新市场环境下，啤酒行业成功的关键因素是什么？

训练4 本行业的广告运作惯例

在很多行业中，企业在广告投放量、媒体选择模式、品牌形象、主要广告形式的选择、促销原则、诉求方式的选择等方面，逐渐趋于一致。我们认为这种状态的存在是有其合理性的，它来源于行业发展中企业所必须面对的共性基本面。例如，近几年在一些行业中普遍存在一个营销传播难题，就是消费者的信赖缺失问题，在此基础上消费者拒绝媒体广告的沟通，并对广告信息心存反感。

---

① 资料来源：《销售与市场》，http：//www.cmmo.cn/article-190971-1.html。

我们需要对同行业内所形成的相近广告策略模式有所了解和认识。同行业的广告策略模式，为我们提示出基于过去和现在的企业市场营销传播行为。其中，既有不断被老调重弹的策略、方法，也有随时出现的广告策略的创新，对于这些，我们更为关心的应该是那些适合于行业状况和市场状态的策略与方法，这些策略和方法通常会在首次被执行后，继续获得重复操作的机会，并为企业带回良好的市场回报。

事实上，近年来常被关注的一些广告推广方法，例如社交网站灌水、网络视频的病毒营销、电视广告的品牌形象建设、赛事或体育明星代言活动、借助社会活动的大事件营销，以及频繁而激烈的终端拦截等，都在企业间被竞相模仿，造成广告效果有限。

行业期待在共性基础上，不断出现广告策略与方法的创新，为行业发展带来了新的机会与突破。

■ 请选择一个你感兴趣的行业。收集该行业的资料，说明该行业在广告运作中，常用手法与规则都有哪些。

■ 请分析这些手法与规则背后的原因，并说明它们的合理性。

■ 请指出你认为新颖的、进阶版的广告推广方法，或者对现有广告推广方法具有创新、改革效果的一些方法。请讨论其合理性。

4. 竞争分析的基础

精读知识点 《竞争战略》①

波特在《竞争战略》中提出了三种卓有成效的竞争战略：总成本领先战略、差异化战略和集中战略，并对这三种通用战略实施的要求进行了详细的阐述与分析。

阅读分析

竞争分析的SWOT模型

SWOT竞争分析模型是经常出现在广告策划书中的竞争分析方法。它是20世纪80年

① 迈克尔·波特. 竞争战略[M]. 陈丽芳，译. 北京：中信出版社，2014.

代初期出现在美国的分析模型，是一种企业战略分析方法，即根据企业自身的既定内在条件进行分析，找出企业的优势、劣势及核心竞争力所在。在模型中S代表strength（优势），W代表weakness（弱势），O代表opportunity（机会），T代表threat（威胁），其中，S、W是内部因素，O、T是外部因素。按照企业竞争战略的完整概念，战略应是一个企业"能够做的"（即组织的强项和弱项）和"可能做的"（即环境的机会和威胁）之间的有机组合。（如下图）

图 6-1　SWOT 模型示意图

SWOT分析法本质上只是在环境与企业战略之间起到转换作用，它能够帮助我们理清竞争分析的思路，清晰地勾画出决策与竞争环境现实问题之间的关系。在SWOT分析中，优势与劣势都是企业相对竞争对手而言的；而机会则来自竞争对手的劣势，威胁来自竞争对手的优势。SWOT的分析结果其实恰恰体现为竞争战略：有机会但是劣势时，采用防御手段；有机会恰是优势时，采用进攻手段；有优势但是威胁时，就迂回处理；有劣势且有威胁时，必须迅速逃离。

SWOT分析模型在使用时切忌简单套用。如果仅仅将SWOT分析当作填表作业，当作竞争分析的模板，那么此分析模型的价值就难以彻底体现出来。

- 你认为在什么情况下，广告策划案中需要使用竞争的SWOT分析？
- 查阅相关资料，分析说明是不是每个策划案都需要使用SWOT分析？为什么？
- SWOT分析的主体是本企业或品牌，它的参照对象是谁？
- 你认为竞争分析的SWOT模型是否已经过时？

思考与讨论 1　个性视角：发现优势与机会

思考要点记录

题目陈述

在广告策划中，竞争分析的要点是什么？请谈谈你的理解。

思考要点记录

背景知识

在广告策划的工作环节中，分析竞争问题的目的，就在于广告活动并不单单意味着建立产品和消费者之间的接受和被接受的关系，还意味着必须在营销的平台上，根据彼此的条件与资源，从相对于竞争对手的优势地位的角度，来决定企业的市场反应策略并确立其与消费者的沟通内容与方式。

与行业分析中所重点关注的行业共性与模式等问题相比，竞争分析的着眼点更倾向于对竞争者或者博弈的分析，是建立在行业共同的市场模式、市场行为原则等基础上的。

从个体与个体之间的视角探知品牌或产品间的竞争优势与机会，是竞争分析最重要的着眼点。在进行竞争分析的过程中，以下内容也是非常有必要关注的：

① 竞争对手的现行战略；

② 竞争对手的未来目标；

③ 竞争实力分析；

④ 对竞争对手的实战行为规则与推断。

思考与讨论 2 以竞争对手为主导的策略

题目陈述

思考要点记录

消费者导向的广告方案与竞争导向的广告方案之间的本质区别是什么？请谈谈你的理解。

背景知识

“消费者导向”和“竞争导向”成为广告策略决策过程的两种不同的操作模式。采用“消费者导向”策略的公司，更注重对消费者的研究和开发，例如，投入更多的精力，去研究增长很快的细分市场，或者关心某细分市场中消费者行为的变化等等。“消费者导向”常常引导企业通过观察消费者需求的演变，在接近和满足消费者需求的过程中，决定何种消费者群和需要才是最重要的服务对象，从而发展出相应的市场策略及广告策略。显然，“消费者导向”的广告策略方案可以帮助企业发现新的市场机会，并建立其长期获利的策略。

思考要点记录

使用“竞争导向”策略的企业往往会根据竞争对手的市场举措及变动，如新的诉求、新产品开发、广告投放策略以及广告费用支出等，来审视市场的形势，并完成竞争对策的设定，形成相应的广告策略。采用竞争导向的策略决策模式，可以在动态的竞争中，在市场角逐的各个层面，利用各种动态机会，获取不输于甚至压倒竞争对手的地位；同时，在帮助自身产品实现市场定位，提高自身产品的差异化程度，采用更有效的沟通手段等方面，都能获得良好的效果。

在今天的全球市场中，“竞争导向”的应用很广泛，此方法在广告策略决策中固然重要，但是，“竞争导向”中很多事情都取决于竞争者，故无法按照自己预先确定的方向，向着自己的目标走下去，最终不知何处才是终点；而在“消费者导向”策略的执行中，也必然离不开对竞争问题的关注。为此，企业不应该将重点过分集中于竞争者身上，而是需要在“竞争导向”和“消费者导向”这两者之间找到一个好的平衡点。

训练 1 三星手机的竞争地位

竞争地位是指企业在目标市场中所占据的位置，它是企业规划竞争战略的重要依据。

企业的竞争地位不同，其竞争战略也不同。竞争地位并不是一成不变的，企业获得的市场竞争优劣势，决定了各个竞争对手的市场地位。竞争对手的地位可以被划分为四大类：市场领袖、市场挑战者、市场追随者和获取市场利基者。

在市场运作中，不同地位、角色的市场竞争者会采取不同的竞争举措和竞争策略：

① 市场领袖应持谨言慎行的态度，提防挑战者，并寻找机会扩大市场利益。其最佳战略是：首先，扩大主体行业的市场销量；其次，以弹性的攻防战保护已有的市场占有率；最后，在主体市场规模扩张的过程中，努力追求市场占有率。

② 市场挑战者可以进攻市场领袖，也可以进攻或模仿市场追随者或市场利基者。

③ 市场追随者或贴身追随市场领袖，或采用具有相对差异性的思路，进行有距离的追随。

④ 获取市场利基者或需要发展特定的产品，再度寻找市场专业化，或强化自己市场的安全性。

⑤ 如果在竞争地位相差悬殊的条件下，与行业的领袖争夺同一品类产品的市场，或进入该市场时，弱势企业需要面对最主要的竞争对手，应努力寻找其现有市场的空缺所

在，以寻求强势企业控制下的市场空间。

对行业内企业的市场地位的认识，可以帮助广告策划人员确定广告策略和广告行为的模式及范围。

■ 请分析本年度三星手机在智能手机市场中的竞争地位。

■ 请适当陈述你的判断依据。

训练 2　创新的竞争手段与广告策略

竞争者要想生存并发展，就必须具备有别于其他竞争对手的独特优势，这些优势是由特定的时间、地点、产品和顾客组合而成的。现有竞争对手之间的抗衡通常采取诸如价格竞争、广告战、产品介绍，以及增加客户服务项目等常见形式。

为此，企业可以通过以下方式拓展自己的竞争能力，并使之与广告运作相配合，最大限度地发挥广告活动的市场营销辅助功能：

① 发现和诉求技术进步的方向，开发或推广新产品和新技术；

② 探索替代品的发展方向，夺取替代品的市场；

③ 争取互补品的优势，采用联盟或合作的方式设计市场推广方案；

④ 用诉求价格（成本）的方式获得市场利益；

⑤ 拓展新的细分市场；

⑥ 获得产品的独特性（差异性）并进行诉求；

⑦ 建设产品独特的品牌形象；

⑧ 用快速渗透或慢速渗透的市场推广策略，拓展市场占有率；

⑨ 创新品类，引领消费者进入本企业发现的市场。

在此基础上我们可以发现，广阔视野下的竞争手段可以大大拓展广告策略的方向。

■ 优衣库（UNIQLO）的使命是以合理可信的价格，持续提供任何时候、任何地点、任何人都能穿着的，具备时尚要素、高品质的基本款休闲服。优衣库在中国市场中面临着激烈的竞争，其竞争对手为以快时尚为代表的 H&M、ZARA 等品牌。与 H&M、ZARA 等同类品牌相比，优衣库最大的特点就是它的“基本款”概念，易搭配、价格合理且高品质的特点是其品牌竞争力的关键。面对快时尚服装品牌的激烈竞争，优衣库是否能以其产品“基本款”的特点，获得竞争优势？请通过分析优衣库与其竞争者 H&M、ZARA 等的产品差异及优劣势来加以确认。

■ 如果优衣库确认必须针对其竞争品牌者 H&M、ZARA 等获得竞争优势，请问广告

策略可以从哪些方面展开？（例如，拓展“快时尚”的概念细分；利用互补品的优势等）

训练3 益达与乐天的追逐

在市场中，一些企业会高度关注并追逐竞争对手的广告策略，并以此为本品牌或产品的广告活动的策略主导。

例如，伴随着中国口香糖市场的成熟，箭牌早已经成长为拥有口香糖市场高覆盖率的大品牌。

2001年，日本乐天将“木糖醇”概念带入中国，木糖醇是从白桦树和橡树等植物中提取出来的一种天然植物甜味剂，口感和蔗糖一样甜，且不会产生引发龋齿的酸性物质，所以具有预防龋齿的作用。木糖醇的意义在于它在“防蛀健齿”方面的强大功能，是口香糖市场的划时代产品。

随后，乐天出台了一系列在市场上推广木糖醇新产品的举措，短短两年内，绿箭固若金汤的口香糖市场硬是被乐天拿下了百分之二十多的市场份额。

2003年9月，箭牌推出了自己的益达木糖醇无糖口香糖。益达在价格等方面紧贴乐天，并利用庞大的广告费宣传益达木糖醇的领导品牌地位，宣称益达木糖醇口香糖的防龋作用早在1996年就得到了世界牙科联盟（FDI）的认证。市场领导品牌拥有的好处是即使它比竞争对手晚推出新产品，也可以后来居上，借助人们对品牌的信任，抢先抵达消费者的内心。

益达的追逐可谓正当时，在乐天还未完全占据市场的时候，益达依靠更大规模的广告和营销推广费用，将整个木糖醇口香糖市场纳入囊中。面对新锐的市场挑战者，先同质化竞争对手，再进一步利用庞大的资本和网络优势将其覆盖，箭牌最终使益达成功成为这个细分品类市场的霸主。

■ 搜集产品资料，分析说明为什么绿箭要高投入追逐并拦截乐天木糖醇的市场拓展，而不是努力凭借自己的原有产品保有市场份额？

■ 益达对乐天的追逐策略，使得益达那段时期的营销传播活动必然紧贴乐天的市场意图与传播手段，对其重要举动做出针对性的反应。请陈述你对此类广告策划活动实质的理解。

■ 益达后来者居上的原因是什么？

■ 如果追逐者并不具有在行业中的领袖地位，通过贴近竞争对手的市场举措所展开的营销传播活动，能够得到什么？

训练 4　立邦与多乐士的紧贴与创新

1992 年，立时集团及所属立邦漆产品进入中国市场，并利用先发优势布局国内市场，获得快速发展。而多乐士所属公司与中国的渊源悠久，多乐士凭借公司雄厚的整体实力，发力追赶。

立邦与多乐士的竞争多年来一直互相紧贴，曾经的“多效合一”、色彩体系、安全、味道、刷新服务等，都被落实在这两个墙面漆品牌的市场追逐之间，两个品牌以差异化的诉求初衷，得到的是同质化的消费者认知结果，最终使得消费者难以分辨两个品牌各自在多项概念及服务上的差异。但是，立邦与多乐士作为墙面漆市场中的两个拥有巨大市场份额的品牌，又难以从紧贴式的竞争局面中脱身出来。

■ 此时对两个品牌来说，先创新者获先机优势。你能为立邦设计一些不同于以往的新的竞争方向吗？（例如，针对家庭墙面喷绘 DIY 需求等）

■ 你认为立邦为了拉开与多乐士的距离，在产品、服务规划及营销传播策略、手段等方面应该注意哪些问题？请尽量拿出详细的方案。

训练 5　监测竞争对手的广告活动

随着信息传播手段的日益多元化，通过广告等途径吸引消费者成为企业竞争的重要手段。对竞争的活动进行监测，应该包括对竞争对手广告发布的关注。具体的广告监测内容包括：

① 竞争对手广告之目标消费者群的状态及变化；

② 竞争对手广告投放量的变化；

③ 竞争对手广告投放媒体组合的特点和变化；

④ 竞争对手广告投放排期的安排；

⑤ 竞争对手广告定位的变化；

⑥ 竞争对手广告诉求重点、传播信息的变化；

⑦ 竞争对手广告作品风格的变化；

⑧ 竞争对手广告作品更换的频率；

⑨ 竞争对手代言人的更换；

⑩ 竞争对手广告给其消费者带来的实际印象，等等。

对竞争对手进行常规监测的过程中，在确保资料的准确性和有效性的同时，还要最大限度地发挥资料的价值，深挖资料背后的本质问题，企业不但需要跟进竞争对手的策略、了解其目的，还要把握住竞争对手在营销传播过程中的成功关键因素。不同行业、不同企业获得成功的方式是不一样的，在营销传播策略与技术层面，竞争对手的经验可以为获取营销传播优势提供新视角。

■ 请描述王老吉凉茶的上一年度的广告活动状态；

■ 请描述王老吉凉茶广告活动的阶段性特征。（针对难以获得的数据，可做适当估算或模糊处理）

5. 识别竞争对手

精读知识点 《竞争对手分析》①

进行竞争对手分析的目的是通过了解竞争对手的信息，获知竞争对手的发展策略以及行动，以做出最适当的应对。本书从讨论竞争对手分析的理论基础开始，着重从进攻和防守两个角度考察竞争战略，并对行业进行分析，且辅助于案例。

训练 1 竞争对手与消费者需求关联

发现竞争对手的过程，通常是去发现品牌和产品对同一消费者群 / 市场进行争夺的过程。

首先，站在企业的角度界定竞争对手，往往需要发现有哪些品牌和产品正在与本企业的产品争夺同一目标消费者群体，并且与本企业的实力相当，或其市场份额对本企业来说很重要。

其次，当站在消费者的角度来界定竞争对手时，则需要了解消费者在选购产品时，为解决自己某一方面的需求，通常在哪些品牌和产品之间作选择，并且被选择者与本企业的实力相当，或其市场份额对本企业来说很重要。

对竞争对手的分类方法多种多样，其中一种重要的分类方法，是将竞争对手首先区分为现实竞争对手和潜在竞争对手，其中，最受关注的现实竞争对手可以分为三类：

① 詹斯特・赫西. 竞争对手分析[M]. 高文瑾，译. 北京：经济科学出版社，2004.

① 直接竞争对手：产品相同且满足同一目标用户群体的需求。

② 间接竞争对手：产品可能不同，但是目标用户群一致。

③ 替代性竞争对手：目标用户群一致，产品或服务具有较大的优势，能够替代竞争对手。

目标消费者群体的一致与否是决定不同品牌和产品是否具有竞争关系的关键因素。抉择竞争对手的方法，在于锁定目标消费者群体，了解这些消费者群体的需求及其设定的满足需求的方案是怎样的。因此，界定竞争对手的重点，在于从消费者的需求出发，去发现发生在消费者心中的竞争，并通过各类市场指标将竞争状态描述出来，这样所展示的就是当前的竞争对手和市场竞争局面。

竞争关系通常确立在消费者对自己需求的解决方案的决策过程中，并不需要把是否隶属于同一个行业、同一个品类作为判定竞争关系是否具备的条件。在一个时间段内，在一个市场的地域范围中，甚至在一个策略方案中，我们需要设定清晰的竞争目标，如锁定产品的某个差异特点，或因某个消费者的独特需求而设定某品牌或产品为竞争对手，而不要泛泛地对一个行业中的其他主要品牌进行普遍性竞争陈述。

■ 请根据当前的市场状况及消费者需求的状况，梳理笔记本电脑、超级本、平板电脑、台式电脑之间的竞争关系状态。

■ 请根据当前的市场状况及消费者需求的状况，梳理单反相机、卡片机、微单、手机自带相机之间的竞争关系状态。

■ 请判断，在以上两个行业（个人电脑和相机）中，各自不同品类间是否在同等程度上都构成了竞争关系？消费者的需求在本判定中扮演了什么样的角色？

训练 2　竞争对手与广告任务关联

在提供了方便冲调的速溶咖啡产品之外，雀巢和麦斯威尔都为咖啡爱好者提供了冰咖啡产品。传统的冲调咖啡必须用热水才能调制，因此在传统观念里咖啡属于热饮，不适合夏天饮用。所以，夏季相对于其他季节来说，是咖啡销售的淡季。因此，能够用冷水直接冲调的冰咖啡成为夏季咖啡消费的重要产品。

麦斯威尔冰咖啡的竞争对手是谁？按照常规的思路，雀巢冰咖啡应该是当仁不让的。但是，广告策略的任务设定与竞争对手的锁定是紧密关联的。广告策略中广告任务设定的差异，往往取决于竞争对手的巨大差异。

■ 如果广告策略任务设定为“获取更高的冰咖啡市场份额”，其竞争对手应如何选择（指明品类与该品类的代表性品牌，以下同）？

■ 如果广告策略任务设定为“确立夏季冷饮的新饮用习惯”，其竞争对手应如何选择?

■ 如果广告策略任务设定为“明确夏日下午茶点伴侣的定位”，其竞争对手应如何选择?

■ 如果广告策略任务设定为“确立冰咖啡在年轻人群中的时尚定位”，其竞争对手应如何选择?

训练3 从个体方式识别竞争对手

题目陈述

从个体的角度确立竞争对手，可以观察以下几个方面的内容，以明确行业中其他企业对本企业所造成威胁的程度：

① 消费者群体的相似程度，相似程度越高，越易构成竞争；

② 产品功能、档次、包装容量等相似程度，相似程度越高，越易构成竞争；

③ 市场占有率相近程度，相近程度越高，越易构成竞争；

④ 关键技术的相似程度，相似程度越高，越易构成竞争；

⑤ 地域覆盖范围的相似程度，相似程度越高，越易构成竞争；

⑥ 未来发展方向的相似程度，相似程度越高，越易构成竞争；

⑦ 对相关行业的替代品进行锁定，以此为竞争对手，可以扩大本行业的市场规模。

可以通过一一比较来进行判断，明确竞争关系，判断出竞争重点与本企业发展方向相一致的对手。在市场中，可以有针对性地采取市场策略和广告策略，与竞争对手争夺市场份额，或争取产品的市场优势。

■ 请指出蒙牛特仑苏的竞争对手；

■ 请根据上文说明原因。

训练4 从群体方式识别竞争对手

题目陈述

在一些规模较大或较复杂的战略决策中，竞争对手常常并不明朗；或者竞争对手会随着企业的市场选择和定位而调整，这时我们需要通过确定竞争的关键要素，划分战略集团来对竞争者进行整体分析。

大多数行业都包含着由关系紧密的竞争者所组成的战略群，这些战略群体所涵盖的成员，大都遵循同一种或非常相似的市场战略。使用划分竞争战略群的方法，一方面可以使我们明确主要竞争者的战略动向和战略地位；另一方面，则可以使我们寻找到市场中的战略空档。

在进行战略群的分析时，我们可以采用下面的战略群分析过程：

① 识别能够区分出不同战略群的竞争性的特征，如地理区域、产品范围、产品质量、价格范围、顾客特点等，并从中识别出最为重要的两个独立变量；

② 用两个变量画出双变量图；

③ 利用两个变量，一一分析那些竞争者在双变量图中的位置；

④ 把单个的竞争者的位置一一标注到双变量图上；

⑤ 以战略群或聚集的竞争者为中心画圆，半径长度表示竞争者或战略群的交易额。

■ 冰淇淋市场的企业数量多，品牌状况复杂，也适宜用划分战略群的方式去发现同行业的竞争者及其竞争关系的状态。请先花一些时间查找资料并走访超市，初步了解冰淇淋市场的品牌、销售与价位情况；

■ 以“地区的覆盖”及“价格档次”为双变量，完成战略群的划分。将图示标在下面。

■ 请标出“宏宝莱”品牌的位置，它最直接的竞争对手是谁？

■ 如果“宏宝莱”的市场策略（涉及市场覆盖地域或档次）发生变化，其竞争对手可能会发生怎样的变化？

■ 冰淇淋市场有空白点吗？请在图中标示出来。

训练 5　从消费者洞察识别竞争对手

消费者洞察注重通过多种方法、多个角度的深度探索，来感知消费者在认知、态度与购买决策心理过程中的关键点，也就是常说的“心灵按钮”。这个“心灵按钮”是为产品所设定的消费者需求理由，它从消费者的角度出发，在一定程度上忽视产品所属的行业、品类等的限制。通过对消费者的洞察，可以发现其产品需求的内容与方向，从而为产品锁定竞争对手。这些通过洞察锁定的竞争对手并不一定来自于本行业或本品类，而很可能来自于同样能满足消费者某方面需求的行业、品类的竞争对手。

例如，一个快餐品牌被需要的理由，可能是它的就餐场所提供了年轻朋友聚会的机会，以此锁定的快餐品牌竞争对手可能是咖啡店；一瓶果汁饮料被需要的理由，可能是因为消费者在消费水果时，还必须承担购买、储藏、削皮等繁复的任务，所以果汁饮料成为方便食用水果的替代。这时，消费者洞察可以告诉广告策划人员，在同样的消费者需求的理由下，竞争对手应该属于哪些行业 / 品类，继而锁定哪些品牌。

■ 请通过消费者洞察，找出“桂格”即时麦片的竞争对手。

■ 请通过消费者调查，找出“乐事”薯片的竞争对手。

■ 请通过消费者调查，找出“舒肤佳”香皂的竞争对手。

训练 6 针对潜在竞争对手

潜在竞争对手是指暂时对企业不构成威胁但具有潜在威胁的竞争对手。潜在竞争对手的威胁的大小，取决于进入行业的障碍程度以及行业内部现有企业的反应程度。入侵障碍主要存在于六个方面，即规模经济、品牌忠诚、资金要求、分销渠道、政府限制及其他方面的障碍（如专利等）。

由于我们无法准确地把握未来可能发生的事情，因此，我们需要依据竞争对手的可能性，在潜在竞争对手可能是哪几个品牌、潜在竞争对手的竞争规模以及潜在竞争对手的优势等几个方面予以评估。

对于某些行业而言，由于新的市场区隔压力小、行业利润高、新技术新产品潜力大、行业上下游产业链发展等原因，因此市场会在某个较短时间段涌入较多竞争对手，为避免风险，企业可尝试使用广告的方式，增加潜在竞争对手入侵的障碍。

■ 淘宝网和天猫网在一起共同形成最有影响力的综合类 C2C 及 B2C 网络零售平台。请分析淘宝网及天猫网（对两个品牌可同时考察）的竞争对手都有哪些品牌？

■ 依托 QQ 微信平台的“微店”是否是淘宝的潜在竞争对手？请分析说明你的判断。

■ 请罗列出淘宝针对潜在竞争对手的压力所应该采取的措施。

训练 7 永和（豆浆粉）的竞争对手

永和（豆浆粉）作为冲泡豆浆的产品，它的市场竞争必然与豆浆或豆奶饮料行业中的其他主要品牌相关，例如，维维、黑牛等。但是，在广告策略的竞争分析中，永和（豆浆粉）的竞争对手是否必然会局限在维维和黑牛身上呢？

■ 请调研本行业、产品和消费者，了解其现状。

■ 永和（豆浆粉）可以与早餐奶的代表品牌成为竞争对手吗？如果可以，是什么情况会导致这种竞争关系的存在？如果不可以，为什么？

■ 永和（豆浆粉）可以与即冲咖啡的代表品牌成为竞争对手吗？如果可以，是什么情况会导致这种竞争关系的存在？如果不可以，为什么？

■ 永和（豆浆粉）可以与瓶装饮用水的代表品牌成为竞争对手吗？如果可以，是什么情况会导致这种竞争关系的存在？如果不可以，为什么？

■ 顺着你的思路，为永和豆浆选择竞争对手；并说出你的原因。

6. 合作与突破

精读知识点 《合作竞争：博弈论战略正在改变商业游戏》①

企业在竞争中的冲突难以避免，但商业也离不开合作。本书在博弈论的基础上探索充满活力和不断进化的市场，传统经济学认为市场各元素是相对固定的，而信息时代的商业，买方、卖方以及各市场的参与者常常扮演着多重角色。本书通过经典案例阐释了合作竞争的精髓。

思考与讨论 1 跨行业的竞争与合作状态

思考要点记录

对于消费者来说，常常同时会有不同的行业的产品能够满足他的需求。例如，一个消费者在外出口渴时，可以选择茶饮料、碳酸饮料、液态奶、瓶装水等产品，其中任意一款产品都可以满足他的需求。在另外一种情况下，消费者在购买了一种产品后，必须再购买另外一种或几种产品，才能满足其需求。例如，消费者在购买了茶叶后，必须配以茶壶、茶杯及水壶，才能最后饮用到茶水。

这时我们发现，产品为消费者需求所提供的解决方案是多种多样的，我们必须关注在不同行业或品类的产品之间，可能会存在功能相互完全替代、不完全替代或功能互补等情况，这为行业间的市场竞争与合作带来了新的视角与解决方案。

① 拜瑞·J·内勒巴夫. 合作竞争：博弈论战略正在改变商业游戏[M].王煜全，等，译.合肥：安徽人民出版社，2000.

思考要点记录

① 对跨行业跨品类的竞争状态的理解，可以将我们从狭小市场视域中解放出来，从产品对消费者需求与问题的解决方案上，重新审视某产品被消费者接受的可能性，以及被消费者接受所具备的说服力与产品优势点在哪里。例如，可以从行业或品类的层面上，重新审视茶饮料诸品牌所面对的竞争对手，可能会来自液态奶行业，或者瓶装水行业，甚至碳酸饮料行业。这为寻求市场突破提供了全新的机会。

② 跨行业跨品类的合作方式也多种多样。例如，捆绑销售、买赠促销（服务）、品牌联盟、品牌搭车等等。这些方式优化了产品价值，顺应了消费者购买决策过程，为消费者的购买提供了有价值的便利条件。

跨行业的竞争与合作的可能性，为营销传播活动的规划带来了更多的机会与潜力。

- 请为雀巢咖啡寻找跨行业跨品类的竞争机会点。
- 请为康师傅方便面寻找跨行业跨品类的合作机会点。
- 请收集有关“跨行业跨品类的竞争与合作”的论文与资料，对有关操作方法与案例类型做出系统的梳理。

思考与讨论 2　竞争下的攻击性传播

思考要点记录

攻击性传播（Offensive Communication）正是在强大的媒介操纵中出现的。

攻击性传播，有时会因为媒体的炒作而使得竞争的双方同时受益，比如可口可乐和百事可乐，在一百多年来几乎都是针尖对麦芒似地毫不手软地打击对手，相互攻击。但是由于双方把握有度，不但对品牌伤害不大或者几乎没有伤害，反而因此获得了消费者更多的关注，相应节约了大量的广告费。

攻击性传播的表现多种多样，包括：

① 品牌寡头对追随者的攻击；

② 对抗性品牌的相互攻击；

③ 主流品牌对领导型品牌的侧翼攻击；

④ 新创品牌对优秀品牌的攀附型攻击；

⑤ 替代性产品对行业的攻击；

⑥ 本土品牌对跨国品牌的攻击；

思考要点记录

⑦ 族群类品牌对违逆者的围剿式攻击。

作为一种正常的传播手段，攻击性传播本不应承载太多的道德性评价，但遗憾的是，因为指导性理论或运作规范的缺失，操盘者的心胸过于狭隘、手段不够光明磊落等多种原因，在实际的操作过程中，攻击性传播已经出现了“道德沦陷”的危险。因此，很多因为攻击性传播没有底线和手段过于低级，从而给整个行业带来灾难性影响的案例由此出现。目前，超出底线的攻击性传播的主要特点包括：

① 攻击者的攻击范围无所不包，攻击手段也可谓无所不用其极；

② 多数攻击品牌都隐身幕后，让公关公司或品牌传播公司代为出面，在做到“稳、准、狠”的同时，还可以做到隐身无形；

③ 网络媒体成为攻击性传播大展身手的舞台，其平台传播易操控，病毒式的传播效果也能迅速带来最大的破坏性；

④ 攻击者为了达到攻击的目的，很少从行业整体的角度去考虑问题。

例如，2003 年 9 月—2004 年 1 月，全国几十个省会城市近 100 家报纸和 170 家网站相继出现了百余篇《蒙牛不会做牛疯子》《蒙牛现象——皇帝的新装》等文章，随着时间的推移，这种诋毁性报道愈演愈烈，而且明显暴露出对整个行业发展的破坏性。

■ 请通过思考和讨论，列出一些如何把握攻击性传播的“度”的要点。

训练 1 品牌联合

品牌联合是指两个或两个以上的品牌进行合作，通过联合，借助相互的竞争优势，形成单个品牌所不具有的竞争力，产生整体的效力大于单个个体相加之和的效果。在当今的信息时代，消费者的注意力日渐分散，品牌之间的竞争也日益剧烈，越来越多的品牌放弃了孤军作战，尝试通过与其他品牌合作的方式来赢得消费者更多的关注。

品牌联合让原本毫不相干的品牌元素，相互渗透、相互融会，从而给品牌找到一个交集，达成一种用户体验上的立体感和纵深感。一般认为通过品牌联合可以达到以下的效果：通过独立品牌间的相互阐释，可以使得产品的形象得到提升，实现优势互补与资源共享；通过品牌联合获得新市场、进行市场渗透以及维持原有市场；通过和著名品牌的联合，提高弱势企业品牌的知名度，改善企业品牌形象，提升品牌价值等。

但是，品牌联合也存在潜在的风险，不是任意两个品牌都能实施有效的品牌联合，合伙品牌与品牌之间的匹配程度对品牌联合的效果有着重要的影响，当合伙品牌与品牌在产品属性、功能利益等方面彼此互补，在品牌的情感利益、品牌个性以及使用者形象上大体一致时，品牌联合成功的可能性较大。

■ 品牌联合的方式是多种多样的，可以从产品研发阶段介入，也可以从营销传播活动阶段介入，还可以从终端销售环节介入，等等。曾经的品牌合作推广活动非常多，3M（麦当劳、M-zone 与 MSN），蒙牛与海尔，迪斯尼与麦当劳等活动都有着良好的效果，请分析麦当劳与 M&M 巧克力豆的品牌联合价值与可能性。

图 6-2　M&M 巧克力豆 Logo

■ 请思考，还有哪些品牌非常适宜于与 M&M 巧克力豆一起共创市场？请列举并分析。

训练 2 从惯例中跳脱出来

4S 店全称为汽车销售服务 4S 店（Automobile Sales Servicshop 4S），是一种集整车销售、零配件、售后服务、信息反馈四位一体的汽车销售企业。4S 店通常是由经销商投资建设，按照汽车生产厂家规定的标准建造，店内外设计统一，只能销售由生产厂家特别授权的单一品牌汽车，能够为顾客提供更低廉的价格、更专业的技术支持和更深入的售后服务。

4S 店与汽车厂家共同组成汽车品牌联盟，代表汽车品牌文化，体现品牌价值，维持品牌忠诚度，为汽车生产厂家树立汽车品牌的知名度和信誉。汽车 4S 店可为客户提供多种多样的增值服务，各店可以凭借其强大的实力推出各种差异化、个性化的服务，这是汽车 4S 店的核心竞争力。

■ 在一线城市，某些汽车品牌通常会设立许多家 4S 店，店与店间是存在争夺客户的竞争的。一般来说，4S 店的竞争手法已经形成一定的惯例，除了在媒体投放广告以及做广播节目以外，4S 店还会通过建立汽车俱乐部加强与顾客的联系；通过组织车友休闲活动，让客户感觉到 4S 店与客户是亲密的朋友；还会注意提高顾客满意度和保留率，获得口碑效应，以此来提高汽车销量和 4S 店的竞争能力，等等。但是，同品牌 4S 店间的活动通常会大同小异，某一间店很难跳脱出来获得客户的格外注意。请通过资料与走访，了解丰田 4S 店的推广与客户沟通的惯常方式。

■ 请寻找能使某一间 4S 店从竞争惯例中跳脱出来一些方式。

训练 3 85 度 C 的竞争思路

2007 年 85 度 C 进入上海，以旋风般的速度开了 100 多家门店，与台湾的加盟模式相比，85 度 C 在大陆的门店全部是直营店。在营销模式上也有调整，比如说，在台湾是以“平价咖啡”带动面包和蛋糕的销售，而在大陆却是面包和蛋糕为主、咖啡为辅，糕点与饮料营业额占比为 8 : 2。也就是说，如果在台湾 85 度 C 的竞争对手是星巴克的话，那么在大陆，它的竞争对手反而是烘焙连锁品牌，比如说大陆的好利来、新加坡的面包新语和多如牛毛的地方饼店品牌。针对这一情况，85 度 C 做出的调整是，在大陆走“休闲餐饮”路线，增设了店内的桌椅，打造一个快时尚的休闲空间。在台湾 85 度 C 的外带率高达 90%，而在大陆这个比例要低得多。

- 请继续收集关于 85 度 C 的资料，并对其进行实地走访和观察。
- 分析并说明 85 度 C 与相关诸多品牌间的合作与竞争关系是怎样的？请列举说明之。
- 总结 85 度 C 在市场定位上的竞争突破。

训练 4 功能饮料的跨行业合作

2004 年，乐百氏的“脉动”在功能饮料市场掀起了一股狂风巨浪，取得了 7 亿元的销售成绩；娃哈哈紧跟其后推出的“激活”，也取得 3 亿元的销售业绩；汇源推出“他 + 她”水，养生堂推出“尖叫”，饮料厂家纷纷推出自己的功能饮料，以期分得功能饮料一杯羹，功能饮料市场好不热闹。

2005 年，那些原本准备不足的本土品牌纷纷淡出江湖，如“他 + 她”“尖叫”等；娃哈哈的“激活”也陷入经营困境，只有被国际饮料巨头完全掌控的乐百氏“脉动”后劲十足。在经历了碳酸、水、茶、功能性饮料等几个发展阶段后，功能性饮料竞争也日趋于白热化，市场品牌众多，竞争态势焦灼。

此后，功能饮料的市场发展又逐渐趋平淡。

- 请通过资料，熟悉上文中所描述的“功能饮料”大放异彩的时期；
- 请结合当前市场中功能饮料行业的发展现状，分析其中品牌跨行业合作可能带来的价值与其可行性；
- 请提出你的功能饮料品牌跨行业合作的设想。

第7章

任务的设定

1. 细化“营销传播问题”

思考与讨论 1　理解市场生存

思考要点记录

题目陈述

如何理解某品牌或产品的市场生存状态不佳这一问题？请列举三个你平时有所了解的品牌或产品，探讨一下对其“当前的市场生存状态是否非常满意”，如果有不尽如人意之处，请进一步找到导致该状态出现的根本原因。你认为利用营销传播活动会对它们的状态的改善有很好的帮助吗？

背景知识

不是每个品牌或产品在市场上的生存状态都是令人满意的，甚至可以说，在实践中，企业品牌 / 产品的生存状态少有使人完全满意的情况，绝大部分的品牌或产品的市场生存状态都存在着这样或那样的问题，需要营销人员运用营销传播手段来解决。

例如，在中国市场中的某跨国品牌，在其细分行业中的市场份额很高，知名度也很高，每年此品牌 / 产品都会收获较大的利润，但即

思考要点记录

便在这种情况下，我们也可能通过研究发现，其产品通常被消费者称为“垃圾食品”，近年来，其市场拓展已经遭遇了瓶颈，其市场的重心也逐渐在向二三线城市转移。这时，广告策划小组会非常关心在一线城市中，消费者对此品牌 / 产品的认识与态度是怎样的，以及这种认识与态度是怎样通过社会的信息传播而在全社会扩散的。如果两者的关系状态真的令人满意，那么可能我们应对此进行确认，并计划在下一步的广告活动中，考虑延续原有的策略。

如果通过分析，我们对此品牌 / 产品的生存状态并不满意，这时，我们需要详细了解其与消费者的关系到底存在何种问题——此种关系状态是需要重建？还是需要改进或进一步强化？

此时，我们看到的是，在一些品牌所存在的市场问题中，有一部分是广告活动解决不了的，而有一些则是能够通过广告来解决的，在此基础上，发现市场的不足，抉择出那些极为重要的、迫切需要应用营销传播方式来进行市场活动修正的部分，这部分工作就成为广告策略工作中制定广告任务的前提。确认其传播的动因，提供传播方案，是策划弥补性广告活动的基础工作。

思考与讨论 2　发现问题

思考要点记录

题目陈述

请根据市场研究，分析乐事薯片、清风纸巾、美的电风扇这三种产品的市场问题及导致问题的原因，随后列出计划锁定的广告任务。

▌背景知识▐

我们通过对原有的消费者、市场发展状况进行分析，探知到了并不满意的状态时，应首先落实导致不满意的原因所在，继而针对营销传播所能够扭转的要点（包括错误、不足等），再进一步利用广告手段予以改变或扭转。

例如，通过市场研究发现力士香皂市场中的一个问题：力士香皂的知名度虽然很高，但是消费者对力士香皂并不热衷，其市场销售的现状并不令人满意。

思考要点记录

但是，其原因是什么呢？通过研究发现，近年来市场中好看且有趣的香皂多种多样，包括手工皂、各种功能的香皂、添加各种新奇物质的（概念）香皂，以及来自于淘宝的海淘品等，人们对香皂的尝新欲望以及新奇体验，会慢慢引导他们离开原有的那几个大品牌，而且随着产品的多样化，消费者已经不再局限于大品牌了。

那么，针对这样的营销问题，就需要继续探知怎样才能解决这样的问题。是强化力士香皂的广告告知？还是需要更换力士香皂的形象？还是重新锁定新的消费者群体，让力士香皂针对更高年龄段的消费者？等等。应该设定怎样的营销传播任务才能更有创见地解决此类市场问题呢？

由此可知，“发现问题—提出问题”的过程，其实还应包含“探知细化症结”“设定所需解决的任务”这样的细化过程，由此才能形成一个完整的营销传播方案应该具备的完整思路。

思考与讨论 3　细化症结

思考要点记录

题目陈述

在消费者调查中发现，绿箭口香糖的目标消费者在零售终端对绿箭口香糖缺乏主动的需求意识，表现出不在意、不关注、可有可无的心态，这样的意识对绿箭口香糖的销售带来了消极的影响。

在试图通过营销传播活动改变消费者的行为时，必定需要有针对性地去影响其观念。缺乏主动意识的背后原因有很多，例如被调查的消费者都表达过以下这些感受：

①大嚼口香糖不适合我的形象；

②过去总买，不过现在不是我的重点；

③其他品牌产品的包装、颜色更有趣；

④总是这个牌子，哪里都能看到，没有意思；

⑤没有兴致；

⑥反正吃过了，就那样；

⑦想不起口香糖；

……

针对以上调研结果：

- **对身边朋友进行简单的调研，结合相应的细化洞察结论，将以上每种**

思考要点记录

消费者的感受都转换成“营销传播任务”的视角进行表述；例如，通过进一步的细化分析，①可转换为“目标消费者对嚼口香糖者的形象认知不理想”，或“目标消费者认为口香糖应该是非常年轻的那群人才喜欢的产品”。

■ 在以上七类细化症结中，有没有你认为可以合并为同一大类，并能一起通过营销传播的策划活动予以解决的？

■ 选择你认为最有必要首先解决的那个症结，并对此进行分析说明。

背景知识

很多问题在探查中是可粗可细的，在广告策略分析过程中，我们争取尽自己所能去探查、去发现，寻找到所发现问题的根本症结，最重要的是，这一症结要能落地，而且必须是本次营销传播活动能够而且必须解决的。

例如，通过对某品牌的市场研究发现，虽然该品牌消费者对该品牌缺乏认同感，但是认同感是非常粗线条的表达，例如，是原有广告诉求的形象与实际消费者不匹配？是因为价位和产品档次的认知问题？还是因为产品的实际消费者与目标消费者不一致且使目标消费者认为该品牌产品不适合自己？等等，原因很多元。细化症结的过程因此就变得非常重要了，其目的在于将所发现问题的实际症结细化落实下来，以便于在随后设定广告任务、广告目标的环节中能够明晰思路，制定出清晰稳定的策略。

训练 1 广告生存链条

对应思考与讨论 1 的相关内容。

■ 花一点时间，仔细收集和整理本品牌 / 产品的信息传播线索，包括企业活动、广告活动（包括作品）及新闻、社会舆论等方面的信息。本训练需要以历史资料为基础，来审视其对现有品牌 / 产品市场生存状态的影响。大家可能并不能及时拿到很全面的资料，但是仍需通过这个过程，使大家更加了解该品牌 / 产品，并理解信息释放与消费者认知、行为之间的直接联动现象。

■ 在进行消费者调研时，建议使用访谈的方法，通过设计一个访谈提纲限制话题范围，并通过鼓励被访者的开放性的陈述，来探寻其对该品牌 / 产品的认知与态度。本调研并不需要很大的样本，但是建议样本不少于 15 人，并且应按需调整不同特征样本的比例，可以使用家人和朋友作为样本。

■ 明确花费精力去分析一个品牌 / 产品的生存状态是否理想的目的是什么？当我们从一个全面系统的视角，来审视及确认一个品牌 / 产品能否应生存得更好时，我们一定会被引入到另一个思考的环节中：在哪些层面，我们可以通过传播活动来改进品牌 / 产品的生存状态？而这个思考环节，恰恰是我们在广告策划作业中，需要论证和明确的。

训练 2 探索与发现

选取一个你较为关心的品牌——这个品牌旗下或有单品类的产品，或有多品类多系列的产品，首先进行选择，或者直接选择这个品牌，或者选择这个品牌旗下的一个品类 / 一款产品——尝试更为严谨地收集、分析消费者决策的调查资料与数据，回答以下问题：

■ 它的市场销售状况理想吗？

■ 哪些消费者接受该品牌 / 产品或不接受它呢？哪些消费者对它的态度（或选择）游移不定呢？

■ 它的市场规模还有发展的余地吗？

■ 在市场生存的命题下，你认为它的市场生存现状理想吗？它有硬伤吗？

■ 它与消费者的关系状态需要修正、改进或继续保持吗？

■ 通过对以往此品牌 / 产品在各个信息传播环节及内容所做的分析，来说明形成既有现象的原因。

训练 3 选择所发现的“市场问题”

通过市场研究，可能发现的问题有很多，但是并不是任何一个都是适合设定为广告任务的，其根本决策的依据是：

① 是不是本次广告活动可以面对和解决的；

② 其对市场发展的重要性。

有一些市场问题是广告活动能解决的，而有一些则不能。我们试着分析一下关于阿迪达斯的市场洞察结论。

这份问卷一共下发了五十余份，从反馈的结果来看，大部分人还是比较喜欢阿迪达斯的，就阿迪达斯在中国市场的影响力来看，耐克以及其他品牌都不如它。但这并不代表阿迪达斯一直没有缺憾。据大部分消费者反映，阿迪达斯的价格跟其他品牌比起来相对较高，这是一些消费者所不能接受的。所以，阿迪达斯如果想在中国市场上继续保持优势的话，CEO 也许该考虑一下价格问题了。

■ 分析判断，价格问题被设定成本次广告策划活动的任务是否可行？讨论原因。

■ 通常可以通过调查 / 洞察发现的类似的问题还有哪些？请列举一下。

训练 4　从发现问题到细化症结（一）

在诸多巧克力品牌的诱惑之下，德芙的客户忠诚度受到了极大挑战，在高端及中低端市场的夹击下，德芙作为中国巧克力市场“一哥”的地位岌岌可危。这是某广告策划小组对德芙巧克力市场研究后发现的问题。

随后，策划小组需要探知其背后的症结：

细化症结一：当前在中国市场，消费者通常把巧克力与非常重要的时刻相联系，许多人只有在一些节日或纪念日时才会想起消费巧克力。而这种状态限制了巧克力的销售量，成为巧克力这个品类的市场问题，德芙作为中国巧克力市场份额 40% 的拥有者、北京巧克力市场份额 60% 的拥有者，受到直接影响。

细化症结二：近些年来，中国巧克力市场竞争白热化，世界排名前 20 位的重量级巧克力企业已经全部进入中国市场，在各个超市中可见的进口或合资巧克力品牌有 70 余种，部分德芙巧克力的高端消费者流失。与此同时，一些国产的中低端品牌也如雨后春笋般出现，它们以较低廉的价格，与德芙相似的外包装将德芙的中低端客户分流了一部分。

■ 请分别针对以上两个细化症结，就你的观点进行分析说明：哪些消费者——因何——导致其做出了怎样不利的决策？

■ 请分析以下根据细化症结一所设定的广告任务的陈述是否到位、合理？

要突破中国巧克力市场以送礼、节日或旅行消费为主要消费动机的瓶颈，使巧克力融入人们的日常生活中，成为人们日常生活的一部分；并借深入生活的德芙形象确保其市场地位不受冲击。

■ 请根据细化症结二的分析，设定相应的广告任务。

训练 5　从发现问题到细化症结（二）

绿箭口香糖在口香糖市场中知名度颇高，也在市场中占有一席之地。但是，其近年来的市场发展仍不甚理想，究其原因，某广告策划小组锁定了以下四个问题：

细化症结一：目前口香糖市场厂商、品牌众多，竞争激烈，除了绿箭、乐天、好丽友以外，还有酷莎、港荣等二线品牌。

细化症结二：传统口香糖（包括绿箭）产品受到木糖醇等新产品的冲击，市场份额下降。

细化症结三：中国市场容量巨大，但每年人均消费量远低于欧美国家，市场仍具有很大的发展空间。

细化症结四：针对口香糖的消费者，有关绿箭口香糖的产品信息传递不足，导致在竞争中处于弱势。

■ 请分别针对以上四个细化症结，就你的观点进行分析说明："哪些消费者——因何——导致其做出了怎样不利的决策？"

■ 针对细化症结四，可进一步解释为：绿箭口香糖信息传递不足，导致消费者对绿箭的认识不够，目标消费者对绿箭的认识还停留在一个很基础的阶段，认为绿箭就只有薄荷口味，包装一成不变，并且品牌缺乏故事性，因此就对绿箭形成了品牌老化、一成不变的刻板印象。之后相应的广告任务可设定为：让年轻的消费者认识到自己并不了解绿箭，继而激发其对于绿箭的了解欲望，消除绿箭长时期以来给消费者留下的"薄荷味""条装"等刻板印象，使得绿箭能够从消费者褪色的记忆中鲜活起来，以在竞争中回避劣势。请根据以上细化症结四的广告任务设定方式，尝试为一至三的细化症结设定广告任务。

训练 6 从发现问题到细化症结（三）

七喜（7up）是柠檬口味碳酸饮料，其在中国一二线城市市场中发展得不温不火，有较高的知名度，但是消费者对其选择的机会不多。

就此，某广告策划小组细化分析其市场问题，所细化的症结为：

七喜在消费者中的品牌知名度虽然高，但很多消费者认为雪碧才是主流产品，而七喜相对而言只是个小品牌。最严重的问题是消费者在购买碳酸饮料的时候想不起来七喜，它并不在消费者碳酸饮料的选购清单中。

■ 请了解案例中的品牌背景；

■ 针对七喜当前的市场问题，还有其他的细化症结方向吗？请列举你的研究结果（至少 2 个）；

■ 请为以上细化症结方向分别设定方法任务。

训练 7 假如"市场生存状态良好"

题目陈述

目前，苹果手机市场发展状态良好（由于市场风云变幻，可根据实际情况，选择替换为其他行业其他品牌来完成作业），请为该品牌发展下一年度的沟通任务。

背景知识

在某一阶段内，消费者和市场可能对某一品牌及其产品反应良好，难以通过发现问题的方式来纠正或设定沟通任务，那么，可以通过以下的角度来发展沟通任务：

■ 拓展更丰富的使用范围，发展出更为周到的使用感受，建立更为稳固的使用习惯，继续扩大市场规模；

■ 发掘出在今后的发展中可能会导致危机之处；

■ 发掘竞争动态中的策略变化，瞄准竞争对手的一举一动；

■ 继续延续原有的沟通任务与策略，主要在广告表现、媒体策略、广告活动的展开等方面给以更好的创意配合。

2. 解决问题：任务设定

思考与讨论1　明确广告任务

思考要点记录

题目陈述

方案所提出的、细化了症结的市场问题，与方案设定的广告任务之间有何关联与异同？

背景知识

广告任务是在发现市场问题及锁定细化症结的问题后，所设定的对市场问题的解决原则和解决程度的描述。例如，某广告策划小组在策略分析过程中，发现了潘婷有品牌老化的市场问题。品牌老化现象可能是由不同原因导致的，如：产品上市时间较长，且产品少有更新；品牌形象跟不上潮流，使消费者形成了刻板印象；品牌群体消费者固定化，年龄不断变大，且无法吸引新的消费群体加入；产品的技术落后；品牌的视觉传达老化，缺少生命力；新产品、新品牌层出不穷，导致本品牌被老化。针对品牌老化这一市场问题，可以根据实际研究发现的市场问题设定广告任务（可为以上细化症结中之一二），

思考要点记录

如：不断更新品牌视觉传达效果，使其品牌在原有定位的基础上形象常新，以吸引年轻消费者。

完成广告任务的设定工作，需要关注以下问题：

其一，策略分析过程中所提出的市场问题，必须是可以使用营销传播手段来改善的；

其二，广告任务不可能是直接针对问题的解决角度所进行的表述，例如，市场问题如果是新产品的市场没有打开、缺乏市场信任，我们可能会根据实际细化的症结，把广告任务设定为“建立差异化的品牌形象，提高品牌知名度和好感度”。有关广告任务的描述与“打开市场、建立信任”这样的表述之间的区别是，广告任务的描述需要更为关注“任务达成方式”这一角度。

以下关于广告任务设定的要点可以帮助理解：

- 广告诉求对象：是针对原有的目标人群，还是潜在人群？是捕捉到了新的消费者群吗？
- 广告活动覆盖的地域：某城市？一二线城市？县域市场？华北地区？
- 产品方面：产品差异化不足？产品性价比不足？需要强化产品的价值点与吸引力？
- 渠道方面：需要吸引中间商？季节促销推动？存货促销推动？直销营销媒体活动？
- 特殊任务：产品或品牌下沉？新产品上市？新品牌上市？市场精耕？建立品牌现象？
- 广告诉求方向：实施新的定位？强化原有诉求？提出新的诉求？扭转消费者错误的认识而提出诉求？
- 以广告创意和发布来强化提示性，加强记忆？提升消费者良好体验？消费者服务细化？
- 媒体策略：某媒体平台？跨媒体整合？有新的、更为有效的媒介渠道接触目标人群？
- 特殊的活动方式：与社会热点话题配合的广告活动？植入广告活动？

在设定广告任务时，对传播效果的落实指标等也是多样化的：

- 广告任务设定为传播指标的改善？
- 广告任务设定为消费者认知与态度的改善？

思考要点记录

- 广告任务设定为消费者购买决策行为的改善？

对所设定广告任务的可行性问题，需要有所评估，这是构成广告策划案说服力的重要组成部分，渗透在广告策划案的策略分析过程中。

- 在现有的经费、人力、环境等条件下，广告任务是否可以达成？
- 广告任务的达成是否可验证？

思考与讨论 2　任务设定的具体操作

思考要点记录

题目陈述

自选品牌和产品，全面分析其市场问题，并提出广告方案的任务设定。（这一过程是要同学在详细研究了品牌/产品的市场、产品与消费者、竞争等问题后才能完成的，所需时间较长，但模拟训练可以在一周内完成。训练以小组团队作业方式完成为佳，团队人数不少于3人。方案可以提供三套，供教师与其他组同学一起评估和优化。在初次作业时，同学提交的作业可能不是最优的思路，但是以其掌握了任务设定的作业架构为最低目的。）

背景知识

在广告方案中，总是要先对市场问题、任务和解决方法有了整体的策略性判断之后，才会考虑以策划书的形式来完成书面的分析与陈述；而广告策划书所展示出的阐述逻辑，则应体现出供客户阅读的模拟推论过程。所以，在进行广告任务设定的环节里，我们的决策是离不开对“发现问题—提出问题—解决问题”，以及对客户的预期理解等整个策略设定环节的配合与调节的。因此，在广告策划书或广告策略运作流程中，貌似任务设定是广告策划书中策略分析前半期所需要完成的工作，但实际上，这部分内容需要和其他环节一起，甚至是需要与“发现问题、找到解决方案”等环节一起来完成的。

广告任务的设定是客户在广告策划方案中最为关心的实质性问题之一，指标设置高了，客户高兴，可以少花钱多办事，但是这也意味着方案的创意、传播技巧性与执行的精确性必须有所保证，否则是难以达到预期效果的，对策略制定方而言，最终则是搬石头砸了自己的脚。所以，在适当程度上使自己的方案与竞争对手相比具有一定的优势，但是同时对优势的把控一定要心中有数，不要信口开河。

思考要点记录

在任务设定的过程中，通常会发现很多具体操作的实际问题。

例如，某些广告策划小组在刚发现“市场问题”时喜气洋洋，认为自己的视角非常有潜力，所做探索对企业来说也会具有价值。但是在初步确立应在广告方案中为企业做些什么的具体过程中，就开始迷失，对所存在的市场问题终究应该被细化到哪个层面感到迷惑不解。例如，可口可乐的市场发展壁垒之一，是其随着碳酸饮料的负面知识大量传播，随着大中城市中消费者的生活知识越来越丰富，而逐渐走下坡路，因此市场存在逐渐低端化（包括市场层级、消费者指标等）的趋势。市场问题提出了，但是广告任务设定成什么好呢？“用年度广告活动的开展为契机，缓解其产品低端化的速度”，还是“强化可口可乐的快乐情感成分，以弱化负面知识带来的作用”？对此，很多初习者是需要进行审慎判断的。

另外，广告任务通常还具备“复合性”的价值。合理的复合性的任务设定，可能会给客户市场问题带来多方面的改善。例如，某广告任务可能同时包含了解决知名度、好感度及拓展新的消费者群体的任务，但是，具有复合性价值的广告任务，在后期任务解决的创意性方案方面，是具有更大的难度的。

在小组开始分析细化任务的可执行性时，还会通过判断是否可能为本广告任务寻求到优秀的广告创意、媒体组合，来做出广告任务合理性的调整。为此，我们经常会看到广告方案从这里开始崩塌。崩塌通常来源于小组对创意（包括广告内容与形式等）和活动方案制定的无力感，从而很灰心，认为“要想达成这种任务太难了，不如换一个任务……”，这本来是正常的广告任务权衡的过程，但是如果限于某环节的能力的局限，而一味降低方案的任务标准，那就等同于对客户的价值的降低，从而使方案失去竞争力。一次两次的任务调整之后，我们就会看到，广告任务应该具备的复合性价值不见了，方案开始沦为人云亦云，虎头蛇尾。

思考与讨论 3　广告任务与锁定的效果方向

思考要点记录

题目陈述

明确细化的广告任务时，在什么情况下可以将广告任务指标直指“销

思考要点记录

售额”？

背景知识

广告的效果经常使用认知、回忆、好感、购买意向等效果的中间指标。虽然客户并不十分愿意接受这些中间指标，并对这些中间指标来衡量事物深表怀疑，而是希望依赖最可靠的结论“购买行为”来说明广告应达到的任务，但是，广告公司通常会依据传播的效果确认方式，而不是营销的效果确认方式来看待这一问题。广告公司倾向于将广告信息的到达与否、信息说服力以及受众接触信息后的主观态度反应作为依据来说明效果。他们认为消费者接触广告后是否真的实施购买行为，并不仅仅与广告信息的传播相关，而且还与定价、产品品质甚至包装等其他大大小小的各类营销因素相关。因此，我们看到在广告策划案中，在明确广告任务时，我们经常使用的就是认知、回忆、好感、购买意向等指向传播效果的中间性指标。

以销售额为指标通常要设时限，但传播活动的影响存在“时滞效用”，当期投入不一定马上见效。如广告可提高知名度或偏好，但消费者不一定会马上购买，因此把消费者的实际购买行为当作效果指标存在一定困难。

精读知识点 DAGMAR 理论与沟通光谱

1961 年 DAGMAR 理论诞生。DAGMAR 是指“Defining Advertising Goal of Measure Advertising Results”，可译为“广告效果测定的广告目标明确化”，是落实沟通光谱与广告任务设定的具体操作方法。

DAGMAR 理论认为，广告传达信息被分成五个阶段：未知—认知—理解—确信—行动等，这五个阶段被称为“沟通光谱”（Communication Spectra）。广告不能对增加了多少营业额负责，而要对信息传达的“未知—认知—理解—确信—行动”等广告传播效果的指标负责。因此，广告任务的设定也多以这五个阶段去考虑。

“沟通光谱”理论将接受广告的人的心理变化作为了解广告效果的依据。认为就某一产品而言，消费者首先是从未知的状态，到知道名称，表示关心，然后进入到一睹为快的状态；其次是理解产品的效用、性能、使用方法等状态；进而与其他同类产品比较，认为该产品优于其他产品；最后才采取购买行动。

请查阅 DAGMAR 理论与沟通光谱理论的相关资料。

训练 1 来自“快时尚”的任务设定

服装行业的“快时尚”概念来源于时尚界的“快、狠、准”的特征。服装行业快时尚品牌始终追随潮流，新品到店的速度奇快，橱窗陈列的变换频率更是一周两次。流行的快时尚品牌包括 ZARA、H&M 等。

快时尚品牌的共同特点是“一流形象、二流产品、三流价格”，因而比较受大众的欢迎。但是在品牌建设中，“一流品牌”形象的建设常会与“二流产品”“三流价格”的设定相矛盾。

美特斯邦威（以下简称“美邦”）是 1995 年创立的本土休闲服装品牌，品牌致力于打造“一个年轻活力的领导品牌，流行时尚的产品，大众化的价格”，有着倡导青春活力和个性时尚的品牌形象，目标消费者是 16 ～ 25 岁活力时尚的年轻人群。但是，2013 年，美邦的经营陷入困境。美邦服饰的消费者曾非常集中于高中生，之前它对目标消费者的界定相对笼统，包括中学生、在校大学生和刚毕业的大学生，对年轻消费者的认知比较宽泛。它在二三线城市的销售情况比北京、上海等一线城市好。对一线城市大学生的访谈调研，反映出其目标消费者“年轻人”对美邦的感知：在二三线城市中，高中生们都买美邦，但是到了大学阶段，他们就不再愿意购买美邦，与中学生混为一谈了。

■ 针对高中学历以上的消费者来说，“二流产品、三流价格”基础上的“一流形象”建设格外重要。你怎么理解这个任务呢？对美邦品牌来说，设定这一广告任务的实质意图是怎样的？

训练 2 消费者不关注的任务设定

某些品牌的某些款产品总是无法在终端受到消费者的关注。对此，有些消费者会表示“没有想起购买”，或者“不太关心”这些陌生的品牌。被消费者忽视的理由有很多种，如：拥有其产品功能的替代品很多，它总是被替代品带走了机会；品牌知名度不足（无大规模的广告；广告活动尚未展开；品牌或产品老化；以往广告活动有失误）；产品包装盒外形不引人注目（在零售终端的货架上被同类产品所淹没）；没有有效激发消费者对产品的功能特点的需求（产品功能诉求点选择失误；诉求方法和创意失误；需求未被启动）等。

也许，客户产品所存在的市场问题就是“消费者对产品的漠视、不关注”，分析其背后的具体原因并拟订有针对性的营销传播解决方案，就成为广告策划工作的核心。

■“泉林本色”手纸是一款新概念的产品。“泉林本色”是不漂白的本色生活用纸，产品采用天然秸秆浆和不漂白的工艺制造，消除了漂白过程中二恶英的产生，其专利“秸秆清洁制浆技术”，实现了对秸秆的综合利用，减少秸秆焚烧对大气的污染。请研究“泉林本色”手纸的品牌、产品、消费者和市场现状。

■ 目前，消费者对本品牌和产品的关注度并不高，请通过分析，细化其并未受到消费者深度关注的原因（其原因也可能并不包含在上文所提供的各种情况中）。对你的判断做出细化说明，使你的分析能够对企业具有说服力。

■ 基于对原因的分析，锁定广告任务，并用文字将“广告任务”完整准确地陈述出来。

训练 3 品牌老化的任务设定

某广告策划小组通过市场研究，发现了海飞丝的品牌老化问题。对此细化症结的结论为：对年轻消费者来说，海飞丝产品及其广告一直以来少有注入时尚元素，且给他们留下了“这是年龄大的人使用的产品”的印象。

■ 请针对以上条件，做出恰当的广告任务的描述；

■ 根据上述广告任务，模拟陈述广告目的和广告目标。

训练 4 2005 超级女声：蒙牛大赢家

超级女声从 2004 年的不温不火到 2005 年让亿万中国人兴奋不已，蒙牛乳业与湖南卫视，再加上短信运营商，联合打造“2005 快乐中国蒙牛酸酸乳超级女声”的年度赛事，实现了销售系统和媒介系统完美的整合，前者从产品的包装、售点的宣传单页、终端的路演推广均与媒介宣传保持步调一致。AC 尼尔森的调查显示，2005 年 6 月，蒙牛酸酸乳在广州、上海、北京、成都四城市的销售超过 100 万公升，是上一年同期的 5 倍。央视索福瑞调查表明，2005 年蒙牛酸酸乳的品牌第一提及率跃升为 18.3%。

2005 年，为购买“超级女声”节目冠名权，蒙牛乳业又投入了 2 800 万元。在竞得冠名权后，为了投放“超级女声”标识的公交车体、户外灯箱、平面媒体广告，以及在自己的产品包装加上“超级女声”的宣传，蒙牛又追加了将近 8 000 万元的投资，而总计超过 1 亿元的巨资投入所带来的，是蒙牛酸酸乳产品带回的近 10 亿的直接销售收入，以及媒体和企业双方品牌价值的共同提升。蒙牛高层对“超级女声”给他们带来的收益非常满意，他们认为这是至今企业宣传和媒体运作结合得最好的实例之一。在广告活动中，有着漂亮的广告 ROI（Return On Investment，投资回报率）的广告方案，相对少花钱、不花钱的广告方案来说，是更容易说服客户的。

2005 年蒙牛的成功不仅仅在于它产品的创新，而在于它通过大量的广告投入获得了空前的轰动效应。蒙牛乳业对“超级女声”两年（2004 年和 2005 年）的投资，使酸酸乳获得了巨大的知名度：酸酸乳如影随形地跟着“超级女声”比赛转战全国，“超级女声”既然成为当年热门的文化与商业词汇，酸酸乳也顺理成章在“粉丝”中口口相传。

- 请收集更多蒙牛与超级女声合作的案例资料；
- 请分析蒙牛与超级女声的这两次合作，都为蒙牛带来了哪些营销传播的效果？
- 在案例中，你认为蒙牛在寻求解决怎样的广告任务？

训练 5 国产婴幼儿奶粉消费者的流失

“三聚氰胺事件”之后，很多消费者不再购买本土品牌的婴幼儿奶粉，转而去购买进口婴幼儿奶粉。从市场问题的角度来看，消费者因不信任国产品牌的奶源质量、抗生素、配方等，对国产品牌奶产品产生了不信任感。

贝因美诉求以宽广的胸怀、博大的爱关注中国宝宝的健康成长，实施“爱婴工程”和“育婴工程”，从生育、养育、教育多个层面为中国宝宝的健康成长提供服务。其生产的贝因美奶粉在中国市场有不错的知名度和市场份额。为带动国内市场的发展，贝因美还与恒天然集团达成收购计划。

- 请根据上文中对细化症结的描述，拟定贝因美婴幼儿奶粉的广告任务。

训练 6 乐事薯片的思维模块

- 请依照下文引导填空：

乐事薯片计划拓展下一年度的市场销售量，在营销过程中可以着眼的市场问题点可能存在于以下几个方面：

① 新品冲击；

② 不健康食品的强烈印象；

③____；

④____；

⑤____。

可以设定把解决第 ______ 个问题作为其下一年度广告策划案的市场任务。
为此，有理由关注乐事薯片的这类消费者：______________________________。
为达成此任务，乐事薯片与这群消费者进行沟通时的大概念可以为：______________
______________（核心概念，10 字以内，例如，"事事有乐儿"）

3. 广告任务的表述：广告目的与广告目标

思考与讨论 1　广告目的与广告目标

思考要点记录

题目陈述

在广告策划案中，关于广告目的和广告目标的表述都能起到哪些重要的作用。

背景知识

广告目的和广告目标就是为了方便广告策略的执行和管理，而制定的有关营销传播方式的明确策略说明。它不仅是对广告任务的具体阐述，还是对广告任务的细化阐述，其细节多落实于针对哪些消费者，如何应用营销传播手段，将达成效果的阐述，及对地域、时间阶段、必要步骤的分析等方面。

通常，对广告目的和广告目标的阐述是广告方案中非常重要的环节，也是广告策划书中必不可少的一个部分，处于广告策划案中策略分析部分与创意和媒体解决方案之间承上启下的位置，通常位于策划书的广告策略分析之后，广告表现方案、媒介方案之前。

广告目的通常使用陈述性的语言，把广告策略将要达成的任务清晰地表述出来。比如，"本次广告活动的任务是短期内提高某地区某目标消费群的广告好感度"。例如，如果德芙巧克力的广告任务为"要突破中国巧克力市场以送礼、节日或旅行消费为主要消费动机的瓶颈，使巧克力融入人们的日常生活中，成为人们日常生活的一部分；并借深入生活的德芙形象确立其市场地位不受冲击"。那么，其广告目的就需要有针对性地、详细地说明是针对哪些消费者，在哪个

思考要点记录

时间段，主要以何种沟通方式，以怎样的主题，怎样改变认知或推动形成怎样的行动。

相应地，广告目标的表述则是以明确的数字为基础的，这样，实施中的广告目的就有明确的、可比较的数字来说明。比如，“在 ** 期限内，使 ** 地区的 ** 目标消费者群体的广告好感度提升 **%”。

不是所有的广告策划案都能准确描述出广告目标，这是因为具体数字的评估是需要在一定的本行业、本品类或本品牌的市场推广历史经验数据基础上才能完成的。例如，专业人士必须明了类似的规律：“如果期待本行业的市场占有率从 10% 提高到 20% 的话，那么以广告促使产品知名度从 50% 提高到 60% 的目标是必须实现的”，否则，这无疑是在盲目地制定工作任务的指标，或高或低都将是缺乏依据或不负责任的。

在广告活动基本策略的制定过程中，广告目的和目标的设定成为广告策略方案拟订的关键限制性条件。为了解决目标设定中的问题，如提升好感度、提升知名度等，需要决定向什么人传递信息、传递什么样的信息、广告活动如何利用媒体传递信息，以及信息传播的地域广度及时间跨度怎样等，其中也包含了对广告表现策略的制定。

思考与讨论 2 过程中的伦理问题

思考要点记录

题目陈述

在快消品中，大部分产品都在健康和有用性方面存在缺陷，请选择三种典型的产品（品牌）；

请收集资料并进行整理，分析哪些缺陷是能够通过广告传播活动进行改变的？哪些是不能改变的？

当某些产品存在这类缺陷时，在有关的营销传播推广活动中，哪些操作方式是我们所不推崇的？请收集案例并予以展示说明。

背景知识

如众所知，碳酸饮料、洋快餐等的市场瓶颈是其产品存在不健康的概念。

在某种情况下，产品的不健康概念是可以改变的。例如倡导“低卡路里”的健怡可口可乐；或者，某种果汁饮料使用的水果开始限定

思考要点记录

产地，或承诺不再使用防腐剂，并将这些产品的改进点作为广告诉求的重点内容。但是，这些不是单独的广告方案或活动可以解决的问题，它的可能性不是一个广告方案或产品建议就能支撑起来的，它需要企业的实力、资金、市场压力、技术等多种因素的支持。

推出健怡可口可乐并不是真正改变可口可乐的产品，可口可乐仍旧是原来的可口可乐，并且仍然占有着市场份额，仍然向市场投入了大量的广告费。在更多的情况下，产品被改良的机会并不多。这时，广告传播可以提供弱化认知和转变思维切入点的功能。

但是，这也存在一定的伦理问题。广告活动难道是为了服务厂商，帮助回避产品可能会给消费者带来的伤害或金钱损失吗？

除了类似可口可乐（提供健怡产品）的方式外，很多广告活动在发现市场问题时，确实会看到属于产品本身的缺陷问题，但是绝大多数的问题提出视角又不得不回避这些产品问题，如口味不够好 / 使用了不健康的材料、工艺等，大部分方案会选取次关键的其他问题，以展开与消费者的沟通，获得消费者的关注。这部分操作大多是广告策划者仍能接受的做法；也有方案会着意于这些问题上，采取一些技巧来弱化感知。例如，当某炸鸡快餐品牌被人们认为是非健康食品的时候，分别采用了这些手段：直接诉求鸡肉的品质和健康（由于诉求内容是谎言，该广告在该品牌被发现使用问题鸡肉后成为人们直接诟病的对象）；在创意表达上，回避油炸和鸡肉的图像，突出蔬菜、新鲜等元素；推出健康产品，并使之成为广告主打产品，例如蔬菜汤、深海鳕鱼、少数民族健康食品等概念的强化，弱化了原品牌的非健康食品的印象。

直接针对产品难以改变的问题，有意弱化人们感知的手段的使用，我们认为更明显地触犯了从业伦埋，使用专业技术手段引导错误的认识和感知，是我们完全不推荐的选择。

训练 1 广告目的的具体表述

广告目的和目标的设定是以市场策略为基础，为达成广告任务而完成的。假设某广告策划案中所设定的广告任务可能是以下列举内容中的一种或几种：

① 使消费者对本品牌的产品功能更为了解和接受；

② 使消费者对本品牌的认知度、理解度或好感度等均有所提升；

③ 针对竞争对手争夺消费者或潜在消费者的认知度、理解度或好感度；

④ 提高消费者的品牌忠诚度；

⑤ 提高消费者的产品使用频率，培养消费者长期的产品使用习惯；

⑥ 直接刺激消费者的购买行为，增加品牌产品的销售量；

⑦ 巩固并加强消费者在使用本品牌产品后的良好感觉。

■ 请简单假设客户的产品市场条件，做出你能提供合理解释的选择；

■ 请思考有哪些有效的传播方法可以帮助完成这样的广告任务；

■ 请针对你所设定的广告任务，完成对广告目的与广告目标的陈述。（不需要追求与具体品牌或真实市场情况的匹配度，只需要寻找在设定广告目的与广告目标时的内在逻辑。）

训练 2 康师傅矿物质水（一）

通过调查了解到，康师傅矿物质水的消费者认知存在着明显的缺陷。虽然康师傅矿物质水因为康师傅品牌的关联性，以及其大密度的铺货方式，所以有着很高的知名度，但是消费者在购买康师傅矿物质水后却出现了负面反馈。调查发现，拒绝购买康师傅矿物质水的消费者提出的主要问题是：包装塑料过软，拿在手里感觉不好，由此开始担心产品的质量或产品可能是假冒仿造的，从而直接导致消费者终止购买选择的行为。

通过对消费者研究发现，康师傅矿物质水的销量受到消费者在零售终端接触产品时的一些认识的影响，许多消费者在零售终端买水的时候发现，康师傅矿物质水的瓶壁很薄，拿在手中不用怎么用力就会捏出指痕，而且瓶壁的划痕也会比较明显，瓶子的质感给消费者留下了低档的感觉，消费者由此感觉瓶子质量不好，水的质量也会受到影响，从而拒绝购买。

■ 在这种情况下，调研反映出了两个问题：其一，解决瓶子的手部触感问题；其二，解决瓶子触感背后消费者的理解问题。请思考，一般情况下，以上两个问题哪个是广告活动不会去碰触的，而哪个问题是可以通过广告活动去碰触的。

■ 请说明你的理由；并尝试给出比“广告诉求强调康师傅矿物质水的瓶子塑料质量有保证”更为有效的解决方法。

■ 请依据相关解决方法的构想，做出整理：

发现的问题有：______________________________

提出的问题（细化症结）是：______________________

训练 3 康师傅矿物质水（二）

针对同一个问题，可以设定多角度的任务。例如，如本题所描述，如果所发现的市场问题是“消费者对康师傅矿物质水的塑料包装瓶有负面的体验认知”，那么我们既可能将广告活动的目的设定为：扭转消费者对瓶子质量的错误印象，如对消费者诉求康师傅的软质轻薄的包装瓶质量很好，不影响使用；也可能让消费者忽视包装瓶的问题，如建立起消费者判断矿泉水质量的新标准体系，以康师傅水质量的过硬，来弱化软瓶可能引发的负面印象；还可能是建立起对康师傅包装瓶的全新认知，如诉求康师傅的塑料包装瓶环保低碳等等；以及可能是通过包装设计与包装设计的诠释，建立薄瓶水的高档质感的认知。在这多个角度中，广告策划人员需要从策略分析的角度，去发现哪些解决问题的方向是更为可行和有效的，那么，我们就可以设定其为广告策划方案的广告任务。

为解决市场问题而为方案设定广告任务，我们需要有一个非常清晰的表述，但是这个表述需要清晰到什么层次，是需要我们精心把握的。例如，“让消费者对薄瓶质量的认知发生变化”，这样一句话的陈述是很宽泛简单的，但也基本说明了广告任务，而“在某时间段的广告活动中，主要通过怎样的广告传播方式，引导目标消费者对康师傅矿物质水的薄塑料包装瓶的感知，提升其正面观点认知的知识水平，并提升其发生正面认知的比例”，这是更清晰的广告目的表述，通过这个表述，可以让人基本了解到广告方案是如何围绕着相关知识的诉求、认知的引导而展开的。“引导目标消费者对康师傅矿物质水的薄塑料包装瓶的感知，提升其正面观点认知的知识水平达到 80%，并提升其发生正面认知的比例达到 70%”。这是更为清晰的表述，是较为理想的广告任务表述，也被称为广告目标的表述。

在表述广告目标时，需要广告策划人员在策划书中提出对数字提升的分析，也就是说，方案为什么将数字提升至 80% 和 70%，在方案执行前，这个数字是什么样的，是使用什么指标表述出来的，你们的广告方案对数字提升的幅度有何贡献？也就是需要事前调查，并为事后调查提供研究的基本指标。

■ 请依据上文提供的资料，描述相应的广告任务和广告目标。

训练 4 三得利黑乌龙茶

风靡日本的“瘦身黑魔法”三得利黑乌龙茶蕴含乌龙茶茶多酚，能够有助于解除食物中的油腻，同时也抑制了传统茶的苦涩味，使口感更加清爽。不含糖又控制油脂吸收的黑乌龙茶，让人们在大吃大喝之余没有了后顾之忧。

自三得利黑乌龙茶进入中国市场之后，已经在目标消费者（一二线城市小资人群和年轻女性消费者）中建立了一些知名度。为了继续扩大市场，广告策划小组通过洞察发现了一些实际存在的或轻或重的具体市场问题或机会，如：① 价格接受度偏低；② 对产品功能的认可度较低；③ 目标消费者的实际购买量小；④ 目标消费者对品牌和产品了解不足；⑤ 可拓展目标消费者群，等等。进而，广告策划小组通过分析，认为“增加目标消费者的日常产品购买量”应是本方案着力达成的广告任务。

基于此广告任务，广告策划小组认为“建立目标消费者的日常饮用习惯”是提高产品销量的一个主要推动因素。消费者建立消费使用习惯的方法有很多种，其中包括：捆绑已有的习惯、陪伴养成习惯、强势高频提醒、给予巨大诱惑、利用信息说服，以及利用群体日常习惯，等等。

广告目的至少需要针对以下问题点进行清晰的设定：诉求对象、广告活动的时间阶段、广告活动达成的具体任务等。

■ 如果三得利黑乌龙茶的广告任务设定为：增加目标消费者的日常产品购买量。请据此及上文内容，设定其“广告目的”，可依次续写：针对 *** 目标消费者，……

■ 请模拟数据，完成对“广告目的”的陈述。

第8章 构建会话的出发点

1. 会话出发点：定位

精读知识点1 《定位：有史以来对美国营销影响最大的观念》①

本书提出了被称为“有史以来对美国营销影响最大的观念”——定位，改变了人类旧有的以“满足需求”为核心的营销认识，开创了“胜出竞争”的营销之道。

本书对“定位”的定义是：“如何让你在潜在客户的‘心智’中与众不同。”也就是说，定位不是围绕产品进行的，而是以潜在客户的“心智”展开，将产品定位于潜在客户“心智”中的那个概念。好像我们大多数人会潜意识地会把火腿肠与“双汇”联系起来，把方便面与“康师傅”联系起来，把火锅跟“海底捞”联系起来，把中国跟“世界工厂”联系起来一样，实际上这就是“定位”的力量和魅力。

精读知识点2 《品牌的起源》②

《品牌的起源》重新定义了品牌以及品牌创建的哲学和方法，使品牌创建的过程成为

① 艾·里斯，杰克·特劳特. 定位：有史以来对美国营销影响最大的观念[M]. 谢伟山，等，译. 北京：机械工业出版社，2013.

② 艾·里斯，劳拉·里斯. 品牌的起源[M]. 寿雯，译. 北京：机械工业出版社，2013.

一门科学、成为商业的一部分。商业发展的动力是分化，分化诞生新品类。真正的品牌是某一品类的代表。消费者以品类来思考，以品牌来表达；品类一旦消失，品牌也将消亡。企业创建品牌的正道是把握分化趋势，创新品类、创建新品牌，发展品类、壮大品牌，以多品牌驾驭多品类，最终形成品牌大树。

阅读分析 1

清晰可辨认的定位

“定位理论”（1972 年）常被称为“史上最强”的广告营销理论。2001 年，在美国营销协会举办的对 20 世纪广告营销理论的评比中，定位理论一举超过了瑞夫斯的 USP 理论、大卫·奥格威的品牌形象理论、麦克尔·波特的竞争价值链理论以及菲利普·科特勒构架的整合营销传播理论，最终被确定为“有史以来对美国营销影响最大的观念”。定位就是指企业的产品及品牌，从顾客的生理和心理需求出发，寻找其独特的个性和良好的形象，从而凝固于消费者心目中，并占据一个有价值的位置。品牌定位是针对产品品牌的，其核心是要打造品牌价值。品牌定位的载体是产品，其承诺最终通过产品兑现，因此必然也已经包含了产品定位。

定位理论认为：在我们这个传播过度的社会里，最好的办法是传送极其简单而又准确的信息。我们必须把信息削尖了，好让它钻进人们的头脑，为此我们必须消除歧义、简化信息；如果想延长它在人们头脑停留的时间，那还得依靠简洁、准确的表达，这样才能让品牌顺利进入消费者脑海，并占据一个位置。

曾经有定位案例做出过这样的分析说明：巴黎花了不少钱推销的定位是“浪漫”，罗马推销的定位是“永恒”，韩国推销的定位是“炫动”。而一个反面的案例则是新加坡，它的推广口号是“非常新加坡”，“非常”一词不足以形成一个简洁、清晰的定义和感受。

■ 阅读上文，思考什么是不清晰的定位？撰写不少于 200 字的说明，来解释这个问题。

■ 寻找身边的案例，列举一个清晰的定位和一个不清晰的定位。并用文字说明你的判断原因，不少于 400 字。

阅读分析 2

为差异，求不同

在一个竞争的行业中，取得竞争优势的关键是产品的差异化。而对于定位来说，寻求定位的差异化，在产品所独有的“不同之处”寻求价值点，同样是非常重要的。

就品牌形象定位来说，差异化的品牌形象定位能体现品牌的独特性，使之与同类其他品牌区别开来，这样品牌就更加具有竞争力，最终可以赢得消费者的青睐。

就产品定位来说，任何企业市场推广的核心能量都会集中体现在产品身上，因此打造优质的产品是市场发展的先决条件。在市场推广过程中，有时焦点问题会集中于价格，虽然价格会在一定程度上直接决定消费者的购买意愿，但是由于产品本身对市场推广的巨大影响力，这使得做好产品的定位，建立起差异化的市场定位认知，成为市场推广过程中抗衡企业间价格竞争的重要砝码。

对于寻求定位差异的案例来说，我们常可以看到这样的描述：对某目标消费者群体来说，某品牌比竞争品牌更适宜，或者产品比竞争对手更好，这是因为它拥有来自品牌形象或产品卖点上的某些竞争优势。

■ 请说明建立差异化的品牌定位与获取竞争优势的关联性。

思考与讨论 1　侧重于形象与感受

题目陈述

思考要点记录

人们会从品牌形象的感受中，接受品牌定位所发挥的影响力。请收集多个案例，就案例讨论、描述品牌形象定位的形象感知与定位认知之间的关联是怎样发生的。

背景知识

“品牌形象”这一概念是由广告定位理论的创始人大卫·奥格威于 20 世纪 60 年代中期提出的。品牌形象理论认为，产品与人一样，也有它自己的个性。品牌形象是指品牌个性，它是由许多因素混合在一起而构成的，其中包括品牌名称、包装、价格、产品本身以及广告风格等。

品牌形象是营销活动中一项重要的内容，它代表了消费者将产品或服务的优劣与品牌结合在一起的一种认知感受。品牌形象是品牌长期与消费者接触而使其产生的对品牌的总体感知和看法。品牌形象的价值主要表现在以下几个方面：

（1）品牌形象一经确立，就成为某种商品的标志，有时会成为整个同类商品的代名词。例如，“施乐”（Xerox）就是复印机的代

思考要点记录

名词；“可口可乐”就是饮料的代名词；“IBM”就是计算机的代名词，等等。

（2）品牌形象一经定位之后，就成为一种商品品质的保证。例如一提起“丰田”（TOYOTA）汽车，消费者就知道这个品牌代表一种可以信赖的高质量汽车；一提起“劳力士”手表，消费者就知道这个品牌代表一种可以信赖的、方便去高山、冰川、海底等地探险的探险家们使用的、经过检验的高质量手表。

（3）品牌形象一经确定后，也会成为一种产品个性的体现。例如一提起“万宝路”香烟，人们就会想起那是一种供男性消费的香烟；一提起“奔驰”汽车，那就是只供给少数成功富有的人使用的汽车。

（4）品牌形象一经长时间的广告宣传定位，也就成了一整类商品的代表形象。例如一提起飞利浦，人们就觉得它代表整个“小家电”的形象；一提起“松下”，就觉得它代表了所有视听产品。

（5）品牌形象一经定位后，它也可以成为一种文化与风格。例如“麦当劳”代表了美国或可以说整个西方国家快餐业产品的风格；而“北京烤鸭”，则代表了中国的食品文化。

思考与讨论 2　侧重于产品属性

思考要点记录

题目陈述

请收集多个以产品属性建立品牌定位的案例，以案例为基础讨论、描述产品定位的诉求感知与定位认知之间的关联是怎样发生的。

背景知识

产品定位是在产品设计之初或在产品市场推广的过程中，通过广告宣传或其他营销手段使得本产品在消费者心中确立一个具体认知的过程，简而言之就是给消费者选择产品时制造一个决策捷径。从产品属性的角度出发，寻求针对目标消费者的产品卖点，从而在消费者的心目中为产品创造一定的特色，赋予一定的形象，以适应顾客一定的需要和偏好，并为此卖点在目标消费者心目中建立起清晰的位置。

白加黑感冒药、Kindle 电子阅读器、三联生活周刊等品牌，它们有着较为单一的品类线，它们的品牌定位常与某一主打产品独特的特

思考要点记录

点、优势息息相关，因此，品牌定位更倾向于直接面对消费者鲜明的消费动机和消费需求。

训练 1 定位陈述

在公司的网站上，耐克宣称它的目标是为世界上每一个运动者带来创新灵感——在耐克看来，每个人都是运动者。正是这种覆盖主流人群的情感诉求将这家运动产品公司与全世界的消费者联系起来，耐克总是以顾客需求为导向，通过宣扬自我激励的精神，努力使自己的品牌与精英运动员和大众消费者产生联系。“Just do it”的确是耐克品牌形象的最好诠释。耐克的产品创新——从气垫到速干纤维，都是耐克最核心的竞争力所在，而顾客也会随着企业的创新而与时俱进。①

■ 请阐述耐克的品牌定位。

■ 请选择三个平时你所关心的品牌，揭示并阐述这几个品牌的品牌定位。

■ 请尝试使用图示加少量文字的方式，以视觉化方式准确、形象地展示出上面几个品牌的品牌定位。

训练 2 定位的聚焦与狭窄

定位理论在市场中历经了 30 年的磨炼，但是人们对这一理论的应用却依然是模糊的、微妙的和困难的。在定位过程中，仍需要做出很多的选择和判断，J 理论或 A 理论是其落实应用及进行思维判断时的依据。

定位的 J 理论是指 Japan（日本）模式，A 理论是指 America（美国）模式。A 理论的核心是“越狭窄越好”，J 理论的核心是“越宽广越好”。宽定位和窄定位对于聚焦的效果来说通常是不同的，窄定位聚焦能力更明显。但是，品牌、市场的不同条件，使我们必须在定位宽窄度的把握上慎之再慎。

■ 请了解有关知识点，并积累、熟悉相关案例，尝试对定位的聚焦与狭窄操作方式进行案例说明。

■ 三九、李宁、美特斯邦威等品牌，它们都有着较为宽泛的品类线，它们的品牌定位并不需要倚重于某一主打产品来启动，反而需要维系多群体、多层次的消费者，且需要能够包容消费者的多种动机与决策。还有哪些品牌需要在此方面着力？请收集资料并分析

① 十家超级公司如何取得公众信任[J]. 商学院，2012（5）.

这些品牌的具体做法。

训练 3 哈根达斯的定位

哈根达斯是 1921 年由波兰裔美籍企业家鲁本·马特斯创立的冰激凌品牌，这种用乳脂、鸡蛋及水果等真材实料制成的、内部几乎没有空气的厚腻型冰激凌很快风靡市场。1997 年，通用磨坊将哈根达斯引入中国后，短短的 10 年间，哈根达斯门店获得了快速发展。

哈根达斯品牌主管曾说道："如果我们把竞争意识放在冰激凌上，我们肯定会输，因为我们的价格是其他品牌的两到三倍。"

因此，哈根达斯被塑造成不仅仅是消解夏日酷暑的一抹清凉，更是一种优雅的生活状态和甜蜜的精神抚慰。哈根达斯极力想进入消费者内心最深处的世界，将味蕾的陶醉与享受生活的美好相联系，将体验与爱、呵护和温暖等情感相维系。于是，这款冰激凌有了爱情的味道，有了甜蜜的回忆。"781 次心跳加速，403 次怦然心动，162 次倾情顾盼，18 次轻叩银勺……"魅惑的笑靥，迷离的神思，柔滑美味的冰激凌。哈根达斯将高端、时尚和诱惑演绎到了极致。

"爱她，就请她去吃哈根达斯"于是变得极有穿透力并且超越时空。当我们在某个黄昏挽着爱人的手徜徉旧地，经过一家装潢讲究的哈根达斯小店时，心里不禁感慨："这里曾记录过我的青春和爱情啊。"哈根达斯已经成功地将自己从普通商品转变为心灵伴侣，而心灵伴侣是不易受到苛责，也不易过时的。

■ 请尽量多地收集哈根达斯在国内外发布的广告作品，并关注其有关本定位的那部分作品；

■ 请体验哈根达斯店面的消费体验过程；

■ 请基于哈根达斯的市场竞争背景，分析说明哈根达斯把普通商品变成心灵伴侣的定位策略为哈根达斯带来的市场价值。

训练 4 奥马是 WHO？

2014 年夏天，奥马电器于楼宇框架上线了一则以美国总统奥巴马形象为主要视觉元素、辅以"奥马是 WHO"主题文案的新广告。这家以海外市场"原始设计制造商"（Original Design Manufacture, ODM）业务为主的公司，曾为国内品牌海尔、容声、TCL 等，以及国外品牌惠尔普、伊莱克斯等冰箱品牌代工生产，号称"其冰箱出口欧盟连续 6

年排名第一，连续 5 年中国出口第一”。然而，其在国内市场上的品牌知名度并不及其代工的各类品牌。当前，外贸企业单纯依靠出口的压力越来越大。奥马电器日前宣布与分众传媒合作，推出自有品牌 I'm COOL 系列冰箱，并定义为年轻人的第一台冰箱。而这一回奥马电器开打“奥巴马牌”也是其“年轻化”“互联网化”的一环，借助“奥巴马”与“奥马”之间的谐音关系来推广自己的品牌。

2014 年夏，瞄准“年轻人的第一台冰箱”、定位于“冰箱界小米”的奥马电器，终于向外界展示了转型以来的新品——I'm COOL 系列彩色冰箱，BCD–118A5 两门冰箱和 BC–92 单门冰箱共 5 款颜色。

“很多不同品牌的产品大同小异、同质化严重。既然如此，我们思考的是能不能让用户花钱的时候除了买到功能，还能买到文化享受，”姚友军说，“买电器更多不是看功能，而是看到性价比高，同时得到温馨的内涵，没人这样尝试，奥马想做这个尝试，而 I'm COOL 系列只是尝试的第一步。”

“奥马做不到像西门子、海尔那样，在传统渠道，我们更多是向消费者树立观念：如果你想买传统的，有海尔、海信一大堆品牌，如果想买另类的时尚的，可以买奥马。”姚友军说。

- 请收集奥马电器两个系列的广告，清晰阐述奥马电器的品牌定位；
- 基于奥马电器的品牌定位，分析说明该定位的合理性；
- 奥马电器的品牌定位推广阶段的广告，借用了受众对美国总统奥巴马的高熟悉度和敏感度，利用了受众关联式记忆的创意技巧。请评估这则广告创意的合理性。

训练 5 GAP 的定位与命运

GAP 是 1969 年在旧金山成立的一家服装公司，最初凭着简单的白色衬衣和卡其布休闲裤一举成名，其风格较为大众化、价格亲民、定位更靠近休闲基本款，因此成为国际领先及家喻户晓的休闲服饰品牌。随着 GAP 品牌知名度的提升，公司开始将自己最初的日常服装逐步扩展为三大类服装，并且采取了多品牌策略：香蕉共和国（Banana Republic）主要做偏正式的服装，GAP 聚焦于休闲式工作服装，而老海军（Old Navy）主要提供比较便宜的服装。

进入 21 世纪后，随着越来越多竞争品牌的出现，美国服装界掀起了一股年轻潮，很多新兴服装品牌都开始将目光转向所谓的“青少年”，这使 GAP 明显感受到了压力，GAP 从自己原先所秉承的一致风格进入游移摇摆阶段。

为此，GAP 开始采取一系列措施，其旗下的设计师开始潜心钻研其他品牌的服装以及年轻潮流，逐步摒弃了GAP一直推崇的休闲风格，将自己服饰的聚焦方向固定为更年轻的消费者。GAP不再是休闲之王了，它变得更为时尚、更为超前，但这样做不仅没有招徕更新的顾客，反而使得原先忠诚于它的顾客避之唯恐不及。2001年，GAP公司从大幅盈利直接沦为全年净亏损。

GAP于是启动了新的运营策略“回到本原”，希望通过一系列举措重新展现自己多年来所推崇的理念，将那些流失的顾客重新吸引回来。在GAP专卖店中，GAP独特的白色T恤、GAP牛仔以及卡其服装又回来了，同时店内之前如打翻了颜料罐的多种色彩也被一些基本的色彩所替代。2002年，GAP公司销售收入得到有效增长。

■ 品牌定位是关乎品牌市场生存的大事，一举一动均应慎之又慎，甚至即便如此，品牌定位的预期结果也可能会出现意外的结果。请收集并整理两个品牌定位失败的案例。

■ 请通过分析案例资料，说明如何操作可以将品牌定位失误的可能性减少到最低?

2. 定位之下的核心概念：关注品牌形象

思考与讨论1 核心概念是策略还是创意?

思考要点记录

题目陈述

核心概念是策略还是创意？谈谈你的想法。

背景知识

核心概念是带有创意性的策略，是创意性地解决问题，是广告解决方案的灵魂。

核心概念既是策略也是创意。它一方面继承了任务和沟通的主要内容的需求；另一方面高度概括了解决方法和解决途径；此外，它还必须体现与消费者沟通的主题（基于定位），统帅创意，已经从面对消费者沟通的视角完成了表达方式的转化。

核心概念还需要后续的创意执行，一旦有了一个强有力的核心创意点，接下来的工作便是如何以崭新的、原创的方式，将创意转化为活生生的作品。

思考要点记录

当定位需要我们传达某一种品牌或产品对某一个消费者群具有“精心的爱护”“细腻的保护”的感受时，我们就需要围绕“爱护”“保护”来寻找适合的、具有创意性的表现策略，其核心概念可能是从不同角度展开的：强势对弱势的保护；母亲一样的体贴爱护；密友般亲密的维护；随时随地的陪伴保护；像“英雄”一样承担所有风险，等等。核心概念是对定位的坚定执行与细化，它来自于对消费者与产品关系的深度解读和理解，是创意性的探索中所发现的最为适用的沟通角度，同时也是广告解决方案的主题与纲领。

核心概念的设定虽是在策略原则的基础上，对广告表现原则的创意性延伸，但是，它并不等同于广告方案最后的创意表现，因为在核心概念之下，创意表现还有非常多的衍生和探索角度以及深度再发现的余地。例如，在上述案例中，即使“密友般亲密的维护”可能最后会被判断为最为适用的核心概念，我们仍可以进一步发现众多不同的创意执行方式，例如：以动漫中一系列最为亲密和彼此信任的关系来表达，以一系列全球历史上政治及社会人物之间的关系来表达，或者以自然界中的亲密关系来表达，等等。在创意过程中，对各种表达元素，如是否使用某个物品、是否使用某种色调、是否使用幽默手法、是否使用某种画风等，都是创意过程中能够强化创意力的方式，其带来的各种表现的可能性，在各种不停的尝试中通常可以一直发展下去，直到创意人员认为充分表达和细化为止。

大家经常把广告需要传达的信息跟广告创意混淆，事实上，创意指的是我们传达信息的方式。同一个信息，有着千差万别的传达方式，这是毋庸置疑的，而你能发掘出最具效率（比别人发现的更具效率）的那一个，那就是你的创意能力所在。

思考与讨论 2　与形象和感受有关的核心概念

思考要点记录

题目陈述

当某核心概念被设置给某品牌时，其与本品类、本品牌的关联性能否被有效建立起来是非常重要的问题。请分析在以下案例中，与形象、感受相关的核心概念与品牌、产品的贴合程度如何？其贴合感是如何建立起来的：

南方黑芝麻糊品牌形象视频广告；

可口可乐与快乐的北极熊一家的若干视频广告。

思考要点记录

背景知识

很多广告并不会把诉求集中在产品的功能上，其原因有很多种。

第一，可能是产品本身不易于发掘出很正面的特点，例如一般的饮料、快餐产品。第二，某些品类的产品同质化程度已经很高，单纯做产品功能的提炼意义不大。第三，当一个品牌之下拥有若干不同品类的产品，对于此品牌来说，传达更宽泛的形象和感受（相对提炼共同的产品特点来说）是更为有益的做法。第四，营销传播任务锁定在提高品牌的好感度和可辨识度。第五，对以风格和时尚等为卖点的品牌/产品来说，品牌形象和感受的传达更为重要。

同品类不同品牌间，甚至不同品类的产品也会拥有相似的感受和形象。例如，纸尿裤类产品的形象和感受中，“快乐”“健康”“舒适”“关爱”“妈妈放心”“成长”等就是天生与产品深度关联的正面感受，相似于纸尿裤类产品，婴幼儿服装、奶粉等其他用品，也会在这些正面感受和形象中有高度的重合。在核心概念中，即便难以突破这些范围，但是从不同的角度寻找到差异化的表达也是人可能的。

2012年12月，中国移动的最新品牌形象广告正式上线。这部广告片以为幸福下定义的方式突出“为了幸福而改变”的传播理念，希望通过不断创新的通信技术和应用，让人们的生活变得更加幸福和美好。为了改变中国移动在受众心中的严肃国企印象，选择了用黏土动画的风格拉近与消费者之间的距离，选择微缩模型实拍与后期电脑特效结合的执行方式，希望在欢乐而温情的画面中，改变用户对童心应用的感知，从而突出移动改变生活的价值。

精读知识点1 大卫·奥格威和品牌形象理论

大卫·奥格威的品牌形象理论于20世纪90年代初被引入中国，代表性事件为1991年6月林桦翻译的《一个广告人的自白》一书的出版。在这之后，品牌形象理论开始在中国流行起来。值得一提的是，1997年10月，台湾奥美广告公司的宋秩铭、庄淑芬、白崇亮、黄复华等撰写的《奥美的观点》一书由中国经济出版社出版，随后在2000年10月《奥美的观点Ⅰ》和《奥美的观点Ⅱ》由企业管理出版社出版，2003年7月林桦翻译的《一个广告人的自白》由中国物价出版社出版，这都掀起了品牌形象理论在中国的传播与实践热潮。

请收集相关书籍资料进行阅读。

精读知识点 2 ROI 理论

ROI 理论诞生于 20 世纪 60 年代，由广告大师威廉·伯恩巴克创立，该理论主张优秀的广告必须具备关联性（relevance）、原创性（originality）、震撼力（impact），是广受业界接受的创意原则。

请收集相关书籍资料进行阅读。

训练 1 寻找核心概念

■ 查找资料，从近两年的广告案例中，找出与建立品牌形象相关的十条核心概念，并分析其落脚点、优劣之处与价值。

■ 请将你的分析和观点整理落实成文字。

训练 2 哈撒韦衬衫之“戴眼罩的男人”

哈撒韦衬衫（Hathaway）的客户当初也不可能一看到眼罩就尖叫。

1951 年，缅因哈撒韦衬衫厂的老板找到奥美广告公司创意总监大卫·奥格威，要求做每年不到 3 万元的广告预算，奥格威接受了这个要求。

曾有一个调查报告表明：能吸引读者的是那些能引起读者好奇心并促使他们探究的东西，哈罗德·鲁道夫称之为“故事诉求”。奥格威决心用“故事诉求”做好这个只有 6 000 元利润的广告。

奥格威想了很多种“故事模板”，其中一种就是让模特儿蓝吉尔戴上一只眼罩，这源自奥格威幼年时崇敬的一位小学校长和一位大使的真实形象。

照片拍出后，那张蓝吉尔戴着眼罩，穿着哈撒韦衬衫，左手支腰的独特姿势吸引了所有的奥美人。他们一致决定用这张照片配上以“穿着哈撒韦衬衫的男人”为标题的文案。广告最后刊登在《纽约客》杂志上，这则戴眼罩男人的广告使哈撒韦衬衫一炮走红。

接着，奥美又将蓝吉尔用于不同场景的系列广告中：在卡内基音乐厅指挥纽约爱乐乐团、演奏双簧管、开拖拉机、击剑、驾驶游艇、购买雷诺阿的画，等等。

这是第一批成功的品牌形象之一。奥格威回忆说："迄今为止，以这样快的速度、这样低的广告预算建立起一个全国性的品牌，这是仅有的一例……那是我事业的第一个转折点。"

这则广告是美国赫赫有名的广告大师大卫·奥格威最为人称道的得意之作。除了以至今仍被世人津津乐道的"戴黑眼罩的男人"为主要视觉要素的画面设计的创意外，其朴实无华的文案，中肯、具体、实在、令人信赖的风格是这则广告出奇制胜的关键。文案的第一段就深深抓住了目标消费者的心理：穿西装的人都知道，再好的西装，如果配一件廉价的衬衣，那么西装的效果就会失色不少，一件好的衬衣使西装增色的效果正如画面上的模特一样——相当帅！

■ 请从本案例中，寻找品牌形象塑造的要点。

■ 请收集十则你喜欢的品牌形象视频广告。

训练 3 杜蕾斯的定位

看似随意的杜蕾斯微博，实际上严格遵守着品牌传播的规律——"我是谁（定位）？我要达到什么目的（目标）？如何达到（策略）？"

关于"我是谁"的问题，传统媒体和社交媒体有所不同。传统媒体是点对面传播，"我说我是谁，消费者被动接受"；而社交媒体则是点对点，好像是一幅动态画像，消费者看到什么画像，取决于你的表现和沟通。

最初，杜蕾斯官方微博将自身定位成"宅男"，但在慢慢摸索中，逐渐变成一个"有一点绅士，有一点坏，懂生活又很会玩的人，就像夜店里的翩翩公子"。在这样的定位下，其涉及的话题范围更广，语态也更加轻松诙谐。这种形象在与方舟子的舌战案例中展现无遗。无论方舟子如何激愤责骂，杜蕾斯微博始终从容幽默，四两拨千斤，经此一战，方舟子粉丝减少了几千，杜蕾斯则增加了六千多粉丝。

■ 请收集整理近五年来杜蕾斯在新浪微博上运作的有影响的广告案例。

■ 就案例说明杜蕾斯在新浪微博的广告活动中，通过沟通过程，凸显出了怎样的品牌形象？

训练 4 南方黑芝麻糊广告

南方黑芝麻糊的电视广告描绘了如下场景：在中国遥远的南方小巷中，传来阵阵木屐声、小贩的叫卖声，一个小男孩从厚重的木门里探出头来，经不住黑芝麻糊浓香的吸引：

“一缕浓香，一缕温暖，南方黑芝麻糊。”整个广告具有深情的怀旧情调，使消费者忘记了现时世俗的烦忧，充满了对儿时美好经历的回忆，使每日为生计奔波的人们感受到了一丝丝温暖。

■ 你熟悉南方黑芝麻糊这则视频广告中的场景和气氛吗？对你来说这样的场景和气氛意味着什么？

■ 这种场景与气氛的塑造，与南方黑芝麻糊建立起来的品牌形象有关吗？

■ 当前南方黑芝麻糊品牌是否还应坚持“怀旧情调”的广告概念？请谈谈你的观点。

训练 5 可口可乐与北极熊

2012 年与 2013 年交替之时，可口可乐在 YouTube 发布了其一直视为核心形象的北极熊微电影。这部动画微电影长达七分多钟，讲述可爱的北极熊一家在权衡之后最终选择做自己的故事。

早在 1993 年，可口可乐转变策略，启动了“Always Coca Cola”活动，在全球各地投放了 27 支广告来吸引不同的消费者。同年，在一则名为“极光”的广告中，可口可乐正式宣布卡通北极熊成为其最主要的品牌标识之一，这也是北极熊首次在可口可乐电视广告中亮相。自此之后，全球消费者从可口可乐的广告中频频看到北极熊的形象，包括在 1994 年奥运会期间可口可乐投放的两则北极熊广告，以及在后来的“超级碗”（美国国家橄榄球联盟年度冠军赛）期间可口可乐推出的互动广告。

或许你会觉得这部微电影情节没有新意。对可口可乐而言，创意之后，更重要的是内容所传达的正能量以及品牌的可识别性。当消费者心中打上“北极熊就是可口可乐”的烙印，它就已经成功了。尤其是与其经典的瓶身设计、暗红色曲线和优雅的字体相比，北极熊这个品牌元素显然是最亲民的。

■ 请通过收集广告作品，审视可口可乐北极熊形象与其品牌形象之间的关系。

■ 为什么选择北极熊这一符号？选用其他的动物可以吗？

■ 对打造品牌形象、建立品牌的可识别性而言，你怎样看待可口可乐北极熊概念的广告活动所发挥的作用？

训练 6 麦当劳的品牌重塑

自 2015 年年初开始，麦当劳就陆续开展了一系列品牌重塑活动。

2015年1月，麦当劳推出了新的品牌主张“选择爱”（Choose Lovin’），作为对“我就喜欢”的新的诠释。在其发布的新广告《劲敌》（*Arch Enemies*）一片中，把人们熟知的各种“死对头”变成了朋友，包括邮递员和看门狗、象征美国两党的驴子和大象、蓝精灵和格格巫等，连当红的“不爽猫”也变得爽歪歪了。李奥贝纳广告公司为这次品牌重塑活动操刀，他们并没有抛弃“我就喜欢”，而是为如何看待“我就喜欢”提供回应与思考。①

- 什么是品牌重塑？
- “选择爱”这一核心概念是怎样对“我就喜欢”做出延伸的？

3. 定位之下的核心概念：关注产品概念

思考与讨论1　与产品卖点相关的核心概念

思考要点记录

题目陈述

你怎么理解建立在产品卖点上的核心概念的作用与价值？

背景知识

从市场营销的观点来看，产品（product）是向市场提供的、供人们留意、获取、使用或消费，以满足某种欲望和需要的一切东西。从消费者的角度出发来理解产品是非常有益的，这个已经得到普遍认同的视角带给我们一个新的认识：对于消费者来说，他们想购买或者所关心的不是产品，而是产品身上所带有的某种功能、某种解决消费者难题的方法，或者可称为卖点（selling point）。

徐峰在《卖点推广与广告运作》一书中提出：“成功的产品必有其突出的卖点。”“什么样的要素能够成为卖点？怎样塑造卖点？怎样根据商品的卖点选择设计最适合的分销渠道？怎样利用合理开发渠道和方式推广卖点，才能使之成为众人关注的焦点？怎样把一个单纯的卖点打造成为众人关注的品牌？”这些都是我们要解决的问题。而卖点必须具有三个基本特征：

① 胡瑾. 麦当劳品牌重塑新主张[J]. 国际品牌观察，2015（3）.

思考要点记录

① 卖点是有需求的；

② 卖点是能够引起关注的；

③ 卖点是具有相对差异性的。

所以产品不能没有卖点，有卖点的产品必须通过推广让消费者认识。从市场营销的角度来看，产品卖点是能让消费者有效地区分同类产品或品牌间差异的一种方法，是激发消费者购买欲望的特点。发现产品的某一卖点，与“在目标消费者心目中确立何种认知”这一问题常常有着紧密的联系。也就是说，我们常常基于产品的某一关键卖点，来探知广告方案核心概念的方向。

因此，在产品日益丰富且同质化倾向日渐明显的市场环境中，准确把握产品卖点并转换为营销概念，是进行有效品牌传播、增强产品市场竞争力的重要途径。而且提炼营销概念是因为消费者的记忆是有限的，因此要寻找最切合消费者需求的产品卖点，使其迅速启动消费认知，释放消费欲望。

在这种情况下，为了将“产品的承诺”与可供消费者顺畅地认识、理解的创意性表达连接在一起，作为指明沟通诉求的内容方向的“核心概念”，是必须紧密围绕产品的卖点而提炼出来的。

例如，“白加黑”作为第一种分为白天吃和晚上吃的感冒药，其主要强调自己不含 PPA（苯丙醇胺），并且可以白天黑夜分开服用的特性，由此确立了市场定位上的差异性，其需要传达的信息锁定在产品独特的功能“白天服白片，不瞌睡；晚上服黑片，睡得香”上。为了对此产品独特之处进行持续的、不同层面上的强化诉求，在不同时期（阶段）的广告信息传播过程中，不同的核心概念出现了，如“治疗感冒，黑白分明”“无论白天和黑夜，表现就是这么好”，等等。

与此类似，很多品牌或产品都需要在不偏离定位的基础上，基于产品的核心利益点，提炼出相关的核心概念，以作为广告方案的创意性的诉求 / 沟通主题，或使之直接成为定位概念。

思考与讨论 2　从卖点到表现概念

思考要点记录

题目陈述

产品的卖点、商品概念、表现概念的差异体现在哪里？

思考要点记录

背景知识

从卖点开始，我们可以逐步确立应该如何表达核心概念。

卖点是商品自身所具有的能打动消费者的机能、特征和设计等富有魅力之处。对于一个品类的产品或者一个品牌的产品来说，该产品的优点或特点可能会有很多，但是并不是每个优点都非常有市场价值。所以，在挖掘产品卖点的时候，要从众多产品卖点中捕捉到对产品来说真正有市场价值的优点或特点，并将之视为广告的诉求点，继而尝试用消费者的视角，重新审视其价值，将之转换为商品概念。

商品概念指为制造畅销品而想出的与消费者联系起来的好主意。在诉求重点的基础上，产品有了引人注目的特点，但不等于消费者就会为之动心。为了使产品与消费者建立起良好的联系，广告产品诉求点就要转换视角，以消费者的角度来看待这个诉求点，描述其对消费者的作用和价值。由此，对信息的表述就得到了一次提升——表述已经从产品的角度转换到了消费者的立场，与消费者建立起了紧密联系。

广告策划人员也可以仔细观察产品是如何融入消费者生活的，从中找到诉求的突破点。例如，“超薄的马铃薯切片”是某品牌薯片引以为傲的产品卖点，其与消费者之间的联系必须得以确立，如果我们从消费者的角度来审视这个卖点，就可以看到超薄的马铃薯薯片“解馋且食用量小”。

在商品概念的基础上，表现概念解决的是“如何说”这个问题。从上一步商品概念所制定的要点出发，通过思维上的转变，从陈述“商品的用处”转移到消费者的购买机会上。表现概念侧重于“如何具体表达会更好”这一角度，在考虑多种因素后，结合消费者的购买机会，然后再精彩、凝练地提出来。换句话说，表现概念要解决的问题是：考虑和选择一个合适的场合（信息场景），然后用充满魅力的方式把信息表达出来。以上文品牌薯片为例，以“超薄的马铃薯切片”这一卖点最终构造出来的表现概念，可以是“轻薄的机会”。

精读知识点 1　USP 理论

USP（Unique Selling Proposition，独特的销售主张）理论诞生于 20 世纪 50 年代左右，由美国的罗瑟·瑞夫斯提出。USP 理论致力于提出一个品牌 / 产品的精髓，在 20 世纪 90

年代后的广告业务中被广泛使用，并给行业带来了大量经典的案例。在国内，1999 年张冰梅翻译了《实效的广告——达彼思广告公司经营哲学：USP》一书，USP 理论在国内也得到广泛的应用。

请收集相关书籍资料进行阅读。

精读知识点 2　知识与传播

用什么知识去与购物者沟通？以往我们惯用的方式是为广告提炼出具有说服力的、个性鲜明独特的主张（如 USP 理论），从品牌形象到产品诉求，建立起与其他品牌和产品有明显差异的认知特征。但是很明显，这是建立在“点对面”的沟通方式基础上的内容机制。在网络时代，广告从业者难以忽视购物者学习知识的新方式。

首先，知识已不再呈线性存在，海量信息驻留于虚拟空间，随时在静候着链接机会与再造机会。知识发送方无须受时间、空间和表达方式的限制，可以在新的沟通机制上尽可能全面、多角度、多样性地展示自己。

其次，通过创意获取购物者对信息的关注与理解仍然是关键的内容创制技术，且创意的内涵将扩大（见下文）。其中，创意形式和媒体表达形式与“诉求”内容及购物者决策心理相一致，这些方法将建立在新的信息架构学基础上，与目前在中国迅速发展的 UED（User Experience Design，用户体验设计）实践同步发展。

最后，在引导信息对购物者产生影响力的控制过程中，“雪藏”与“抗雪藏”技术是对信息进行管控的必要手段，这一技术将取代以往广告媒体投放控制中，对提升到达率、收视率技术的关注。

基于网络时代知识与学习的特点，广告策划者应该重新收拾自己的工具箱，引进一些新的工具，并重新审视旧工具的用途。一些已在各自领域得到了充分发展的理论与方法，如新媒体时代的学习理论（如联通主义）、社会网络分析、信息架构学、知识管理、购物者营销、跨媒体行为监测、计算机辅助质性数据分析（CAQDA）、基于位置的服务开发等，都值得受到更多的关注。

请收集相关书籍资料进行阅读。

训练 1　东方树叶的卖点

农夫山泉所推出的东方树叶在瓶后的营养成分表中，能量、蛋白质、脂肪、碳水化合物、糖和钠均为“0”。与非茶饮料和其他茶饮料相比，在充满了糖分、香料及各种添加剂的饮料市场中，东方树叶的“0 卡路里”显得如此抢眼，而“健康与纯正”无疑成为最佳的产品主题。

毫无疑问这款茶赢得了相当大的关注，许多消费者因为它精美有格调的外包装和同样风格的广告购买并尝试了这款新产品，但是，这款产品的美誉度并不高。以下列出了一些消费者对本产品的负面认识：

① 味道不好。一方面，喝惯统一、康师傅等甜味茶饮料的消费者不习惯东方树叶的苦味；另一方面，喝冲泡茶的消费者认为东方树叶并没有茶香，甚至认为立顿等袋泡茶味道更接近茶叶。虽然有消费者认为略带苦味可以证明该饮料天然无添加，但是对中国食品安全一贯的不信任让另一些消费者产生了“就连这种苦涩口味都是使用化学剂调配的”想法。

② “0 卡路里”是这款茶饮料的一个主要诉求。但是在这款饮料的包装上，消费者看到它的营养成分表中，能量、蛋白质、脂肪、碳水化合物、糖和钠全部标识为“0”。其宣传迎合了很多爱美人士担心摄入过多热量的心理，但也有消费者质疑：茶饮料又不是水，为何所有的营养标识都是“0”呢？

③ 在营养成分表均为“0”的情况下，这款产品的配料表中却出现了别的茶饮料产品使用的一些添加剂，让消费者非常困惑。

④ 虽然标榜自己味道接近冲泡的茶叶，但是这种开瓶直饮的方式并不符合中国人喜欢喝热茶的习惯，甚至有消费者认为尝起来像隔夜茶，还生发了“隔夜茶对身体有害，东方树叶为什么保质期那么长”的疑问。

■ 请就东方树叶的产品特点与消费者的接受状况，为东方树叶重新提出有关从产品卖点到表现概念的建议。

训练 2 为服务类产品寻找产品概念

服务类产品是指不具有实体，而以各种劳务形式表现出来的无形产品，如旅游业、信息咨询、法律服务、金融服务等。服务类产品与有形产品差异明显，服务是无形的，消费者无法感受到服务诸如视、听、闻、尝、触等方面的物理特征，因此从本质上讲，服务是一种承诺。

陆金所是平安集团旗下成员，是中国最大的网络投融资平台之一，为中小企业及个人客户提供投融资、理财、贷款、信贷服务，实现财富增值。截至 2015 年 6 月，其注册用户已逾千万。

■ 请为陆金所品牌针对个人用户的金融服务提出有关从产品卖点到表现概念的建议。

训练 3　联想斑马人

2009 年，联想推出了具有外观轻巧时尚、待机时间长、便利无线上网等特点的 Ideapad U 系列笔记本，其目标消费人群是年轻白领一族。为了使 U 系列笔记本在当前新品迭出、竞争日趋激烈的笔记本市场中脱颖而出，联想根据其产品特性，锁定特殊消费人群，借助网络新媒体平台，整合故事营销与话题营销模式，成功地为新品上市做了推广活动。

对于 U 系列笔记本产品来说，笔记本的“轻薄”不再是一个新概念，且“轻薄本”也不再等同于“高端”。联想推出的 U 系列仅以“轻薄”的产品特点，加入了主流价位轻薄本的竞争。

为此，其广告设定都市时尚白领为目标人群，寻找轻薄笔记本可以带给消费者的感性利益，以此来引领人们对于“轻薄”的新认知，最终占领轻薄本主流市场。

广告解决方案结合对目标消费者的洞察——他们在意物质条件，更在意精神上的享受，继而将产品的价值锁定为“一个都市旅行的亲密伴侣”，并以此提炼出传播的核心概念：自由行走在都市。

■ 请根据以上案例，描述从产品卖点到表现概念的关联。

训练 4　乐百氏“二十七层过滤”

做纯净水的广告，首先应弄清楚纯净水的产品概念是什么。纯净水是在饮用水大概念下的独立概念。饮用水的大的共性概念应该是能够解渴，而纯净水应该是饮用水中一种最洁净的、用来解渴的水。

这种水给人的直接利益除解渴之外，还因为水的洁净让人不仅可以放心饮用，还不会给人带来不必要的细菌侵入的麻烦。因此，纯净水要突出的主体概念应该是无菌、洁净。

乐百氏纯净水的视频广告“二十七层过滤”用广告文案和自上而下的水滴流向等非常简洁、直观的方法将纯净水的过滤过程表现了出来，把握了目标受众和目标消费者对纯净水的认知。而其广告语“乐百氏纯净水，二十七层净化”明确地满足了受众对产品的期待。

①“二十七层过滤”试图说明水经过了二十七层的过滤后“非常洁净”，这里且不论在工艺上是否的确这样，因为消费者要的是结果而不是过程。

② 这则广告直接从产品带给消费者的利益进行阐述，避开其他的途径，虽然在一个

不是很成熟的市场中短期内可以获得一定的市场理解，但长远来看，这会对产品品牌的延伸和塑造产生不良的影响。

③“二十七层过滤”并不仅从水的品质上强调了水的洁净，而且也说明了企业对消费者的认真态度。

■ 有观点认为，这则乐百氏广告的诉求特点除了是一个产品的概念诉求外，还是一个品牌形象的诉求，因为强调企业对消费者的认真态度，就是对品牌形象的一种积累。你同意这个观点吗？

■ 请收集几则诉求产品概念的故事，以及进行品牌形象诉求的视频广告，并说明这些广告是怎样完成这一任务的。

■ 本品牌其他相关广告并没有进行品牌承诺和态度的持续性诉求。本品牌只在这则广告上把这样的承诺和态度作为乐百氏品牌的一种象征或者短期内的品牌理念表现出来，你是否赞成这样的操作？对此，你有自己的观点或建议吗？

训练5 农夫山泉的“新品类”

李斯 & 特劳特在其《定位》一书中提出：当你在成熟产业中无法跻身于第一梯队时，夺取市场的最好方法是：以差异化战略细分出一个新的品类，以“吃螃蟹者”的身份成为人们记忆中该品类第一品牌。例如，当果汁企业在争抢并宣传纯果汁概念时，统一鲜橙多开创了 PET 瓶（聚酯瓶）非纯果汁饮料品类；华龙集团在方便面市场“凭空”开辟出一个“弹面”市场；其他成功的例子也不胜枚举：红牛、承德露露、椰树牌椰汁、南方黑芝麻糊、旺旺雪饼、老干妈、王老吉等。

新品类可运用有效的传播来迅速占据消费者心智空间。其中，提炼直击人心的产品概念是最核心的方法。产品概念的提出一定要基于消费者的需求，甚至是消费者还没有意识到的需求。如果这种产品在创新之前就系统地研究了消费者的需求，那么概念的提炼就是水到渠成了。如“海尔”的小小神童即时洗（洗衣机）让夏天洗衣有烦恼的人们一见就喜欢。一个功能、特点再好的产品，如果完成不了从技术特点到消费利益的交换，不能很方便地为消费者所感知，那么它就不是一个好产品。如何完成有效转换？最有效的方法就是创造一个鲜活的“表现概念”，让消费者一听就懂，一看就明白。

■ 为什么说红牛、承德露露、椰树牌椰汁、南方黑芝麻糊、旺旺雪饼、老干妈、王老吉等品牌的产品开辟了新品类？

■ 请补充寻找三个开创新品类的品牌，分析其是如何通过广告让消费者感知到产品的差异性的。

4. 指向广告任务的解决方案构建

思考与讨论 1　什么是解决方案？

思考要点记录

题目陈述

■ **客户/产品：佳能卡片机IXUS。请选取下图所提出的某一个细化的症结，描述其相应的广告任务。**

■ **应该如何完善“对谁”“说什么”“怎么说”的细节内容，以形成较完整的解决方案。（如图8-1）**

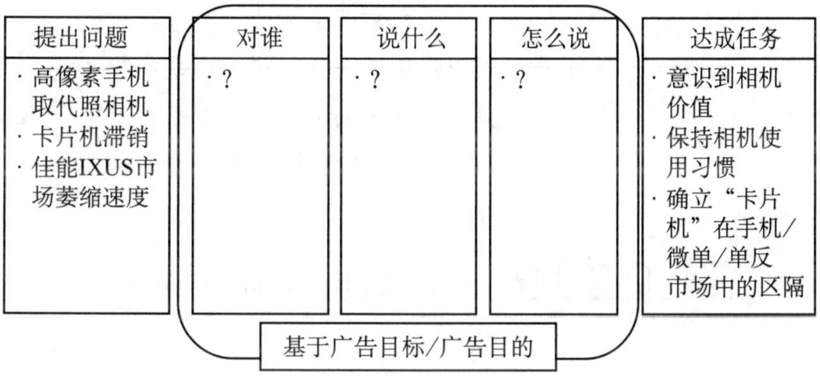

图 8-1　指向广告任务的解决方案

背景知识

广告活动的本质意义在于它以有效传达产品、服务或企业信息为目的，在此基础上，广告策略是对广告活动原则性问题的确立。有关的策略原则性决策，可以清晰地以“发现问题—提出问题—解决问题”的方式进行表述（如上文所述）。也就是说，在通过策略分析，发现了一系列需要迫切解决的市场问题之后，可以判断出哪些市场问题是可以通过营销传播手段来解决的，并为此设定明确的广告策略任务，之后就要针对所设定的广告策略任务，提出广告表现与传播活动的策略与方案，尝试用最为有效的手段来达成此任务。

思考要点记录

广告表现策略在以上过程中占有重要的位置，它以广告策略任务为方向，以营销与传播环境为基础，指明广告活动传达诉求与创意的原则和方法等，并建立起信息对消费者的良好表达和沟通模式。

在数字化时代，“内容规划、捕捉消费者、联结、贴近、持续”成为规划达成任务的解决方案必须关注的要点：

内容规划：必须以内容来吸引消费者，并引发互动；

捕捉消费者：找到能够到达消费者的媒体；

联结：和消费者共处同一媒体并不意味着能产生任何有效的沟通，沟通主题之下吸引人的内容，是保持品牌/产品与消费者关系的建立的基础。找到有效的主题和内容，是确保联结的关键；

贴近产品：不仅是认知，而且可以是态度，甚至可以是购买意向，让消费者产生购买的意愿，创造认知—情感—购买行为的无缝链接通道；

持续：每一个解决方案都可能构成消费者知识中的一个结点，结点间会有上下左右的关联性。考虑到方案中知识（信息）的连贯性的要求，可以强化某一解决方案的持续性设置。

将其整合起来的，就是广告方案，是“Big Idea”，是为完成广告任务所将规划、推行的解决方案的基本构思。

思考与讨论 2　一次性和持续性的解决方案

思考要点记录

题目陈述

如果是针对某一主题的持续性方案，如蒙牛的“质朴”主题，需要多年在同一话题下制造持续的沟通，变化各种谈论的方式，作为主题的引领者，怎样多元地分解这一主题，创造出不同的内容，既保持话题的延续性，又不断创新，创造新的吸引力？

背景知识

在针对某特定广告任务的广告策划方案中，我们需要慎重判断：这是一次性（在某特定时期内）就可以妥善解决的短期方案，还是需要在本次广告活动的特定执行时期，也应该继续推进、发展的长期方案；这是与以往的定位、形象、核心概念划清界限的解决方案，还是重在延续以往，并将继续延续至未来的解决方案。

思考与讨论 3 随时调整的方案

思考要点记录

题目陈述

百事公司生产的运动饮料“佳得乐”（Gatorade）为争当“全世界最大参与式品牌”，其美国芝加哥的营销部门成立了“作战室”，跨社交媒体实时监测品牌。可以追踪定制化的数据图表和仪表板（包括与品牌、赞助运动员、竞争对手相关的词汇），就产品事实和营销活动进行观感分析，每天所有的回馈意见都会汇整纳入产品和营销之内，例如用来改善公司网站的登录页面。自从设立“作战室”以来，佳得乐在线的流量、访客互动的长度、营销活动的病毒式分享都增加了一倍以上。请思考，“作战室”的思路如何才能更好地融入广告策划方案中？

背景知识

一般而言，广告活动在方案拟订完成后的执行阶段中，非常有可能会遇到市场条件发生变化、竞争对手另有动态，或者消费者态度发生改变等临时出现的一些问题。如果广告策划一方认真应对这些问题，对方案进行随时的调整，将对方案执行起到良好的效果，但这却恰恰是业务环节中难以处理的问题。在很多时候，广告策划方案确认后再作调整，所牵涉的人员、流程、合同等问题都是大麻烦。在两难之下，企业有必要去思考，如何才能让广告策划所提供的解决方案动态性地应对变幻莫测的市场现象与传播环境。

精读知识点 《22 条商规》[①]

本书以 22 条简单、明晰的定律概括了定位理论在实践中的应用精要，致力于消除市场营销过程中的误区。

阅读分析

品牌价值的改变

在巴普洛夫的研究和人类科学的研究的理论支持下，以往的市场营销者们试图“证

① 艾·里斯，杰克·特劳特. 22条商规[M]. 寿雯，译. 北京：机械工业出版社，2013.

明”：在恰当的时间恰到好处地摇几次商业之铃，他们就可以仅凭品牌来指挥听众的欲望。早期的成功使他们觉得广告可以控制他们的这些听众，但现有的广告媒体选择有限及社会群体越来越固定化时，人们接触到的替代方式就受到了限制。

大众营销的前途可能会和恐龙的结局一样，但我们绝不是暗示品牌经营的原则奄奄一息。建立和维护知名度的需要及其连带的利益一直都会是一个有能力的营销者在行业内的资本。但是新兴媒体和可利用的信息之间的错综复杂的关系意味着只有知名度和关联性是不够的。逐渐地，客户不再将品牌与一个信息联系在一起，而是与他们对这个产品或服务有关的所有体验联系在一起。换言之，品牌经营现在更多的是在讲你做了什么，而不是你说了什么。因为人们有复杂的动机，市场营销者不得不致力于在他们的产品和服务与客户的需求之间建立有意义的联系。通常，这些品牌的建立都是借鉴马斯洛人类需求五层次理论。

需求和解决方案之间并不容易连通，当产品或服务存在于一个几乎不可能区分的类别里时尤其如此——计算机的品牌问题是，无论是企业还是个人都不会从广泛的范围考虑他们需要一台计算机。计算机不能解决渴或饿或归属感。而且没有两个人会为完全相同的原因购买同一台电脑——品牌经营在这个环境里更为困难，因为在这种环境下，品牌难以锁定单一的目标。对于一个想购买电脑的顾客来说，品牌的重要性排在类别、价格、可靠性和服务之后。尽管你可以针对这些品质使产品品牌化，但它们肯定无法对应消费者购买电脑的最终利益。

品牌的建立旨在服务于那些能吸引大众的产品或服务。不管我们是否对某一个特定品牌的沐浴香皂有强烈的偏好，但大多数人们都使用香皂，即使只是很少的一部分人才会对香皂区分对待，但为香皂打造品牌依旧是很有必要的。然而，为那些消费者很少购买的产品或服务打造品牌却是相当困难的。这些东西就是无法在消费者的“首要意念”（top-of-mind）中显示出其显著性。[①]

■ 你怎么理解上段文字所表达的观点？对此你有什么见解吗？

阅读分析

任天堂的概念与效果

“概念”这两个字，会让你想到什么？其实我们任何人在做任何事，创造任何东西的

① 布莱恩·艾森伯格，杰佛瑞·艾森伯格，丽莎·戴维斯. 等待猫吠？——怎样说服越来越精明的消费者 [M]. 季丽娜，译. 北京：中信出版社，2009.

时候，最先要考虑的就是“概念”。因为只要有了概念，“该做什么样的设计”“该为谁而做”“该如何执行”等自然就会确定下来。

我们究竟是为了什么而思考概念的呢？我想应该是为了实现“未知的好”并改变世界。因此，不论是全球为之狂热的好消息，还是不为世界所接受的坏消息，这些都只是次要的结果，都不是我们应该观察的目标。那么，要以概念为准则收集信息，具体该怎么做呢？

我们在任天堂的网页上整理了对外公开的信息，发现其中有好几次都公开了任天堂的概念为“扩大游戏人口”。从概念中可以产生成功准则，也就是告诉我们如何正确地分析判断指标。

例如，有个判断指标是“平均一户的使用人数”。企业通常会以销售额或利润的高低来判断成功与否，但任天堂除了以利润高低还以使用者人数的增减为判断准则，而且不只是看玩游戏的人数，还看“平均一户”的游戏人口。从这个指标可以看出“当多卖一台Wii 游戏机时，同一户内会增加几个游戏人口”。

这个数字和销售额并没有直接关系。这个数字显示即使只卖掉一台 Wii，但这一台如果是安装在家里大家一起玩，数字就会变大；相反，如果买的都是单身男女，就算 Wii 的销售业绩很好，数字也会变小。有时候越卖反而数字越小，这对一般的企业而言绝不是一个适用的指标。

事实上，Wii 呈现出来的数字很惊人。2007 年在日本，Wii 的“平均一户使用人数”是 3.5 人，也就是说一台游戏机平均是 3.5 人的家庭一起在玩。2005 年在日本平均一户家庭的人口是 2.55 人，而这个数字远远不及 Wii 的一户使用人数，这表示 Wii 已经完全融入了家庭。

这个数字同时也意味着不仅是原有的游戏玩家，Wii 已经跨越了年龄、性别、游戏经验的有无，已经让所有家人都可以一起开心地玩。这个数字彻底地颠覆了以往的玩家形象，也证明 Wii 已经完全改变了世界。

此外，另一个判断指标是“安装在客厅的比例”。这个指标计算的是相比于安装在个人寝室的数字，将 Wii 安装在客厅的比例。一般的企业也许会认为只要产品卖得好安装在哪里都无所谓，但为了要证实概念是否成功，无论如何都需要这个指标。

“安装在客厅的比例”究竟有多高呢？2007 年的调查结果是 83%。

当然在 Wii 的说明书上并没有写“请安装在客厅”，但却有八成以上的使用者自主地将游戏机安装在了客厅。那么，任天堂为什么要调查这个数字呢？

负责策划工作的我并没有营销部门的决策权，但原因其实很简单。那一定是公司本身也想要感受市场的真实反应，想要知道自己拼了命开发的次世代游戏机 Wii 在游戏的玩法上引起了什么样的革命性变化。自己制定的概念（使世界变得更好的方法）真的给世界带来影响了吗？在直接查明真相之后，我们可以得到暂时性的冷静。若想要从销售额、股价等变化无常的混乱数字中脱困，去了解自己和世界之间的对话在实质上带来了什么样的影响，这是最具效果的指标。①

- 阅读上文，概括说明“概念”与“改变世界”间的关系。
- 如何看待此类产品的广告效果的检测?
- 思考：客户对品牌及产品推广效果的关心，真正地落在了哪里?
- 收集两个对生活有实质影响的品牌资料，分析它是如何改变人们的生活的?

训练 1 告知性广告的解决方案

告知性广告（Information Advertising）是指以向目标受众提供信息为目标的广告。这种广告的主要目的在于传达新产品的信息，介绍产品的用途、性能、使用方法和建立需求等，使市场产生对某类产品的需求，次要目的才是传播某种品牌。

摩托罗拉携多款手机于2015年正式宣布重回中国市场，摩托罗拉有着辉煌的过去，但错过了3G和智能手机的机遇，遗憾退出了中国市场，回归之后，摩托罗拉将主打个性化定制，坚持安卓原生态体验。

■ 请选取其中一款摩托罗拉手机，以针对目标消费者的告知性广告为核心，提出你的广告解决方案的要点。

训练 2 确立产品使用观念的解决方案

谁说棒棒糖只是儿童的专利？

Chupa Chups（珍宝珠）的创始人希望，珍宝珠市场不可能只局限在西班牙本土，他想让珍宝珠走到全世界孩子的面前，甚至是走进家长的世界里。

于是，他提出了“Life Less Serious”的概念，意思是“无拘无束地生活”，这一概念告诉人们不要每时每刻都以严肃的面孔去面对生活，人们可以在闲暇时吃一颗棒棒糖，放松一下，笑一笑，减轻生活的压力。

比如2012年公司推出的飞碟入侵篇，广告结合科幻电影的手法，讲述了UFO绑架人类，当外星人气势汹汹地又抓到一个正在吃珍宝珠棒棒糖的布偶时，结果整个UFO飞船变得五颜六色，船内所有人都开始唱歌跳舞。广告故事既跌宕起伏、充满悬念，又表现出

① 玉树真一郎. 心想事成的创意整理术 [M]. 连宜萍，译. 北京：北京联合出版公司，2015.

珍宝珠的味道给人带来的幸福和满足感。

这样的表达方式能轻松地使观众接受，产品受到人们的追捧也是情理之中的事。

另一个成功案例是 2012 年珍宝珠与植物大战僵尸展开史无前例的跨界合作。广告运用电影的拍摄方式，讲述一只僵尸入侵庭院最后被珍宝珠公仔打败的故事。广告将珍宝珠品牌及恰客植入植物大战僵尸游戏中，并定制出新功能与新玩法，吸引受众和游戏玩家关注，在游戏中完成互动体验。广告让观众体会到珍宝珠棒棒糖“轻松淡定”的精神。面临僵尸的进攻，吸吮一下珍宝珠棒棒糖，僵尸即刻灰飞烟灭，击溃入侵者。这个作品还获得 2013 年度中国最佳网络广告案例奖：食品饮品类创意奖。配合广告播出，品牌还推出了恰克字幕组，邀请网友为六张截屏画面配文，受到网友的热烈响应。

通过植物大战僵尸这个话题，扩大品牌知名度，提升偏好度，强化品牌在目标受众心目中的地位和品牌区隔，使产品不光局限于儿童（5—10 岁），还面向青少年（13—22 岁）这一更大的市场进发。

■ 为了帮助珍宝珠棒棒糖继续开拓青少年（13—22 岁）这一年龄段市场，请提出你的广告解决方案的要点。

训练 3 建立情感的联结方案

2014 年后，乐高意识到必须专注于核心的建筑积木业务，消费者再次被置于公司战略的核心地位。乐高消费者战略的指导宗旨是“亲密金字塔”（Affinity Pyramid），在这一宗旨中，公司最好的能带来最大利润的消费者（代表金字塔尖）是对产品充满感情的人。金字塔底部的消费者偶尔会买产品，但对品牌的亲密感不大，乐高的主要任务是驱动越来越多的消费者向金字塔上层移动。

乐高发现，公司与消费者互动越多，消费者也更愿意往金字塔上层转移，双方可以成为亲密对话与共事的关系，而不仅仅是乐高的自言自语。为此，乐高致力于搭建一个与成百上千万消费者联系的平台，重新发现用户体验的概念。

在几十年的积累中，乐高与消费者接触的平台已经不仅限于玩具店，其他的如乐高零售渠道、乐高乐园、乐高官网、乐高家庭购、乐高俱乐部、乐高客服……这些都是消费者与乐高多点接触的平台。这些平台让乐高的品牌不断延伸，提升了它的全球知名度，也给乐高提供了不同的接触消费者的方式。

在用户体验平台的设计中，乐高还注意到用户之间的互动和联系所产生的价值。乐高玩具单价很贵，一般的家庭只能购买其中的几套，乐高想到的是把玩具变成社交工具，把原本小朋友自己在家里玩的游戏变成大家玩的游戏。乐高请小朋友把玩具拿到教室里，共同创造一个城市。由于每个人购买的不同，有人带的是消防队，有人带的是机场，有人拿的是火车站，一个班级的孩子共同建造了一座城市，每个人都是玩具的贡献者，玩得很开心，而没有玩的另一个班的孩子回去会向家长提出购买要求。随着小朋友之间联系和互动增多，乐高就成了必需品。即使提高产品售价，销售量也不会因此而减少——这就是人与人的互动之后所形成的平台联结效应。

乐高所相信的是，消费者体验是所有公司都能做、都能改进的事，但这种常规的活动是很多公司想做但没有做的事。在每一个与消费者连接的平台上，消费者如何使用平台的特性决定了乐高如何顺势而为。[①]

■ 依据以上案例，请寻找增加品牌、产品与消费者情感连接的方法。你还能提供一些其他的方法吗?

■ 请为乐高在中国市场与消费者建立起亲密的情感连接提供两至三个方案。

训练4 说服和态度的改变

广告说服过程可以引发消费者态度的改变，而这通常也是一个需要对消费者知识进行改造或重构的一个过程。

例如，我们常常发现，一杯冰咖啡之所以被消费者接受，可能完全不在于其是否是“属于白领的一款时髦新产品”，而是出于消费者对咖啡的基本认知。消费者的常识是（速溶）咖啡都是热饮口味好，他们虽然知道有了一款新的咖啡面世，但是，如果他们在认识上不能确定冰咖啡味道会更好，不能确定冷水冲泡并不伤害身体，那么消费者是难以形成饮用冰咖啡的习惯的，而仅仅将其作为尝试产品。所以，冰咖啡在走进消费者的生活过程中，如果仅仅是诉求“有了”这么一款冰咖啡，而非全面解决复杂的消费者知识和判断问题，其广告的效果将仅仅指向知名度和尝试购买，难以使消费者养成对产品的使用习惯。

在试图说服消费者或改变消费者态度的实战方案中，我们还必须使品牌/产品的信息对消费者具有一定的吸引力。广告信息的创意与内容构造吸引力对说服和改变消费者态度有极其重要的意义，例如，我们在表达一种产品有“速干”功能时，可以设计与“速干”主题有关系的小游戏，让每天紧张忙碌的白领消费者借此放松，并引发他们的对产品功能的兴趣。

■ 物与人的对话：豆浆与永和豆浆

第一步，选取你要说服的三至五个对象作为产品的目标消费者，其中可以包括你的家人和同学。

第二步，先了解豆浆行业和豆浆产品的特点，以及豆浆消费者的消费状态。

① 钱丽娜. 乐高：平台维系亲密感[J]. 商学院，2012（9）.

第三步，构造一个说服的内容体系，并通过文字把要点与细节描述下来，通过介绍和沟通哪些内容，可以使你的说服对象承认——在购买食品的时候，会看重豆浆粉的用途，且在选购豆浆粉的时候，只要看到永和豆浆这个品牌，都会首选它。

第四步，把这个劝服的内容体系化、结构化，并辅以对其媒体渠道使用的说明。

■ 西门子滚筒洗衣机带有“烘干”功能，生活忙碌的消费者都有可能需要这种功能的洗衣机。请设定目标消费者，并针对目标消费者进行说服，改变其产品需求的态度，使之认为“速干”功能是自己选购洗衣机时的必备功能。请为此提出你的广告解决方案的要点。

训练 5　确立使用习惯的解决方案

当人们没有养成刷牙的习惯时，牙膏的市场会很小；当人们没有养成饭后吃颗口香糖的习惯时，口香糖的市场就难以得到拓展；当人们没有经常补充维生素的习惯时，维生素泡腾片就缺少了消费的理由。当一个品牌，例如三九养生堂的红糖姜茶，没有培养起消费者的饮用习惯时，这就是一种完全不被消费者需要的产品。当中国人都知道红糖姜茶的用途时，培养消费者的使用习惯就成为产品推广解决方案的主要任务。

提示性广告（Reminder Advertising）是指加强消费者对已有购买和使用习惯的商品的了解和印象，提示他们不要忘记这个商品的商标、品牌及特色，刺激重复购买，巩固原有市场占有率，吸引产品的后期使用者购买，引导消费者形成稳固的、长期的习惯的广告。

■ 三九红糖姜茶是一种功能较为明确的产品，但是它的用途并不单一。请讨论：都有哪些机会可以使用红糖姜茶这种产品？将其主要用途分类依某种重要性来进行排序。

■ 讨论：什么是消费者的使用习惯？红糖姜茶的使用场景是怎样的？方案期待建立起怎样的习惯状态？

■ 思考：怎样算是培养起了习惯？有什么好的方法能强化及推动习惯培养。

■ 针对不同用途和产品使用人群，规划有针对性的习惯培养方案。

■ 请将习惯培养方案的思路有层次有步骤地进行结构化的表达。

训练 6　瞄准购买动机的解决方案

购买动机（purchase motivation）是直接驱使消费者实行某种购买活动的一种内部动力，反映了消费者在心理、精神和感情上的需求，它实质上是消费者为达到需求采取购买行为的推动者。

购买护肤品的消费者，其初始动机可能有很多种，例如，原有护肤品快用完了，将在不同气候的地区短暂居住，皮肤发生了新状况，或者是看到某个诱人的广告，等等。

■ 玉兰油多效修护面霜（原广告语："一瓶抵抗 7 大肌肤问题"）的购买动机主要有哪些？

■ 怎样将那些具有初始动机的消费者引导到购物的平台（环节）？请规划出引导路线，绘制出路线图并标出在不同节点所需要呈现的主要内容。

训练 7 培养品牌忠诚的解决方案

早在 2004 年，Kappa（卡帕）就依靠时尚、性感和品位改写了运动市场的格局，使其在国内市场上获得了裂变式的销售增长，也在体育运动用品领域创造了销售神话。在坚守运动精神与偏向休闲时尚泾渭分明的中国市场，卡帕探索到运动与时尚的融合地带，不失时机地推出"We Are One"（合而为一），这意味着卡帕不仅在对运动与时尚的把握尺度上，越来越精准而独到，并且以"运动、时尚、性感和品位"的品牌定位重新引领了中国运动时尚市场的发展。

运动带来享受，是大多数普通消费者对体育运动的需求。面对这种需求，卡帕通过产品设计和特色营销，在消费者中确立了清晰的品牌形象，运动、时尚、性感、品位成了它的标签，这一品牌个性将目标消费者锁定在更加年轻的群体。17—35 岁是卡帕的主要消费群体，该群体具有敏感的时尚嗅觉，具有更加张扬鲜明的时代个性，并且对相应的品牌会产生一定的"品牌崇拜"情怀。目标消费者的这些特点都充分符合卡帕的品牌定位。

卡帕的目标消费者群体除了独具个性，容易接受新事物的特性外，最重要的是他们与互联网共同生长，网络已经成为他们生活中的重要部分。

■ 收集相关资料，探索推动目标消费者建立品牌忠诚的方法。

■ 如果"品牌忠诚"是卡帕亟待解决的市场问题，请通过市场研究，寻找推动卡帕消费者建立品牌忠诚的方案。

训练 8 化敌为友的解决方案

小米手机是由小米公司研发的一款高性能发烧友智能手机，它坚持"为发烧而生"的设计理念，自 2011 年 8 月发布以来，广受"米粉"们的欢迎。

随着市场发展，小米很快就遇到一个市场问题——"米黑"的攻击。"米黑"在论坛、微博等平台"黑"小米，这对小米品牌、小米手机的销量都造成了非常恶劣的影响。

■ “米黑”是谁？他们和“米粉”的差异是什么？

■ 在“米黑”削弱“米粉”数量和热情的同时，“米粉”们又可以对“米黑”产生怎样的影响力？

■ 研究相关问题，并设计相关的营销传播解决方案。

训练 9 新品上市的解决方案

飞利浦 Hue 是一款可以根据任意颜色进行设定的灯具，它可以支持地理定位技术，如果监测到用户的手机进入了特定范围（比如家中），那么灯具就会自动亮起；另外，它还有报警模式（设定灯具在什么时间亮起什么时间关闭，以防外人认为家中无人）、时间模式（按照时间来控制灯的颜色、亮度，比如到点灯光暗下来，提醒孩子们该睡觉了）、IFTTT 模式（支持 IFTTT 这个网站同步自己的社交账户信息，根据信息来改变灯的颜色）等。

这款可由智能手机操控亮度和色彩的灯泡名为 Hue，其最大的亮点是能够自定义灯光效果。用户仅需在手机中下载官方应用，就能随意调节灯泡。红绿蓝三种颜色的搭配将会混合出 1 600 万种颜色，而且 Hue 在节能方面也极为出众，比普通灯泡节能约 80%。

■ 收集相关资料，探索推动新产品上市的营销传播过程中的要点与方法。

■ 这款产品在中国市场中尚属新品，请为它拟订在某一二线城市上市的推广方案。

训练 10 销售推动的解决方案

华为荣耀手环是华为发布的一款全新的智能手环产品，这款产品不仅拥有运动、睡眠等常规监测性质功能，华为还为它加入了蓝牙耳机功能。自上市以后，这款智能手环即备受瞩目。

■ 收集相关资料，探索营销方案中推动销售的操作要点与方法。

■ 请针对提升荣耀手环的销售量，提出你的完整解决方案。

训练 11 产品的整体解决方案

产品的整体解决方案是以客户的消费需求为中心，为客户提供“一站式”服务。而对于整体解决方案的接受者来说，一站式的解决方案节约了自己的时间，把所有的问题一次性解决，更便捷、更高效，也更省钱。

例如，LG电子（中国）有限公司曾表示，中国消费类电子产品行业正面临翻天覆地的变化，随着数码时代的来临，消费者对电子产品有着比从前更高的要求，而中国入世的其中一个必然结果是市场竞争变得激烈，顾客有更多的消费选择。我们必须有一个觉悟，今后消费者将要求厂商提供一个“整体消费解决方案”，这包括卓越的产品、到位的售前服务及周到的售后服务等，单纯的商品交易肯定会被时代淘汰。

在企业所提供的一站式服务中，有的企业会利用自己的系列产品来满足消费者需求，如某电器品牌可利用本品牌电视机、冰箱、空调、洗衣机等整套家电来作为一站式服务的产品；也有企业将本品牌的某产品与其他品牌的产品组合在一起为消费者提供一站式服务，如某品牌牛奶与其他品牌的饼干、速冻食品、面包等组合在一起，满足消费者的早餐需要。

■ 收集相关资料，探索营销方案中茶品整体解决方案的操作要点与方法。

■ 请针对乐事品牌的薯条产品，提出一套完整的解决方案。

训练 12 郁美净儿童霜

■ 请依照下文引导填空：

郁美净儿童霜计划拓展下一年度的市场销售量，在营销过程中可以着眼的市场问题点可能存在于以下几个方面：

① 不止儿童使用儿童霜，在营销环节忽略了哪些消费者；

②______________________________；

③______________________________；

可以把解决第 ______ 个问题作为其下一年度广告策划案的市场任务。

其广告目的可以设定为______________________________。

为此，有理由关注郁美净儿童霜的这类消费者：______________________________。

为达成此任务，郁美净儿童霜与这类消费者进行沟通时的核心概念可以为：______________________________（十字以内，例如：“顽童的世界”。）

第9章 媒体渠道

1. 媒介策略

精读知识点1 《传播媒体策略》①

本书是介绍广告媒体策略及方法的经典，本书从品牌行销传播导入媒体策略设定，深入探讨了媒体传播的运作与策略性思考，其中对传统媒体策略的基础构架进行了清晰的说明。本书也针对媒体新环境，进行了大幅度的更新，对当下及未来的媒体策略问题做出了说明。

在本书中，我们重点关注媒体策略设定时的基础构架是怎样的（如图9-1）。

- 营销策略→广告策略
  - 广告日标
  - 广告预算
  - 表现策略
  - 媒体策略
    - 目标受众选择
    - 媒体目标设定
    - 媒体组合
    - 载具选择
    - 媒体排期
    - ……

图 9-1　媒体策略设定的基础构架

① 陈俊良. 传播媒体策略[M]. 北京：北京大学出版社，2010.

精读知识点 2 《超越广告：选择通向数字消费者的战略路径》①

新媒体与数字营销的登台，不仅仅与来自信息发布平台的革命相联系，而且还与商品的终端销售方式相联系。IBM 的报告《超越广告：选择通向数字消费者的战略路径》（*Beyond Advertising*：*Choosing a Strategic Path to the Digital Consumer*）融合了我们对媒体行业分析师、负责消费者分析和广告投放的 4A 公司、向新媒体逐步转变的传统媒体、在最近两年才开始流行且尚未找到合适的商业模式的新兴媒体，以及真正在新媒体和新广告的基础上实现新营销的厂商的观点和案例采访。

此报告的独到之处和关注重点在于新媒体与传统媒体的冲突与转型。广告与营销之间的界限已经模糊，不论是媒体、广告代理公司还是厂商，都必须在跨平台整合的基础上自我更新。

精读知识点 3 《大视频时代广告策略与效果测量研究》②

本书针对大视频传播环境的新挑战，从消费者、广告主、传播效果等多方面开展深入研究，对消费者多屏生活形态与视频媒体接触习惯、广告主视频媒体运作策略、视频媒体广告效果测量与评估体系、视频媒体广告效果优化策略等问题进行了研究。

本书主要针对新媒体语境下的视频媒体广告投放策略给出方案。

阅读分析

媒介购买公司的发展

请阅读下文，思考问题：

■ 媒介购买公司曾在广告行业的发展中扮演了怎样的角色?

媒介购买公司（media buying network /media house/media specialist/media agency）是从事媒介信息研究、媒介购买、媒介企划与实施等的独立运作的经营实体。最早的媒介购买公司诞生于欧美，1966 年，法国卡拉特国际媒体公司（Carat International）的成立成为媒介购买公司诞生的标志。

① 超越广告：选择通向数字消费者的战略路径[J]. 商学院，2010（2）

② 黄升民. 大视频时代广告策略与效果测量研究[M]. 北京：中国传媒大学出版社，2014.

媒介代理公司是欧美模式的广告代理制的产物，是广告公司、广告主和媒体三方博弈的结果。它可以提高媒介策略的专业化服务水平，满足客户的需要，并通过把媒介投放集中起来，形成大宗购买，增强同媒介的议价能力，反过来又利用在媒介中的影响力来提升在客户心目中的价值，从而使广告公司在同媒介和客户的博弈中处于相对有利的位置，基于这一市场背景的媒介购买公司应运而生。

媒介购买公司在一定程度上也在媒体和客户之间架起了桥梁，减少了媒体寻找广告客户的成本。同时，媒介购买公司也部分地承担起了媒体广告资源的营销任务。就广告主而言，广告主在关注产品本身的同时加大了在广告方面的投入，并且越来越重视对媒体投放成本预算的控制。由此势必要求代理公司能够承担更多的媒介责任、更专业的策划，以及更成熟的视听率的调查分析和更多的广告效应、更优惠的广告价格。

就媒介而言，20世纪60年代后，电视的发展使得大众传媒达到鼎盛阶段，媒介形式由最初的印刷媒体和广播媒体为主，发展为包括电视在内的更加复杂多样的几种媒介形式并存的状况，媒体之间的竞争也更趋激烈和复杂。这就使得媒体需要主动地去寻找各种形式的媒介代理商来协助广告时间的销售和自身媒体形象的整合宣传。

为什么媒介购买公司对客户具有巨大的吸引力?

由于企业的媒介投放费用经常占到企业广告费用的90%以上，是一个非常庞大的数额。使媒介购买集中起来，媒介购买公司在同媒介谈判时一个很小的折扣点的变化，都会为媒介购买公司创造可观的收入。

国际媒介购买公司一般都是将同一集团旗下几个广告公司的媒介业务合并并独立出来形成的，这样就节省了不少运营成本，更重要的是，合并后庞大的媒体购买量使媒介购买公司在谈判中更有优势，能向客户提供有较大折扣的广告价格。以2006年新成立的博睿传播为例，据RECMA的统计，其2005年在中国的媒介代理购买量达110亿元，占2005年中国媒体投放量的13%左右。如此大的媒介购买量，就赋予了媒介购买公司极大的资源优势和谈判的实力。

除此之外，还有一个重要的原因，即依托强大的资本的支持，为客户垫付广告投放的费用。这些媒介购买公司，实际上成为企业的广告银行。由于这个特点，媒介购买公司可迅速在一个市场汇聚大量客户，形成市场的垄断。而利用这种垄断，通过与媒体谈判获得的回报，即使所垫付的广告费是从银行贷款，也远远高于银行的利息。例如，博睿传播2005年在中国的总投放额为110亿人民币，一般媒介购买公司的平均利润为3%，也就是说，该公司的纯利润为3.3亿人民币左右。[①]

① 陈刚，崔彤彦.媒介购买公司的发展、影响及对策研究[J].广告研究（理论版），2006（5）.

思考与讨论 1 新技术为媒体环境带来的改变

思考要点记录

题目陈述

请收集资料并讨论，对近期媒介环境较有影响力的新媒体与媒体新传播形态做出综述。继而请思考：广告从业人员如何才能很好地适应媒体环境的快速发展与变化。

背景知识

在新技术与商业创新的驱动下，种类新颖且带有新传播特质的媒介渠道不断在传统媒体、新媒体以及原本没有任何媒体基础的平台中演化开来。在某一种新媒体的创新中，我们看到的是无数旧有媒介的新应用的诞生，以及新的传播特质的形成。

我们从泛媒时代的媒体环境中看到的不仅仅是媒介种类和数量的实质性增长，也不仅仅是那些形形色色媒体差异性的存在，来源于破坏性创新[①]的媒体技术，使媒体持续保持着沟通方法上的不断革新，在这种情况下，所有传统媒体也可以被赋予新的媒体功能，从而融入到新媒体环境中，变身为“新媒体”。

伴随新媒体发展而形成的多技术融合背景，使各类媒体可以在不断的发展、进化中，不断竭尽所能地优化其传播效果，形成依托于不同媒体、信息传播形态多样的媒介应用方案。例如，杂志媒体、户外招贴并不是通常意义上的新媒体，但是，杂志媒体和户外招贴可以通过应用二维码技术，推出平面广告与手机信息推送相结合的信息传播方案，就杂志媒体而言，其接触点类型中也就增加了这种二维码广告应用形态，从而成功进入新媒体传播领域。当然，这种方案对类似的多种平面媒体来说，都是可以进行尝试的，但对招贴、报纸、杂志等而言，其各自的二维码广告接触点的传播特征与效果当然也会有所差异。

相关应用方案的出现，在本质上仅仅代表着某类媒介新信息接触形态的诞生，并非意味着一种新媒体的出现。因此，从媒介接触点的角度，积极跟进媒介创新应用的传播特征与效果研究，将有助于广告

① 破坏性创新（disruptive innovation），或称“破坏性科技”“突破性创新”，指将产品或服务透过科技性的创新，并以低价特色针对特殊目标消费族群，突破现有市场所能预期的消费改变。

思考要点记录

业界对新接触点的认知、了解、使用与推广。

媒介创新应用不断为广告信息的传播方案提供新的可能性，但是，媒介创新应用需要经历一段时间的发展，并在应用模式、用户规模、用户习惯等方面有所积累后，才能呈现出较为稳定的传播特征与用户特征。

在破坏性创新媒体技术层出不穷的现实背景下，媒体种类及数量琳琅满目，这本质上是由大量媒体传播应用及特性的异化造成的，而持续不断的异化则使我们感受到了“接触点”在媒体应用中的重要性——如果我们不以“体现出传播特质差异”的某种类别为核心来确认、计量和掌控传播效果的话，我们又将如何控制信息传播过程呢？

思考与讨论 2　人们接触媒体的行为方式发生改变

思考要点记录

题目陈述

广告信息的沟通方式应随着消费者接触媒体的行为方式的变化，而做出相应的改变——这是寻求与消费者有效沟通的最基本原则。在此原则背后，我们除了要看到消费者在微信平台发布信息、在看视频、在商场里活动等之外，还要看到很多其他的问题，例如：消费者在哪里？不同的接触点应怎样配合？不同终端之间的使用如何关联？等等。请思考，人们接触媒体的行为方式都发生了怎样的变化？这些变化会对媒体信息的传播带来怎样的影响？

谷歌眼镜、苹果手表以及小米手环等可穿戴设备的流行和进化，说明大家的媒介习惯接触点正在扩大和改变，请讨论可穿戴设备带来的广告前景。

背景知识

越来越多的媒体发现，现在要在使用初期用一种媒体抓住所有的受众已经不可能了，“目标群体是‘所有大众’”这一说法正在消亡或者说逐渐缺乏足够的说服力。事实上，看人们十年生活空间的变化，首先会发现人们除了在家里，在单位里停留的时间比过去长了，在户外流动和穿梭的时间也越来越长了，流动时间的增加直接带来受众的分化和“大众”的分离。

人们对交通工具的依赖也带来了新的媒介空间，从公共汽车到地

思考要点记录

铁，这些户外媒体的接触率都是在逐年上升的。继而，便利成为媒介置入生活空间的关键要素。受众的移动化导致信息碎片化、媒介空间化现象越来越显著，如果媒介不能在某个空间满足受众在某个移动时间段内的需求，它将很难准确到达受众。

人们能够更轻易地主动获取自己需要的信息，在发现获取什么信息及怎样获取信息的过程中，人们更加驾轻就熟，在互联网中获取了超高的效率，并乐此不疲。

人们更加喜欢同时利用多种信息终端，iPad、手机、电视、电脑等，不同媒体信息与平台的互通互联，使得熟练掌握跨越媒体终端的信息获取路径成为人们所必须具备的素质。

思考与讨论 3 “去大众化”趋势带来的影响

思考要点记录

题目陈述

“去大众化”趋势可能为广告媒体策略带来怎样的影响？请适当收集相关资料，展示自己的观点，并对观点进行说明。

背景知识

在大众媒体繁荣兴盛的年代，广告行业形成了广告客户、广告公司和媒体三方的协作关系，以及广告行业中典型的广告运作模式。在这个模式中，“大众受众”（mass audience）成为广告策划业务中的关键词，它一方面衔接了大众媒体的信息传播模式，使得广告运作得以借助大众媒体的传播特点与优势，完成大规模有效的信息发送；另一方面也衔接了市场营销理论体系中的消费者概念，通过对消费者群体的标签式描述，消费者的心理和行为特征被展示出来，由此广告商得以运用对这些心理和行为特征的理解，来规划广告沟通内容与沟通方式。

从 20 世纪 50 年代到 20 世纪末，这种逐渐发展成熟的运作模式有其存在的合理性，而以电视为代表的大众媒体一直以来都是品牌建设和品牌忠诚计划的主要推广工具，也是确保品牌知名度的主要的信息发布渠道。

然而，变化随之发生。新形态媒体的出现加速了受众的分化，也加速了媒介使用的个性化，大众媒体的转售机制——大众受众数量本

思考要点记录

身——不可避免地受到了冲击，这也使得支撑传统大众媒体生存模式的传播规模效应难以再呈现。“自媒体”(We Media)、“社交媒体”(Social Media）等概念得以彰显，免费媒体、免费内容以及免费信息发布等大大弱化了大众媒体对信息发布资源的控制力，多媒体内容运营服务（Content Manager，CM）市场的急速扩大，已经撼动了大众媒体在广告信息传播链条中的稳固地位。大众传播的单向传播模式已经衰落。同时，大众媒体自身已经开始主导其向新形态媒体的转型过程。大众媒体的领军者电视已经处于向社交媒体形态演变的入口处，而报刊媒体也在进行着面向新形态媒体的转型的各种尝试。这些表明大众传播模式已在向非媒体方向发展。

在新媒体所主导的一个完全“去中心化”（decentralization）的传播结构中，传者和受者的身份得以统一。受众群体不再像以往那样特性鲜明地出现在大众媒体前，供广告客户分群“享用”。虽然大众媒体的广告经营额和媒介购买公司的营业额在数字上仍旧光鲜亮丽，但由大众媒体受众群体规模所引发的广告行业计价、收费模式的合理性已经越来越为人所诟病。

思考与讨论4 社会化媒体给传播方法带来影响

思考要点记录

题目陈述

为什么社会化媒体的大规模出现会给传播方法带来深刻的影响？这些影响都有哪些？请通过进一步收集资料，对此进行分析说明。

背景知识

内容、媒体渠道、对受众的信息接触路径的导引——这构成了顺应受众信息获取新方式的沟通要点。

社会化媒介是一个开放的信息平台，它通过使用者群体对信息的社会性生产、复制、过滤和再利用，将单个的信息节点聚合成为对整个群体都有意义的结果。社会化媒体并不局限在若干平台的应用中，而是已经改造了大部分媒体，使得传统媒体开始发展社会化沟通的能力，并具备了社会化媒体的功能。

社会化媒介改变了使用者获取信息和重构客观世界的模式，使虚

思考要点记录

拟和现实、技术和社会、实然和应然之间发生了更激烈的碰撞融合，推动互联网日益接近社会实践的中心。

Web2.0（第二代互联网）使信息架构变得扁平化，信息的传者和受者的界限变得模糊不清，信息内容多样，链接方向变得不可测。虽然早期进入 Web2.0 的媒介抢占先机，拥有大量的链接，但是节点形成链接的整体结构开始松散，中心节点不再拥有如此多的链接数量和影响力。互动成为这个网络结构中最重要的特征，节点的信息反馈可以很轻松到达信息源。信息变得不可控和难测，跨平台的信息传播使得整张信息传播的网络能够打通各个节点的通路。

Web2.0 是数字时代的根本性变革，它的信息传播模式终于从大众传播中解脱出来。节点之间的结构变得更加扁平，信息传播方式是以信息检索为代表的非线性和超链接传播模式，信息的互动性充分体现，节点与节点之间的传播变得多向，甚至许多节点自身都能掌握自身特有的信息资源，成为一个独立的信息源。Web2.0 时代不仅信息传播内容多样化，而且平台和应用也多样化——这是数字纪元的典型特征。数字化的信息链是可以通过数字在无数通路上到达节点，形成链接的。因此，无论是手机平台还是数字电视、数字广播、数字报刊等平台，都是数字化发展带来的必然结果。平台的融合打通了不同节点之间的隔阂，使得信息传播不再受到时间、空间、平台的阻碍，信息变得无处不在。广告策划的内容生产与设置也必然要遵循这样的规则。

训练 1 广告媒体策略

■ 请阅读陈俊良《广告媒体研究：当代广告媒体的选择依据》（1997 年版）的相关内容，使用 XMind 软件，选择重要内容整理出阅读笔记。

训练 2 特定的市场任务与媒体选择

广告媒体的选择与广告任务之间关联紧密。例如，在产品的导入期，对于卷入度比较高的品类来说（如信用卡等），媒体选择应注意不必追求宽泛的覆盖面，而应选择那些对目标消费者针对性更强的媒体，且选择一些能够传达信息细节内容的媒体进行深度沟通，等等。请尝试针对不同的市场任务，通过案例收集及书籍、资料阅读，发现相关的媒介选择基本原则，并一一列举出来：

■ 新产品上市告知任务的媒体选择；

■ 某品牌借主打产品新功能的诉求拓展品牌市场规模；

■ 针对二三线市场的青少年推广某运动服饰品牌。

训练 3　有效频次的设定

有效频次（effective frequency）指的是对消费者达到广告诉求目的所需要的广告露出频率。请阅读推荐书籍《广告媒体研究：当代广告媒体的选择依据》中的相关知识，分析和判断下列设定有效频次的原则正确与否，并充分说出理由：

■ 品类关心度较低，需要较低频次；

■ 新上市产品，需要较高频次；

■ 市场占有率低的品牌，需要较低频次；

■ 市场数量较多，媒体投放量较大的品类，需要较低频次。

训练 4　单一传播任务组合

针对单一传播任务的跨接触点组合指的是：依据营销传播策略，需要使用不同种类的媒介接触点，共同达成某信息的告知。在此过程中，为达成传播任务，需借助对不同媒介接触点之间的协同关系，来确保信息到达的“量”与“质”。

例如，媒体策略可以选择电视插播广告、网络视频插播及报纸广告等几种接触点，共同达成对某品牌饮料“不含蔗糖”的信息的传播。与传统媒体时代的媒介组合相比，跨接触点单一传播任务组合业务需要关注的媒介接触点种类更加繁多，传播特征更加复杂。

达成跨接触点单一传播任务组合应用的关键问题是：

其一，确认不同接触点的传播特征是否适用于某传播任务，并确保媒介接触点符合其目标受众的某种信息接触习惯，确认接触点在传播覆盖地区、接触受众量以及受众特点等方面是否适合。

其二，确认媒介接触点间所形成的协同关系是建立在对受众数量的叠加的基础上，还是建立在针对信息内容的不同接受心理状态是否互补的基础上。

■“斧标祛风油”是具有祛风止痛芳香通窍功能的外用药，在与同类商品竞争的过程中，它需要进一步提升在消费者群中的知名度。请依据本任务，选择广告媒体，拟定广告媒体组合的策略。

训练 5 多传播任务组合

当依据营销传播任务设计多任务的接触点组合时，我们需要将媒介接触点的选择使用，与营销传播复杂的、阶段性的信息传达任务结合起来考察，以实现承载不同信息的各接触点的组合。

例如，在一个新产品的上市推广活动中，上市推广任务可以被细化为品牌告知、产品属性及特征告知、关键技术说明、产品促销、企业理念推广等几个层面，这就涉及如何针对不同任务来区分不同接触点的组合使用。

再如，电视插播广告对品牌告知具有贡献度，同时对关键技术说明也有一定贡献度，而网络社区软文对关键技术的说明具有贡献度，同时对企业理念也有一定的贡献度，如何对其传播效果进行优化，实现接触点的多任务协同传播，是提升传播效率的关键技术。当然，在跨接触点多任务组合中，通常也会涵盖跨接触点单一传播任务组合的策略方法。

■ "永和豆浆粉"是可以即时冲泡的豆浆粉，在市场竞争中除了需要与同品类产品进行竞争，还需要与牛奶（早餐 / 晚餐）产品进行竞争，在（某城市市场推广的）市场策略中，需要达成以下任务：① 传达经常饮用豆浆的好处，为消费者建立豆浆日常饮用习惯打好基础；② 提升永和豆浆粉的品牌知名度；③ 推动超市中的销量提升。请依据本任务，选择广告媒体，拟定广告媒体组合的策略。

训练 6 广告媒体排期

在当前这个媒体数量众多、种类纷繁多样、受众差异纷呈的时代，广告媒体选择、媒体组合、广告媒体排期之所以重要，就因为它可以最大限度地避免广告浪费，使广告真正发挥"营销放大器"的作用。

这其中，广告媒体排期既是指对广告刊登（播出）的时间和方式的规划，也是指一个媒体购买计划。发布广告的时间问题包括广告要在何时开始投放以及该广告投放要延续多长时间结束等；投放广告的方式问题即广告是采用何种持续性来发布的。广告媒介排期依照不同的营销目的与营销条件，有持续式、起伏式、脉冲式、集中式等不同的排期形式。

媒介排期应该基于对媒体的熟悉、对消费对象收视习惯的了解和丰富的传播学理论及经验来制定。

■ 请一一解释以下这些因素对广告媒介排期的影响方式是怎样的：

① 市场目标；

② 产品销售的季节；
③ 广告预算；
④ 竞争品牌的广告策略；
⑤ 媒体覆盖；
⑥ 媒体成本；
⑦ 广告内容的简单或复杂；
⑧ 是否是新创意；
⑨ 品牌或产品的知名度。

训练 7　非主流广告媒体（形式）的应用

非主流广告主要是指除了四大媒体、互联网等之外的广告形式，比如活动赞助、各种不同空间中的广告、现场活动、特制品（比如运动比赛中的记分板）和致谢名单（出现在节目开始和结尾），等等。非主流广告媒体和广告形式多种多样，其形式可通过创意呈现出新颖的面貌，从而更易引发受众关注。

■ 非主流广告媒体（形式）都有哪些类型？请列举不少于十个你认为新颖且有效的非主流广告媒体（形式）。

■ “弹幕”的使用者在观看网络视频时，可以通过播放器实时发出文字和符号的评论，这些评论字幕会被保存起来，当视频被（包括发帖人在内的所有用户）再次点播时，评论字幕就会在播放器加载视频文件的同时被载入，并在视频中对应的时间点出现，有的时候评论字幕多如“弹雨”。请分析这种广告媒体（形式）的传播特点。

训练 8　宝洁的数字媒体投入

20 世纪 90 年代，宝洁（P&G）是第一家告诉自己的数字媒体供应商只按点击付费的公司。目前，宝洁在在线广告、社会化媒介上的投入，占其营销预算的 25% ～ 30%，这一比例远超出市场平均水平。未来，这一预算比例将进一步上升为 50%。借由新媒体渠道，宝洁在为自身圈定的消费者提供他们最乐于接受的信息。早在 2011 年，宝洁中国为推广自己的玉兰油品牌，仿照台湾综艺节目《康熙来了》在社会化媒体上复制了一期《康熙来玲》，让两位品牌代言人小 S 与林志玲在节目中就各自的私房美白秘籍进行现场比赛，同时在此过程中很自然地嵌入玉兰油的产品信息。这一行动的结果是，产生了高达 3 200

万人次的参与讨论次数，以及2 000万次的有效投票。若按照互联网平均参与成本5～10元/行为来计算，达到如此数量级的消费者参与人数，成本在数亿元。

这次富有创意的策划在提升产品销量的同时，也使玉兰油的品牌定位发生了宝洁期望的变化：以往玉兰油在人们心目中适合成熟年龄女性的印象，变为适合年轻且敢于尝试的女性的护肤产品。此次营销为宝洁带来了15倍的投资回报率。①

■ 宝洁公司越来越关注和加大在数字媒体上的投放量。请收集历年来的相关资料和数据，并对宝洁公司的媒体选择策略做出分析说明。

训练9 传统媒体的迁徙

2009年7月1日，微软CEO鲍尔默在法国戛纳国际广告节上发言指出，以广告为营利手段的传统媒体的危机虽然是随着经济危机出现的，但并不能完全归因于经济危机。经济危机只是一种催化剂，传统媒体集体性的业绩下滑是由这个行业的生命周期所导致的。整体经济可能不久就会回升，但传统媒体产业不应指望收入恢复至危机前的水平。他还预言，传统媒体将在十年内全面数字化，传统介质和界面的媒体十年后将不复存在。②

■ 收集并对比分析2009年以来，美国与中国各类传统广告媒介的广告增长数据，包括各类广告媒体的广告营收数据及增长变化。

■ 选取各类广告传统媒体，回顾其媒介传播方式向新媒体的转向，列举其在新媒体环境下所形成的新的接触点类型，并说明它们的传播特点。

2. 创造接触的机会：接触点的组合

精读知识点1 媒体组合与跨媒体组合

就跨媒体组合而言，在同一媒体计划中同时使用两种及两种以上的不同媒体（接触点）是绝大多数媒介策略与媒体计划中所常见的。

在传统媒体时代，媒介组合策略的制定可以建立在对媒介传播特征较稳定、较成熟的

① 李子宸. 鹰眼计划：让宝洁更精准[J]. 商学院，2014（11）.
② 吴伯凡. 传统产业的安全迁徙[J]. 21世纪商业评论，2009（8）.

认知基础上，无论是通过某一类媒介还是通过两种以上的媒介进行组合，其主要利用各媒体所覆盖的目标受众的特征与数量等指标来达成策略优化。

在媒介接触点种类繁多、特征各异且难以驾驭的今天，跨媒介组合更加重视在完成某传播任务的过程中，不同媒体接触点间的传播“协同效果”的规划与实现。

在完善跨媒体营销传播组合策略的过程中，除了需要对各媒介接触点的传播特征及特征的发展变化保持清晰、动态的认识外，还需要具体针对跨媒体组合各类任务的不同要点，发展出判别各媒介接触点间协同效果的评估方法。

■ 请针对性地搜集与“Multi-media”“Cross-media”和“Trans-media”这三类概念相关的资料与文献。

■ 请对比描述上述三类媒体组合思想的差异与特征。

精读知识点2 接触点管理（CPM）

虽然当前媒介所提供的沟通方式与数量越来越多，但信息却越来越难以有效地捕捉受众。在新媒体时代，面对种类繁多、传播特征各异的媒体应用环境，以往通过规划几类媒体的广告到达率和频次（reach and frequency）来进行广告投放，并期待达成广告效果的操作模式已显得捉襟见肘。为此，业界期待通过对媒介接触点的深入研究，增强对跨媒体营销传播规则的认识，进而细化跨媒体营销传播的使用方法，最终推动跨媒体营销传播业务实践的发展。

可以说消费者触点管理的思路就建立在新媒介引发的新传播思路的基础之上。依据接触点管理理论（CPM），不同的媒体接触点类型将不能再各自为政，对于媒体形式、投放时间、投放方法的考量将首先源于对消费者与产品或品牌信息的可行接触点的识别，以便在主要的媒体接触点上构架与消费者进行信息沟通的渠道。

从表面上看，消费者的媒体接触点概念并未跳出IMC（整合营销传播）的框架，而从对广告媒体的运用角度来看也无非是媒介组合这种业务方法。这虽然是事实，但CPM思路也为我们带来了新的视域：

① IMC强调“Speak In One Voice”（用一种声音说话）或者协同作战观点是扁平的、笼统的，所有构成要素（传播的接触点）没有高低主次之分。IMC强调的重点就在于利用这种协同性、一致性以期在消费者脑海里形成品牌印象。因此从这一点看，IMC是基于大众传播的基础强调信息到达，而CPM更深入到消费者接触方式、形态的深层次互动当中。因此，它是对IMC理论的充实和在新环境下的拓展。

② 以传统媒介组合的观念来看，传统媒介组合强调媒介到达的互补效益形成的立体

宣传攻势，最终以总的暴露频次或相关数据为效果计算依据。各种不同的传播媒体被视为各自独立的不同渠道，它们只在到达面上做水平互补。但是CPM是在到达的基础上重视差异性和特殊性，甚至连同传媒的周边环境要素也需要考虑进来，并且媒体之间不是各自为政的，而是彼此联动和传承的。

CPM的思路提示我们关注媒体接触点之间存在一种互促的、互补的、相承的效果。媒介接触点研究的最终落脚点，并非就接触点而谈接触点的问题，而应该时刻关注"媒介接触点是如何对跨媒体传播应用的实践提供准确、有效支持的"等问题。因此，在建立有效的跨媒体传播应用的前提下，我们需要重新认识媒介接触点间的传播特征差异、接触点的组合使用方式等问题。

请针对性地搜集概念相关的资料与文献进行阅读。

精读知识点3 跨媒体的媒介接触点应用

媒介接触点是新媒体环境下广告策划、广告创意等业务的"跨媒体应用单元"。跨媒体应用需要通过构建信息在不同媒介之间的流通与互动，来达成传播效果的最大化；从受众行为的角度，其可被描述为：受众以产生某动机或接触某信息为契机，继而得以引发其一系列连锁的自主行动的过程。

过去，我们根据受众在家中看电视，到单位又要看报纸的生活习惯，在制定媒介策略时，分别选择将广告投放在这两种媒体上——这是利用不同媒介接触点的组合投放来达成信息传播的思路，但是这与跨媒体应用所引发传播的发生方式并不相同。"跨媒体应用"意味着——受众是靠自主的信息需求，或者主动的媒介渠道选择来获取信息的，通过设置、引导受众在媒介接触点中获取信息、扩散信息，并引导受众高效率地依靠"接触点路径"获取不同角度、不同深度、不同形态信息的行为——这种对渠道的选择，在媒体数量庞大的今天，完全不等同于订报纸、订杂志这类选择行为。

信息传播活动中的跨媒体应用，同样需要媒介策划（计划）人员对接触点传播效果与传播特征进行深入的掌握。例如，社交媒体接触点的视频发布与互联网视频网站的视频、手机媒体的视频、电视媒体的视频之间，必然存在着关联性和传递性，但是在实际操作中，如何确认各自接触点的传播特征？它们各自达成效果的差异性是什么？它们的成本（价值）差异应如何体现？这些问题就需要对接触点影响力的研究能够持续深入下去。当然，信息传播的跨媒体应用效果与消费者知识结构、信息内容创意水平等的关系也极为密切，但相关内容并不在本次研究范围中。

对于信息的跨媒介传播这一趋势来说，未来实践操作的可行性将取决于对媒介接触点的深入认识。未来不管是以受众效果调研的方式，还是通过媒介同源数据（single-source system）、数据融合方法（data fusion methodology）的方式进行数据分析，合理达成对调研数据跨媒体的拟合，将实现不同媒介接触点效果及传播特征评估的对接。有了这些基本认知与数据，跨媒体传播才可能突破难点，真正发挥其巨大威力。

请有针对性地收集与上述概念相关的资料与文献进行阅读。

阅读分析

宝洁的“鹰眼计划”

2013年2月，宝洁推出了基于数据监测和分析的“鹰眼计划”，这是一次充分利用媒体传播、精准营销的尝试。“鹰眼”是一个私有的广告投放平台，目的是在客户购买广告资源内部精准和优化与消费者的接触：客户预先购买网站流量后，将在这些流量中进行跨品牌、跨媒体的频次优化后投放。这样的系统特别适合那些有多个品牌需要运营的快速消费品公司，因为每一个人都是客户，只是属于不同品牌的目标客户而已。“鹰眼计划”帮助宝洁优化了其市场营销策略分配、投放管理以及效果评估监测，最终最大化地提升了宝洁的市场营销效果和投资回报率。①

■ 请收集资料，了解优化跨媒体投放系统背后的技术与方法。

思考与讨论1 对接触点类型的判断

思考要点记录

通常情况下，媒介接触点是指企业、品牌或产品与目标消费者（或潜在消费者）之间发生信息关联的一切媒介沟通与互动渠道。在由媒介接触点所提供的信息接触机会中，消费者通过其在媒介接触点上的信息接触而不断积累知识与体验，进而可形成对企业、品牌或产品的认知与态度。

在当前传媒发展的背景下，以媒介接触点为单位的传播应用已逐渐形成一种颇具前景的媒体策略“构建及应用”模式，此模式能够大大提高复杂媒体环境下的跨媒介组合的管理水平与信息沟通效率。

判断媒体接触点类型的核心思路是“是否存在相对独特的传播特

① 李子宸. 鹰眼计划：让宝洁更精准[J]. 商学院，2014（11）.

思考要点记录

征，并可被执行购买的媒介接触点”。

当人们用“点”这个概念表述一种事物时，通常是将之规划为对此事物可辨知的“最小单元”。众所周知，“最小”的概念是相对的。在相对的视角下，“接触点影响力研究”首先需要抉择出传播媒体在传输信息时“最小单元”的“界定标准”。

图 9-2 即展示了传播媒体的常见分类（层）方法。通过下图可以发现，营销传播过程所应用的媒介最小单元——“媒介接触点”的界定视角：

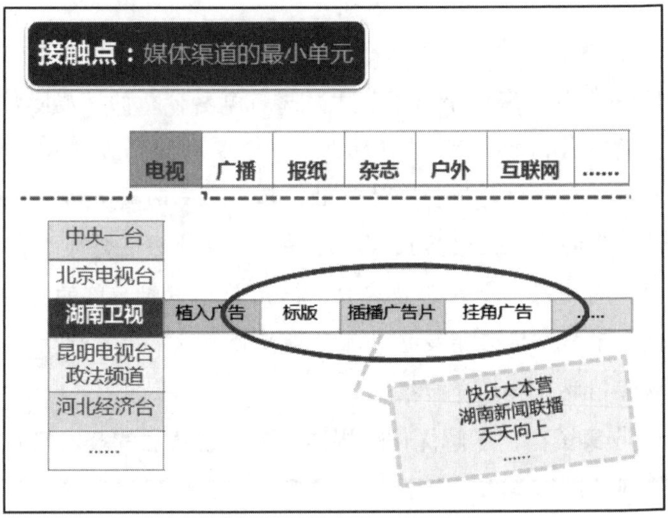

图 9-2　媒体渠道的单元划分

如图所示，传播媒体有四种层次的常见划分方式：

① 依媒体的种类划分，如：电视、广播、报纸、杂志、户外、互联网、手机等；

② 依媒体的所属单位划分，如：CCTV、BTV、HNTV 等；

③ 依媒体中不同的信息传播形态划分，如：电视媒体有插播广告、植入广告、标版广告、挂角广告等；

④ 依媒体的具体内容版块（或内容节点）划分，如：《新闻联播》《动物世界》《七巧板》《快乐大本营》等。

对展示传播特性差异的媒介接触点最小单元进行界定时，需要把握以下关键点：其一，从不同种类媒介接触点的操作层面来讲，需要其能够呈现出具有明显差异的传播特征；其二，从相同种类媒介接触点的操作层面来看，各媒介接触点所传播的信息内容和信息形式可完

思考要点记录

全相互替换，其在广告应用中可使用一致的策略方法，其传播效果也有相同的特征。

依上图，我们所能提取出的接触点最小单元存在于层面③，因为其他层面都难以独立展示出传播媒体本质上的差异性，且其在传播应用中具有稳定、清晰的、可被辨识的基本条件。

■ 请整理和陈述你对媒介接触点类型划分的判断方法。

思考与讨论2 生活圈与接触点的到达控制

思考要点记录

在合适的时间和空间，选择能有效接触目标消费者的媒体进行信息发布，可以对信息接触做到有效的控制。这样的接触到达的控制方式仍广泛适用于传统平面媒体和广电媒体中。

一个人的生活形态其实是有一定规律和一定轨迹的，如果能够从人们的日常生活中所接触到的媒体入手，利用这些媒体的各类接触点，架构出一个有效的广告传播网络，把广告植入到其生活轨迹与规律中，那么广告信息就可以和这个人频繁地、合理地相遇，这可以大大增加广告信息的传播效果。

人们的生活圈主题是多种多样的，包括家庭生活、工作环境、户外交通、旅游休闲、健康医疗等，其中前三个主题构建了人们生活圈媒体的主要层面。从人们的生活圈审视媒体接触点的应用，广告策略制定者可以明显地感受到受众的构成、需求与媒体接触点种类以及接触习惯之间有着显著差异。建立在生活圈视野下的媒体接触点应用包含着以下的优势：

① 媒体接触点和人们生活内容相关联，能更有效地引起受众的注意力；

② 对媒体内容来说，其更易捕捉与人们生活相关的视角，并引发受众共鸣；

③ 与各类生活圈相关的媒体，可以精准定位捕捉的消费者，是信息直达目标。[①]

随着家庭结构的变化以及社会的发展，现代家庭的生活方式更加多元化，越来越多的消费者由于工作时间等原因，打破了传统的生

① 于忠民. 生活圈媒体探析[J]. 广告研究（理论版），2010（4）.

思考要点记录

活节奏，也改变了接收信息的方式和时间。对电视广告的接触也是如此，虽然现在的电视广告也有所谓的“黄金时间”，但消费者的广告接收时间已经在不断分散，呈现出收看时间的碎片化现象，这一点从电视剧播放过程中插播广告的次数最多以及 CCTV 电视广告招标黄金时段不断向深夜延伸就可以看出来。

■ 请针对以上问题，在消费者的生活圈中寻找可以利用视频广告接触目标消费者的媒体接触点。

思考与讨论 3　到达控制与协同过滤推荐

思考要点记录

倚重于互联网媒体的平台的接触到达控制是可以通过协同过滤推荐完成。协同过滤推荐（collaborative filtering recommendation）在信息过滤和信息系统中正迅速成为一项很受欢迎的技术。与传统的基于内容过滤直接分析内容进行推荐不同，协同过滤分析用户兴趣，在用户群中找到指定用户的相似（兴趣）用户，综合这些相似用户对某一信息的评价，形成系统对该指定用户对此信息的喜好程度预测。

这是亚马逊、谷歌等互联网巨头都在使用的技术。亚马逊会告诉你“买了 A 商品的顾客也同时购买了 B 商品”；而在视频网站上，YouTube 就在利用这一技术，在一个视频播放结束时，马上就会呈现出相关的推荐视频。

在广告销售方面，这一技术能够为广告主呈现出用户的行为特征，提供广告投放价值的分析；在进行版权购买的时候，可以根据指数的走向来帮助决策；在公司内部，哪怕是播放器产品的用户体验优化，都可以查看数据分析结果，查看按钮的摆放和使用频率等。

对于接触点的捕捉，有很多方法可以去尝试。社交媒体广告和营销公司 Lotame（领英）可以将 Cookies（服务器暂存于电脑中的资料）植入用户的电脑并跟踪其在线行为，帮助广告商发现可以影响他人购买行为的人，并对照他们的圈子大小和行为。例如，它出售给广告商 100 万个年龄在 14 至 24 岁之间的美国女青年的链接，这些女青年在 24 小时内都曾在网络上传、投票、分享、评论娱乐的内容。另外，它还可以出售时间，广告商在三周内购买每位用户 4 分钟，当用户停止与广告的互动时，计时就会停止。当 Lotame 锁定营销者后，广告视

思考要点记录

频就会被植入他们在社交网站的主页或者博客去，接着，Lotame 追踪了主页的访问者。这两年 Lotame 在开发新的广告模式，例如，当用户在亚马逊上购买了一本书时，或者在 Hulu（美国一家视频网站）上看了一部电影时，Facebook 就可以根据他们的主页以及在社交网络上的获得分析出他们的朋友可能对哪些东西感兴趣。亚马逊则需要支付给 Facebook 资金来购买发送相应广告的权利。

■ 请通过收集、阅读相关资料，分析说明提供精准投放的媒介接触点在跨媒体组合中可以发挥的作用。

思考与讨论 4 多屏组合和阳狮的“泳道”计划

思考要点记录

在由客厅电视所主导的视频时代，当电视媒体获得大规模受众后，依托于视频内容所推送的视频插播广告成为客厅电视媒体获利的主要方式。为此，视频与其观众的关系被转换为收视率和收视规模等商业指标，收视率进而成为“广告商与电视网之间进行受众商品买卖时共同接受的一个基本规则”，并由此建立起了描述媒体价值的一系列货币化理论和工具。在客厅电视成为传递商业和非商业信息的主导媒体时，收视率和收视规模这些建立在视频社会影响力基础上的商业指标，在过去的几十年都一直表现出惊人的好成绩。

直至今日，以视频屏端的拥有量、受众规模及收看时长等指标来衡量，虽然客厅电视媒体仍是各视频屏端中不可否认的主导者，但随着 PC（个人电脑）、笔记本电脑、平板电脑及智能手机的推广，网络视频的地位已不容忽视。最重要的是，正是由于 PC、笔记本电脑、平板电脑、智能手机等屏端的迅速推广丰富了视频播出的屏端，各屏端为受众提供了各自不同的收看方式与特点。

“泳道”（The Pool）调研是阳狮锐奇集团近几年内持续推出的关于互联网媒体广告效果的调研项目，该项目启用了神经学研究和观察法，以评估电脑屏与移动屏（平板电脑、智能手机）的综合广告效果。2014 年执行的已是该项目的第四年度研究，调研计划吸引了行业领先的视频网站和广告主的参与，如优酷土豆、爱奇艺、搜狐视频、乐视网、宝洁、可口可乐，等等。

“第四泳道”选取北京和武汉作为一、二线城市的代表，招募收看 PC 视频与移动视频的目标人群，运用神经学营销技术评估不同屏

思考要点记录

幕的特点与价值。眼动追踪数据反映了消费者在不同屏幕上对广告的关注度；脑电波数据反映了消费者在观看广告过程中实时的情绪变化。研究比较了同一支广告在 PC 视频、平板电脑、智能手机的播放效果，发现消费者对三个终端上的前贴片广告均有较高的接受度。其中，平板电脑的综合广告效果最佳，PC 视频基于其屏幕更大的优势，能更快抓住消费者注意力，而智能手机则在情绪体验上略胜一筹。神经学实验研究发现，消费者对广告的情绪反应与消费者对品牌的认知、偏好和决策密切相关。而“第四泳道”研究通过对移动视频广告实际投放的跟踪监测，也发现在智能手机上观看广告的消费者，对产品产生了更高的购买意向。

随着多屏的渗透，媒体与广告主渴望深入了解不同媒体平台的特点，以优化广告投放策略。前贴片作为主流的广告形式之一，其在不同屏幕上的播放效果一直是业界探讨的焦点问题。“第四泳道”研究结合了眼动与脑电波数据，形成了视觉情绪综合指数 VES（Visual Emotional Score），精确量化了 PC 视频前贴片、平板电脑前贴片、智能手机前贴片的广告影响力，为广告主的跨屏策略提供了科学参考。

同时，项目还通过高清运动摄像眼镜对消费者通勤、午休和晚间行为进行监测，发掘消费者在不同情境下的多屏使用习惯，分析消费者的真实关注情况。研究发现，消费者上下班途中，习惯使用移动屏。消费者在乘坐交通工具时，有 50% 的时间在观看移动屏，有 19% 的时间观看户外广告。通过对“第四泳道”多屏投放的研究发现，多屏广告的效果优于单一屏幕的投放效果，尤其在提升消费者购买意愿方面。移动 APP 内部完成跳转的点击转化率更高，且视频广告频次控制更有效。

■ 请以“第四泳道”相关研究为例，并收集相关文献与资料，分析说明我们应该如何确认多屏间不同类型媒介接触点间的组合效果。

训练 1 电视终端可展示的广告形式

随着家庭客厅电视终端技术的发展与普及，越来越多的用户体验到了机顶盒数字电视、智能电视的多种功能。作为视频广告播放的重要视频屏端，它也出现了很多新的广告形式。至此，电视屏的广告接触形态变得越来越多样了。

■ 请尽量全面地列举出现在电视屏端的各种广告接触形态（接触点）；
■ 思考并描述每种广告形态（接触点）主要的传播特征。

训练 2 电视与电商的合作

以农产品为主战场的生鲜电商的竞争进入白热化阶段。

电商巨头、物流企业纷纷进场，最新的“跨界玩家”乐视也来了，号称要“颠覆农业电商”，并以大闸蟹作为第一类产品上线。乐视生态农业不仅要将生鲜卖到网上，还要把生鲜卖到超级电视上，特别是乐视所布局的“五屏联动”（基于手机、平板电脑、个人电脑、电视和电影五种屏幕）中的电视屏，对生鲜电商而言大有可为。

五种屏幕背后的场景各有不同，用户所有的时间都能通过五屏全部贯穿起来，手机占领上下班的碎片时间，个人电脑占领工作时间，而电视主攻家庭，占领的是人们在家里休闲或者与家人聚会的时间。电视是家庭消费品，电视屏与家庭消费决策者的联系度要高很多。由此看来，电视屏的场景与生鲜食品消费匹配度高。

2015 年，海尔和阿里数字娱乐也推出智能电视新品，新品的主打功能卖点便是“互联网电视购物”，通过智能语音遥控帮用户在客厅“逛街”。主打生鲜的淘宝栏目“喵鲜生”“天天特价”也被阿里当成打开电视电商的“敲门砖”。其商业逻辑的核心在于依托未来智能电视的影视资源，为用户匹配与影视相关的商品服务。比如，观众在收看某部电影过程中看到一件衣服，不用再另外用电脑登录到淘宝搜索购买，可以直接利用智能电视推荐下单。

传统电视购物的人群年龄相对偏大，这些人一般不会选择上网购物。实际上，在技术难题解决和用户习惯养成之后，电视屏商业空间会扩大。但是因为电视购物存在操作繁琐、选购费时费力、支付麻烦等问题，所以合作的智能电视中搭载了语音操控以减少繁琐操作，且导入支付宝、淘宝、天猫等账号体系，统一账户信息，方便支付的同时进行品牌背书。①

■ 思考如何将依托“五屏联动”的“互联网电视购物”形式与广告活动结合起来？
■ 请分析说明相关媒体接触点规划能达到的效果。

训练 3 手机新应用与广告接触点

在技术的推动下，手机的属性从通话转变为“综合的信息移动平台”。同时，由于传

① 熊元. 玩转“电视电商”[J]. 二十一世纪商业评论，2014（9）.

媒与广告界正处于新、旧媒体碰撞和交融的剧变时期，而手机正在为其创造丰富的想象空间。

手机音乐拯救了唱片行业，现在手机阅读、手机视频平台也逐渐得到平面媒体、出版社、电视媒体的重视，吸引了一定数量的用户。除了传统媒体的手机布局，移动门户、移动搜索、移动社区、移动 APP 等已经形成了一股全新的移动互联网阵营。

在手机的媒体化进程下，移动营销也开始出现，这对广告业务未来的发展产生了影响：

① 几亿手机用户构成了庞大的营销对象，手机利用用户碎片化的时间、多元的场合，开辟了“上下班路上”“午间休息时”“晚上睡前”“户外活动时”等新的沟通时机，与其他主要媒体错峰互补。

② 手机强化了很多新的传播特点，其中包括精准、关系管理、基于地理位置、原生性、娱乐化的属性等。手机能够掌握用户的真实特征，且网络是点对点传输，可以建立起用户数据库，还可以根据用户的的生活轨迹发展出与客户适时、准确的沟通。

③ 用户会在使用其他媒体时伴随性地使用手机，而且手机已经得到了深度发展的社交性，因此，手机成为多种媒体之间跳转、连接的重要通道，成为跨媒体传播过程中的支点，具有了独特的联动价值。[①]

- 收集整理手机媒体的广告接触点类型；
- 收集手机端广告营销案例资料；
- 请选取三种手机媒体的广告接触点，分析说明其传播特征。

训练 4 三星与旅游

手机的便携性特征，使其可以在人们短期的外出中扮演 iPad、照相机、录音机、视频播放器、电脑等终端角色。将手机和旅行结合在一起，对用户有益，且对提升用户对手机功能的认识及品牌好感有帮助。

■ 为三星手机的黄金周媒介组合，提供与某种受众行为和心理相契合的合理的媒介组合方式（省略广告费问题和投放量等问题）。请提供三组媒介组合方案，并进行详细说明。

背景资料：2012 年“十一”黄金周，国人有 13 亿人拥有 8 天的假期。在此期间国人出行的情况是：

✓ 飞机：760 万人次

① 马澈. 技术创新与移动营销发展研究[J]. 广告大观，2011（4）.

✓ 国内景点：4.2 亿人次
✓ 国内旅游市场花费：1 800 亿元
✓ 高速：8 600 万人
✓ 出境：7 700 万人次
✓ 火车：6 059 万人次
✓ 境外消费：800 亿美元

训练 5 网络视频贴片广告的优缺点

近年来，网络视频广告发展迅速，网络广告的投放量逐年递增，广告投放形式也不断推陈出新。网络视频作为网络运营服务的一部分，结合了电视与网络的双重优势，成为网络广告投放的重要形式，

网络视频广告最常见的广告类型包括缓冲广告、贴片广告、暂停广告、浮层广告、背景广告等，其形式的多样性丰富了广告客户的不同需求。网络媒体在客户的广告投放选择中占据了越来越重要的位置。

常规意义上的网络视频贴片广告已经得到了快速发展，这类在视频的片头或片尾插播的与视频无关的广告内容，其时长与传统电视广告相似，受到了广告客户的极大关注。但是，视频广告还是有很多不足的。例如，广告人群定位和投放位置不相符；广告强制性呈现；广告时间超长；易使人切换界面、关闭视频或声音；高品质广告和低品质广告混在一起，等等。

- 你认为应该怎样弥补视频贴片广告的缺陷，请说明具体方法。
- 请细化你的方案，尽量系统、准确地将之陈述出来。

训练 6 网络城市品牌

网络城市品牌是将独特的城市品牌要素（如物质环境、历史文化、产业优势等），转化为互联网上可识别的符号，以提升网民对城市的认知度与满意度，增强城市的集聚效益、规模效益和辐射效益。通过网络媒体的诸多平台，城市品牌形象最终形成。

网络城市品牌形象的传播实践，主要拥有以下十种媒体传播的方式（接触点）：

① 城市政府官网；

② 城市热线，如上海热线、成都热线、金陵热线等；

③ 传统媒体主办的地方网站，如东方网、北方网等；以及地方性报纸的网络版，如

《外滩画报》电子版、《齐鲁晚报》电子版等；

④ 地方性论坛、城市 BBS、大型论坛的城市频道、篱笆网、西祠胡同等；

⑤ 门户网站、视频网站的城市频道，如腾讯网城市频道；

⑥ 贴吧、博客、维基百科、SNS 内部分享等用户自生产内容；

⑦ 地方旅游、文化网站、地方节事赛事、大型活动官方网站，如上海“世博会”、广州亚运会官网、济南全运会万网等；虚拟城市旅游网站，如城市吧，或城市电子地图，如丁丁地图等；

⑧ 同城网、地方分类网站，如 58 同城，赶集网、同城网、大众点评网、豆瓣同城等；

⑨ 电子游戏的城市背景植入，如极速飙车等；

⑩ 网络发言人、网上直播、网上会客厅等。

■ 你可以对上述方式进行重新分类，或者补充类别（如以上未突出手机平台），调整补充最新的、最有代表性的平台。

■ 通过练习，尝试对网络媒体接触点与城市品牌传播进行最大限度上的对接。

训练 7 新技术为户外媒体带来的新应用

户外广告中新技术的应用正在日趋多元化。

新西兰某品牌为了在超市里推销商品，利用了一个叫“音频聚光灯”的技术。每当有消费者站在指定的地点时，就会听到一个“天外之音”，这种声音只有消费者一人能听到，其他人则继续旁若无人似的购物。这给了人们一种“You are chosen”（你被选中了）的感觉，该品牌产品在短期内销量提升了 130%。如果该技术应用在汽车和影院里，比如将设备安置在座位下方，人们就可以不受干扰地、有甄别地听广告歌曲了。

来自纽约的某创业公司在其生产的数字广告牌上安装了一款软件和网络摄像装置。该广告牌通过人脸识别技术，可以识别观看者的体貌特征、看广告的时长等信息，并分析和定位观看者的性别、年龄以及与同伴的关系，以便播放出匹配度最高的广告。例如，观看广告的如果是一位年轻男性，那么广告牌会显示润肤露的广告，而非卫生棉等女性用品广告。广告商们可利用这些数据来衡量广告投放的效果，更加合理地选择广告投放区域。如果你在凛冽的寒风中走过广告牌，映入眼帘的会是热饮产品或保暖内衣的广告；如果你和恋人从广告牌前漫步，荧幕里出现的会是浪漫电影或情侣装广告。

除此之外，户外媒体新的技术发展业务为广告带来了全新的应用视野。例如，3D 全息投影技术打破了视觉体验极限，AR 增强现实技术推动了户外广告（信息）体验的突飞猛进。技术的突飞猛进让户外广告变得越来越有趣，推陈出新的广告人必须为此做好准备。

■ 请收集整理新媒体环境下户外媒体广告新应用的案例。

训练 8 新技术为会展带来的新应用

新媒体展示中的传感技术包括触觉感应、声音感应、光感应、动态感应、视觉感应、温度感应、识别感应等技术，这是新媒体艺术交互过程的第一个环节。例如，电子翻书系统便可利用动作感应技术以及计算机多媒体技术实现一种虚拟翻书的视觉效果。

新媒体展示中的投影技术包括了无缝拼接投影技术、全息投影技术、IO2 空气投影系统、地面互动投影技术、声控投影系统、3D 墙体投影技术等。其中，全息投影技术可以提供 360 度观看的立体特效，给观众一种完全浮现在空气中的感觉，适合表现细节或内部结构较丰富的个体物品，如名表、名车、珠宝、工业产品，也可表现人物、卡通形象等。

新媒体展示中的显示技术也是新媒体展示最重要的推动力，显示技术的每一次变迁，都意味着生活方式的改变，还有商业空间的拓展。带给我们的都不只是视觉革命，更大的意义是商业革命。不可否认，正是液晶屏、LED、OLED、激光、全息、空间立体成像等这些显示技术的不断创新才向观众展示了新媒体艺术的魅力。其中，电子纸作为软性显示器有着非常巨大的市场前景（如图 9-3）；超人屏幕等离子显示技术，如 2010 年世博会日本馆中展示的生活墙展示了在未来生活中，客厅的墙壁和电视机将实现一体化，人们仅需通过动作进行直观操作，就能够观赏到各种精彩内容。融入智慧结晶的先进技术将实现让电视机显示在人们所喜欢的位置，还具备信息跟随人体移动等一系列便捷功能。

图 9-3 电子纸应用

在新媒体展示中还包括一些其他的新技术，例如，增强现实（AR）、幻影成像系统、球幕系统、电子沙盘、数字水幕和雾屏等。

■ 请收集整理新媒体环境下会展中广告新应用的案例。

训练 9 完整消费动线上的信息接触

对消费者来说，进行消费决策需要或长或短的一个时间段，在这个时间段中，消费者或许存在着明确的需求与动机，或者仅仅是处于对某些品牌有好感的状态。对消费者最终决策的影响过程势必要覆盖家庭空间、户外空间以及零售渠道空间中，因此，在家媒体接触点、在途媒体接触点、在店媒体接触点可以形成对消费者决策构成影响的完整覆盖，成为影响消费者决策的完整消费动线上的媒体接触点。

■ 饼干是由面粉、水、牛奶、酵母等原料烘焙而成的方便食用的食品。其中全麦饼干是用没有去掉麸皮的麦类磨成的面粉所制成的饼干，比精制面粉制成的饼干颜色黑一些，口感也较粗糙，但由于保留了麸皮中的大量维生素、矿物质、纤维素，因此营养价值更高一些，受到消费者的广泛欢迎。请分析并列举全麦饼干类产品的完整消费动线上的媒体接触点。

■ 请图示完整消费动线上的媒体接触点。

训练 10 接触点之间的连接关系

一些主要的媒介接触点之间是相互连接的。例如，手机二维码识别应用将手机、互联网与多类平面媒体连接在一起，搜索引擎的关键词搜索将电脑、互联网与其他媒体连接在一起，而手机地理位置识别应用将互联网与实体空间连接在一起……连接是可以通过空间 / 页面跳转的技术条件而实现的。

目前最常用的建立不同接触点间关联跳转关系的就是二维码技术。二维码在国内市场的应用正在发生日新月异的变化：在机场、餐厅、地铁、电影院等场所，二维码的使用已触手可及。消费者只需拿出手机，对着那个小小的黑白方形花纹图案，即可马上在手机屏幕上显示对应商品或者服务的详细信息，并享受相应的服务。

不同的媒体平台之间建立有关联跳转的关系，不但意味着信息内容可以在这几种不同的媒体平台间流动，而且还意味着这几种媒体可以营造出拥有共同主题的完整情节。这个连接关系是指从用户的视角来看，他们可以在参与同一件事的过程中，通过内容的规划与诱导，在不同的接触点之间完成信息（内容）获取的操作。

■ 从用户的使用过程角度，来解释以下媒体接触点之间的连接方式：

① 电视插播广告—手机微信

② 手机淘宝—户外平面

③ 零售店铺商品包装—手机优惠券

④ 平面杂志广告—网络视频广告

■ 是什么使得用户会主动完成从一个媒介接触点连接（跳转到）另一个媒介接触点的过程？请以案例解释如何完成以品牌 / 产品等信息内容引发连接（跳转）的启动环节。

3. 创造接触的机会：内容的导引规划

精读知识点 1 《打破界限：电通式跨媒体沟通策略》①

以网络为代表的新技术革命导致媒体环境与消费者媒体接触的多样化与细分化。如今"信息时代"已进入"过量信息时代"，此时如果消费者觉得这些信息与自己无关，他们就会构筑起"信息屏障"，把自己与这些信息隔离开来。针对目前所面临的现状，本书从消费者的视点、考虑广度和深度、设计与消费者之间的沟通导线、组合信息接触点等四个方面进行讲述，强调了跨媒体沟通策略的关键在于核心创意点以及沟通导线。

精读知识点 2 《网络时代的知识和学习：走向连通》②

本书探究了学习、连通主义和连通性知识，帮助读者了解影响学习的因素以及知识的发展趋势。另外，本书还描绘了当今的知识变革，阐述了连通主义的实践基础，提出了变革的意义，对我们理解消费者的知识学习过程提供了基础。

本书的主要内容包括：1. 将学习概念化为基于连通的过程；2. 探究知识存在情境的变革性；3. 探究知识自身特征的变革；4. 将知识呈现为情境游戏——一个需要多个现实的舞蹈，不同的现实选择为不同的任务、挑战或机会服务等。

精读知识点 3 《粘性营销：新时代的营销圣经》③

《粘性营销：新时代的营销圣经》在由大众营销转化为利基营销（小众营销），由叫喊

① 电通跨媒体开发项目组. 打破界限：电通式跨媒体沟通策略[M]. 苏友友，译. 北京：中信出版社，2011.

② 乔治·西蒙斯. 网络时代的知识和学习：走向连通[M]. 祝智庭，译. 北京：华东师范大学出版社，2009.

③ 格兰特·勒伯夫. 粘性营销：新时代的营销圣经[M]. 派力，译. 北京：中国商业出版社，2012.

式广告转化为口碑式传播，由竞争转化为协作，由产品转化为体验的背景下，首先分析了市场营销中的传统观念——大多数人在如何做营销，为什么传统的营销方式曾经发挥过良好的效用；然后探究了传统的营销方法如今不再奏效的原因，并提出了极具启迪性及可操作性的解决方案，以便帮助企业实现“粘性营销——吸引正确的客户群并持久粘住他们”。

精读知识点 4 《极客公园 7 月号：我们需要什么样的智能电视》①

传统电视行业在互联网飞速发展的趋势下经历过多次模式和产品的变革，“互联网电视”“3D 电视”等一系列产品逐渐进化为唯一的“智能电视”。那么，要让更智能的电视被用户快速地学习和接受，应该如何设计？电视屏又能带给我们怎样的新机遇？

阅读分析 1

逃离硬广告

很多电视剧的忠实粉丝对节目中插播的广告非常反感，但又不得不硬着头皮看完。因为广告插进来时剧情正发展到紧要关头，实在不舍得换台，生怕错过了关键部分，于是只能忍着，一条，两条……直到看完许多条后长叹一口气：“还没完呀？”

在广告学理论中对“硬、软”广告并没有明确的界定，更确切地说，这仅仅是广告界中所谓的行话。我们通常认为，在报纸杂志、电视、广播、网络等四大媒体上看到和听到的那些宣传产品的纯广告就是硬广告。传统的硬广告，通常是借助媒体正式的内容（如广播、电视媒体的新闻节目、电视剧、综艺节目等，报纸、杂志等媒体的新闻稿等）对受众的吸引力，利用内容的间歇时间段或附近空间等，来获取受众的关注。

受众对硬广告的抱怨由来已久，其根本原因在于广告打扰了受众正常获取感兴趣的内容过程，而广告内容如果能够给受众带来趣味，则能够对受众的抱怨以正面的补偿，如果广告内容的创意及制作不够尽如人意，则会加深这种抱怨。

在传统的大众媒体时代，受众对硬广告的逃离倾向一直都是存在的，而广告界人士则一直希望通过广告的创意制作水平来平息怨气，使受众在获得收看收听机会的同时，再获得对广告信息的额外关注与记忆；而作为受众，则是没有能力获得逃离的机会的，转台？快速翻阅？视而不见？这些行为带来的注意力折扣，都在广告商尚能接受的范围之内。

① 极客公园. 极客公园7月号：我们需要什么样的智能电视[M]. 杭州：浙江出版集团数字传媒有限公司，2013.

在新媒体环境下，受众具有了逃离的能力，他们有了更为主动获取信息的平台和方法。虽然这并不意味着受众可以完全逃离硬广告，也不意味着硬广告已经开始失效。

消费者讨厌并回避干扰及打断，更喜欢利用对无限的媒体渠道的组合使用，来追逐自己感兴趣的内容，这是新媒体环境下消费者的信息获取状态。

■ 阅读上文，分析并说明广告策划业务应该如何回应上文所述背景的变化。

阅读分析 2

受众的多任务状态

据谷歌研究，用户在使用移动智能终端时，多处于面对多屏的多重任务状态（multi-tasking），比较常见的情况是看电视的时候玩手机。

所谓 multi-tasking，按字面意思译为多重任务状态，也就是我们通常所说的“一心多用”，是心理学领域用于描述人的心理状态的术语。进入移动互联网时代，用户能够接触到各种各样的媒体，一个用户可能会接触到电视、桌面 PC、笔记本电脑、平板电脑、智能手机、户外电子大屏等多达六种电子屏幕媒体，还不包含类似于广播这种无屏媒体。在这种被媒体环绕的传播环境之下，用户就产生了多重任务媒体使用状态。

其实多重任务状态是人一直存在的心理状态和处理事务的模式，即所谓的“一心多用”，在媒体数量变多之后，这种“一心多用”的模式被用到了媒体领域。

因为多种屏幕媒体的媒体特性不尽相同，根据其媒体特性，每种媒体出现了媒体角色定位：如电视，因为视听体验出色，其最重要的角色定位就是节目展示；智能手机，因便携、即时通信等特性，其媒体特性即为社交，等等。因此，在这种媒体分工的背景下，媒体的多任务使用状态变得非常普遍，比较常见的情况如边看电视边刷微博，边看视频边玩游戏，等等。

在用户处于多重任务的心理状态和多屏媒体的传播环境之下，媒体的展示效果会受到削弱，因此，如果移动端也采取类似于电视的展示机制，那么广告效果可想而知。另一方面，用户在处于多重任务状态的时候，单纯地展示刺激对于用户注意力的吸引并不显著。[①]

■ 阅读上文，分析在“受众的多任务状态”下，受众的媒体接触呈现出了怎样的特点？请通过讨论，寻找在此条件下信息传播的整合方式。

① 蔡凌云. 移动互联网时代传统广告运作机制适应性研究[D]. 北京：中国传媒大学，2015.

阅读分析3

创意驱动

跨接触点单一传播任务组合和多任务组合的出发点，在于直接从信息传播的任务出发，根据传播任务设定接触点组合应用的策略；而跨接触点创意驱动组合的出发点，则是新媒体环境下广告方案的创意方法角度。

在新媒体环境下，广告方案的创意与制定方法发生了根本变化。广告方案制定者不再目标明确地直接针对电视插播广告或报纸广告形态等进行创意、制作、发布，并期待在信息所发布的管理与控制过程中，实现广告效果；在新媒体环境下，广告创意的实施通常需要同时打通内容创意和媒介策略两个环节，通过在某媒体接触点投放的广告创意和信息内容的引导，不但可实现信息在本接触点上的有效展示，还会不断引发信息在其他媒体接触点上的多阶段扩散。这使得广告的最终效果呈现出不同角度的测量需求。

例如，当一则视频广告在电视插播广告中播放之后，借助信息表达的趣味性和有效到达，此视频所传达的观点、活动很快会出现在网络论坛或微博中，或出现在博客、社区和电子商务网站上，继而其在搜索引擎上的相应关键词的搜索量也会明显上升，引导受众不断深入探讨或关注某事件或话题，继而达成本次广告活动的效果。或者可通过创意，强化设置电视插播广告与搜索引擎、微博的使用关联性，引发受众进一步的信息处理行为，引发更大面积的信息扩散和多角度的信息展示。

由此，电视插播广告在各类媒介和媒介接触点中的信息扩散有可能是依据创意的阶段性的、有意识的引导而实现的。通过创意的有意识的引导，可形成对不同接触点使用关联性的组合，对于这种组合的效果计量，是需要进行复合性评估的。

■ 阅读上文，思考如何利用创意，驱动信息的主动获取与信息在媒体之间的传播。

思考与讨论1 用内容吸引受众

思考要点记录

题目陈述

《美食美课》是国内首档大型家常美食网络课堂节目，由叶一茜、方龄、杨逸飞等主厨分享百余道家常菜的详细做法。百度后台数据表明，关于如何做菜的搜索量一直很高，就像红烧肉的做法，平均每天都有几十万的搜索量。这为《美食美课》此类节目的诞生提供了用户依据。内容能吸引受

思考要点记录

众，因为它能切实满足受众的需求。请通过讨论，举例说明如何为品牌、产品发现这样的关联内容。

背景知识

新媒体环境下真正的聚合是由阅听人主导的传播效果的聚合机制，是基于内容的聚合，是基于跨媒体的聚合。数字技术、社交媒体时代的广告操作瓶颈与大众媒体时代不同，媒介资源的独享性已经不复存在，信息发布平台也是便于构思、打造的。反而是如何针对纷繁的媒体种类与数量建立一个主导传播策略的专业技术体系，将成为信息有效传播的关键技术壁垒。在这个视角下，可尝试发展出适合新媒体传播特征的广告信息内容构建方法，借助阅听人跨媒体行为监测以及信息内容的跨媒体传播效果监测工具，重新整合媒体传播渠道及效果。

实力传播对社交媒体使用者做过一个研究，研究发现男性和女性对于内容的价值诉求有所不同：男性用户关注“获取信息（be in the know）”，他们希望自己“第一个知道这个消息”；女性用户也希望获取信息，但是更加在意取得一些现实的实惠（reward），比如拿到小礼品。这两个发现对品牌在社交媒体的内容设计上具有重要的指导意义。

纪梵希品牌在其官方微博里为粉丝提供了产品小样，赢取小样的粉丝在用完小样后，如果愿意分享使用感受，将可以再次领到小样。这一方式吸引了大批女性粉丝。

“娱乐性”则是社交媒体内容吸引粉丝的重要特质。杜蕾斯品牌的官方微博善于把产品信息与新闻热点结合起来，制造出一段段富有趣味的微博文字，微博转发量庞大。“内容营销”是通过有价值的内容将消费者“拉”过来（Pull Advertising）的。

思考与讨论 2 自主传播的心理依据

思考要点记录

题目陈述

请收集相关领域的资料进行阅读，思考在广告活动中，有哪方式可以促使受众进行自主传播。

思考要点记录

背景知识

在互联网时代，消费者的变化表现在媒体接触时间的变化。互联网与移动应用改变了人们的生活、工作、娱乐、学习的方式，在消费者的生活中，除了看电视、看报纸、逛街、旅行等常规行为，收邮件、搜索信息、上论坛、写博客、收发短信/彩信、在线交易等由互联网与移动互联创造的生活方式，亦已成为消费者的生活环节。

由用户主导的自主传播行为是否能够顺应企业之意，在传播的动机产生及传播内容的完成上是否能够顺利达成，是需要企业在广告方案策划之时就加以预设和规划的。

用户自主传播的心理依据是多元的，例如内容等诸多因素在用户的关系的需要、自我宣示、情感、娱乐等方面对用户的触动，都会促使用户主动进行信息传播。

“关系的需要”是指用户需要经常与朋友来往，从而经常需要在社交平台上通过筛选一些有益的内容来相互沟通。类似的内容就有引发用户自主传播的动机。

“自我宣示”是指用户会有清晰表达自己态度、意见的需求，类似内容会使得用户主动传播此类内容。

“情感”和“娱乐”是指用户在被打动，或获得娱乐的情况下，会产生传播信息的动机。

如需有效激发并引导用户自主传播信息，就要熟知用户自主传播的心理依据。以上仅做少许列举，有关规律的总结，对广告方案进行有效规划对于用户自主传播的广告活动有着重要的意义。

思考与讨论3 跨媒体沟通导线的设置方法

思考要点记录

题目陈述

请熟悉跨媒体沟通导线的设置方法，熟悉各个环节，并掌握各个环节的操作要点。

背景知识

日本电通“Cross Switch”沟通模式的最大特点就在于它会对消费者内心的欲望进行洞察，从而激发起消费者的兴趣，让他们主动参

思考要点记录

与到营销传播的过程中。也就是说，基于对消费者心理和媒介接触点的洞察，结合媒介的到达率和接触频次（广度），以及受众的参与程度（深度），去设计与消费者的沟通导线，并且有效地组合多种信息接触点——这样就可以选取出符合目标消费者欲望的“开关”，激发他们的兴趣，从而让他们打开自己的“信息屏障”。相比于传统的整合营销传播活动中将信息直接推送给消费者而言，跨媒体沟通导线的设计更侧重于让消费者自己去发现他们感兴趣的信息，进而达成广告效果。

在跨媒体沟通导线的设计中，通过消费者与媒体接触点的初步碰触，引导消费者进入寻求内容的导线中，这个过程作为“导引”的程序是非常重要的。除此之外，消费者深度接触内容，并进一步追寻相关内容，从而接受广告的影响，这一过程是非常重要的信息获得与交互的过程。另外，在消费者获取内容后，还需要产生自主传播的动机，从而扩大广告活动的传播效果。

训练 1 导入过程

在跨媒体沟通过程中，最初往往是通过信息的大规模到达，来引导受众的信息获取行为，使之卷入到设置了相关内容的媒体接触点中，并依此引导受众进入对信息的互动与主动获取过程中。

在导入受众时，信息的大规模到达是非常重要的条件，否则，跨媒体沟通的方案将只能获得少量关注与反馈。另外，在受众导入的环节，信息内容需要具备足够的对受众的诱导能力，为此，需要创意出足以让受众“深陷其中”的诱导方法。

■ 请阅读《打破界限：电通式跨媒体沟通策略》一书中“*Jump SQ*”漫画月刊的推广案例，分析其中达成有效导入任务的操作要点。

■ 你能模仿这些导入方法，为同样的客户的相同任务（假设）创意出其他的诱导方法吗？

训练 2 内容

内容是如此有价值的一个工具，原因在于它的广泛的用途和覆盖范围。内容营销正在帮助客户达成重要的营销传播目标，如客户关系/忠诚度、互动、品牌知名度、销售额、导引性销售、潜在需求培养和向上 / 交叉销售，等等。

安琪酵母产自国内最大的酵母生产企业。酵母，在人们的常识中是蒸馒头和做面包的必需品，很少直接食用。而安琪酵母公司却开发出酵母的很多保健功能，并生产出可以直接食用的酵母粉，它就是想向大家推广酵母粉这种人们完全陌生的食品。

单纯从酵母粉的角度而言，其很难吸引相关目标受众，因而靠产品很难形成对消费者的吸引力；因此，安琪酵母的传播要避免两个误区：一个是直接用产品吸引人，另一个是单纯靠广告推广。而热点话题、制造有吸引力的话题，并穿插安琪产品的特点，则可达到推广的目的。

有一段时间，有很多关于婆媳关系的影视剧在热播，婆媳关系的关注度也很高。因此，公司策划了"一个馒头引发的婆媳大战"，事件以第一人称讲述了南方的媳妇和北方的婆婆关于馒头发生争执的故事。

帖子贴出来后，引发了不少的讨论，其中就涉及了酵母的应用。这时，由专业人士把话题的方向引到酵母的其他功能上，让人们知道了酵母不仅能蒸馒头，还可以直接食用，并有很多的保健美容功能，比如减肥。于是，论坛上的讨论让这些关注婆媳关系的主妇们同时也记住了酵母的一个重要功效——减肥。

此外，良好的媒介执行力也有效地保证了相关主题帖的关注度。一个月后，安琪酵母公司的咨询电话量陡增。消费者在搜索引擎上输入了"安琪酵母"这个关键词，页面的相关搜索里就会显示出"安琪即食酵母粉""安琪酵母粉"等十个相关搜索，安琪酵母获得了较高的品牌知名度和关注度。

- 收集内容营销的相关资料，探索内容营销操作中的要点与方法。
- 在内容营销方案中，如何吸引受众对内容的关注？
- 安琪酵母需要在新的年度再次引起受众的关注，请为此拟订内容营销方案。

训练 3 对搜索引擎的利用

在搜索引擎上进行的每一次搜索，都代表了用户的一个明确需求。通过搜索引擎，消费者或者可以直接获得他所需要的信息内容，例如当用户想要了解某款手机的性价比时，可以去搜索；或者可以满足他认识某一事物全貌的需要，例如当用户想了解应该买哪款防晒霜时，他也可以通过多种角度的搜索，以获得更为全面的认知。

同时，搜索引擎的大量搜索数据代表了用户对某些事物的关注和对某信息的需求。例如，《美食美课》节目从制作到上线全程，全部以网友的网络搜索、视频观看行为习惯为主导，选取网络搜索量最高的上百道热门家常菜，每道菜由一名俊男美女嘉宾主厨，高清拍摄还原食材本来的美“色”，清晰的步骤演示让网友轻松学会做菜。每期节目时长均控制在 3 分钟以内，短小精悍，功能性强，同时方便网友在微博等 SNS 平台与好友即时分享。同时，节目成片与百度“阿拉丁”计划无缝对接，在用户搜索菜名及相关热门搜索词时，百度会通过阿拉丁系统对搜索结果进行优化推荐，便于用户第一时间找到最具实用性的高品质短视频。

■《美食美课》以“搜索—观看—分享（SWS）”为特色的节目创作、传播模式成为内容制作和传播的典型代表。请模拟此模式，创造一个你的网络视频节目。

■ 用户通过搜索引擎完成“页面（内容）跳转”的习惯已经形成，请利用这一使用习惯，列出你的解决方案，尝试让更多的用户通过搜索接触到你的网络视频节目。

训练 4　跳转

即便是传统媒体，也逐渐融入了新媒体环境中，其中很重要的一个特征，就是用户可以方便地实现包括传统媒体的媒体之间的有效跳转连接。例如，电视、杂志、报纸及户外平面媒体可以通过设置搜索引擎关键词、二维码技术及其他的识别技术，有效地与互联网媒体连接。

现有终端与平台间最有效的跳转方式主要包括了搜索引擎、二维码技术及外链连接等，另外，跨媒体辨识用户身份也是协助用户完成跳转行为的方法。而且，在某些媒体中，同媒体间完成有效跳转是更为便捷的。

媒体终端及平台间有效的连接，使得新用户能够自如跳转，实现信息获取行为的便利性与完整性。

■ 当用户在手机的微信朋友圈中看到“防霾秘方”，其中有念慈菴川贝枇杷膏时，该用户不知该不该去购买此药。请提供媒体方案，方案设计中请着重关注用户在媒体中和媒体间的跳转行为。

训练 5　到达控制与用户自主传播

AISAS 模型是日本电通注册的享有知识产权的理论之一，它根据新媒体环境下消费者认知过程的变化应运而生，把受众对互联网的使用引入其中，将消费者的广告接触行为分为 Attention（关注）、Interest（兴趣）、Search（搜索）、Action（购买）和 Share（分享）。

依此模型，消费者从注意到某种商品，到最后分享购买信息，传统的四大媒体和网络新媒体中没有哪一种媒体形式可以完全地影响到其中的每一个环节，但是毫无疑问，网络新媒体相应地在“搜索—购买—分享”这三个环节上保持着优势，而目前的电视媒体则很难对其施加直接的影响。

在AISAS模型中，分享环节意味着用户自主传播的实现。用户自制内容引发了用户主导型的信息传播，对于广告商和广告客户来说，较难掌控其自主传播信息的到达情况，但这同时又是十分有必要掌控的一种情况。

由用户自主传播主导的信息扩散，会对客户品牌及产品广告信息的到达产生明显的补充作用。如何扩大来自用户自主传播的正面信息的传播比例，激发用户自主传播的行为，是需要探讨的技术内容。

中国钙产品市场竞争激烈，钙尔奇在市场中具有一定的品牌影响力。专家认为，消费者对于补钙并不陌生，但是对及早补钙却缺乏认识：骨质疏松离年轻人并不远，实际上一些腰酸背痛、弯腰驼背的症状，很有可能就是骨量流失的前兆。女性骨量在35岁达到顶峰后，即开始加速流失。因此，由凤凰网规划的广告活动将沟通重点放在：预防胜于治疗、及早补钙，有效延缓骨量流失的观念诉求上。

凤凰网提供的广告解决方案是：从新闻媒体的角度出发，洞悉妈妈群体的生活现状，阐述“弯腰妈妈”的现象随处可见，用三个视频分别结合妈妈群体的相关热点，通过媒体呼吁、明星妈妈讲述育儿经历、孩子描述心中的妈妈——三个角色、三个视角的阐述，带出品牌广告语：“为弯腰妈妈加骨劲”，唤起妈妈及身边的亲人、朋友补钙的意识，关注妈妈群体骨骼健康：

1. 漫画、一张图形式预热“弯腰妈妈”需要关爱补钙话题

从女性体内钙是怎么流失，弯腰妈妈带孩子十个真相和关爱女性的话题报道，详细阐述“弯腰妈妈现象”。一方面利用GIF漫画动图详细地为消费者阐述了弯腰妈妈带孩子的十个真相（妈妈从婴儿车中抱起宝宝、购物后单手抱起宝宝等动作都需要弯腰），再造消费者生活场景，引发共鸣；另一方面在移动端发布信息图读懂“弯腰妈妈，谁偷走了你的钙”，科普弯腰妈妈钙流失情况。一张图形式，简单易懂，方便在社交网络上的圈层传播，辐射更多妈妈人群。

2. 策划童言童语、明星妈妈专访视频，让“弯腰妈妈”需要补钙、如何补钙等话题深入人心

童言童语——采访幼儿园里的孩子，通过孩子的视频讲述妈妈在孩子们眼中的形象，指出妈妈经常弯腰劳累，妈妈需要加强营养，需要补钙。

明星妈妈说——通过采访明星妈妈孙莉，让更多人关心“弯腰妈妈”群体，并且让妈

妈群体知道 35 岁之后及时补钙的重要性。

3. 品牌延展期——致敬母亲

拍摄钙尔奇《致敬弯腰妈妈》公益纪录片，展现弯腰妈妈陪伴孩子第一次走路、第一次上舞台、第一次滑滑板的生活情景，唤起受众关注弯腰妈妈群体。

另外，策划 H5 专题页面，简单地介绍缺钙的危害，普及缺钙补钙的知识。借助名人 KOL 的图文，激发网民互动，为现实中自己的弯腰妈妈点赞，提升受众对品牌的好感度。

■ 请仔细阅读本案例，并修正其方案，使广告信息能够获得较好的到达效果，全面激发用户进行自主传播。

训练 6 游戏化

如何增加和促进与用户之间的互动对很多企业来说是一个伤脑筋的问题，游戏化（Gamification）为企业们带来一丝希望。游戏化，即利用游戏设计的方式来促进客户和品牌的互动、对话和维系忠诚度。其实，在互联网界，游戏化已经不是什么新鲜的东西，它在去年曾经引领一股潮流，很多程序都纷纷加入不少游戏化的元素。

■ 请收集体现企业社交媒体的游戏化策略的五个案例。

■ 分析：游戏作为一种内容，它是如何发挥沟通作用的？其沟通方式与效果有何特点？

■ 请说明企业品牌游戏化的工作要点。

■ 为美的空调设计创意游戏，广告活动的目的为熟悉品牌、建立品牌好感。请从“渠道—内容—引导”三个部分去完整规划这个创意。

■ 为《三联生活周刊》设计创意游戏，广告活动的目的为引导 APP 的下载，建立阅读习惯。请从“渠道—内容—引导”三个部分去完整规划这个创意。

训练 7 避免内容的沉没

在新媒体环境中，专业人士虽然会非常注重控制广告活动所发布的信息的到达效果，但是，却很少有人关注这些已发布了的信息可以在多长时间内持续留在媒体（依靠搜索或外链）或持续发挥影响力，毕竟在新媒体的影响下，大部分媒体信息并非转瞬即逝，而是会长期维持转发、留驻的。而目前避免已发布信息被淹没的最常见方式，则是在当次广告活动过程中进行持续投放购买及炒作。

这体现出在新媒体环境下，大量媒体信息所拥有的一个特点：信息将长期存在于虚拟空间中，并不再次占用新的广告费用。对于用户来说，信息只要在需要时可调出或链接显示，就已足够。这告诉我们，对于用户来说，媒体环境的信息不是流逝的，而是结构式存在的，如何管理这个结构式存在的内容（信息）架构，则是真正避免广告活动内容沉没的关键。

这个结构式存在的内容（信息）架构，对用户及客户来说同样重要。对用户来说，可以依次随时补充自己的知识体系；对客户来说，不同活动间的关联性，不同活动间在品牌历史、定位溯源等方面，是不需要也不可能被分割开的。在某广告活动中，无需也不能够把以往活动的信息屏蔽掉。而在不同的广告活动间建立有益的关联性，是对内容规划引导及内容创意的基本要求。

■ 各地小黄鸭的展览非常受欢迎。香港著名原创设计潮牌B.Duck小黄鸭也生产服装，其产品需要以“2017年小黄鸭冬季服装秀”的方式来完成推广。请问你计划通过什么方式，来避免本次服装秀及相关活动信息的沉没?

■ 为使本轮广告信息与媒体中现有的关键知识架构相衔接，请拿出你的规划思路及具体操作计划。

训练 8 夏纳获奖创意分析

■ 请收集并了解近三年的戛纳广告节媒介类、移动类、品牌内容与娱乐类获奖作品；

■ 请选择其中三个案例，就“广告内容的有效导引规划对广告效果所发挥的作用”谈谈你的观点。

4. 购物空间的体验

精读知识点 1 《购物者营销》[①]

购买者营销（shopper marketing）概念的提出，为广告业者指明了一个新的方向——以购买者决策行为过程的洞察，取代以往对消费者群体特征的分析，可获得更适合新的媒

① 马库斯·斯塔尔博格，维尔·梅拉. 购物者营销[M]. 派力，译. 北京：中国商业出版社，2012.

体条件、更适应客户需求的广告策划新思维。

近年来，购买者营销已迅速发展为一股不可小觑的营销力量。购买者营销就是把一个正处于“购物状态”的消费者吸引过来、建立品牌价值，并引导他/她参与所有相关的营销活动。从消费者在店外的活动一直到他们考虑购买某一商品的时刻都属于购买者营销的实践范围。通过对购买者店外行为过程的延伸处理，可发现这是一个可以对购买者展开行为洞察的全新视角和链条。

精读知识点2 《促销基础：顾客导向的实效促销》①

本书为营销中最广泛使用的促销工具提供了系统先进的学习框架。

精读知识点3 《决胜移动终端：移动互联时代影响消费者决策的6大关键》②

本书介绍了在移动互联时代，拥有移动终端的消费者不再需要“去购物”，他们随时随地都“在购物”。这就给企业带来了巨大的挑战：怎样影响消费者的购买决策？怎样有效地占领移动终端？如何整合传统的实体通路及线上通路？怎么将新生的APP快速推进市场，并大幅度占领市场份额？怎样有效地将已占领的终端转化为利润价值？

阅读分析1

多品牌偏好

在所研究的大多数品类中，当消费者所需要的某品类产品的品牌数量大大增加时，他们通常倾向于尝试该品类的多种品牌，我们称之为“多品牌偏好”行为。“多品牌偏好”即指在相同的购买场合或消费需求下，消费者是“三心二意”的，他们往往倾向于在同一品类中选择不同的品牌，而非忠于某一个品牌。现代零售渠道的迅速扩张为消费者提供了更多的品牌选择和更为丰富的促销信息，从而进一步推动了“多品牌偏好”行为的发展。

在规模较大的超市中，“多品牌偏好”的行为十分普遍，而且随着现代零售渠道向规

① 卢泰宏，贺和平. 促销基础：顾客导向的实效促销[M]. 北京：清华大学出版社，2012.

② 查克·马丁. 决胜移动终端：移动互联时代影响消费者决策的6大关键[M]. 向坤，译. 杭州：浙江人民出版社，2014.

模较小的城市进一步扩张，“多品牌偏好”行为将更为普遍。

因此，产品品牌必须加大对零售门店的营销投入，以不断鼓励购物者选择自己而非竞争对手的品牌。在消费者购买决策模式中，当消费者平时接收大众媒体的信息洗礼，累积起对产品的认知、偏好之后，他们所进入的零售门店中的广告却有可能发挥出“临门一脚”的作用，影响最后的购买决策。[1]

■ 购物环节是消费者最后完成购买决策的时空点，在这个环节中，广告信息的刺激将有可能起到决定性的说服作用，甚至可能抵消消费者在购物场所以外所接受到的大量信息的影响力。对于消费者的品牌选择来说，购物环节是不容忽视的环节。请讨论、判断以下表述的正误，并说明理由：

① 购物环节是消费者需求的最后启动点；

② 消费者在购物环节接触到产品，是其最后的分析信息和决策的机会；

③ 零售购物空间可以被视为媒体。

阅读分析 2

零售终端的媒介接触点

实体零售 O2O 的趋势应该是媒体化，而非电商化。

实体零售的发展趋势是一种目的性购买的剥离。从20世纪80年代开始，肉、布、粮、油从零售百货被剥离，到20世纪90年代的五金交化，再到2000年以后的苏宁国美将电器剥离，2010年以后，服饰、美妆等产品，通过淘宝、京东大量地被剥离。同时，城市化进程的加快，让城市的范围越来越大，使实体零售的到达成本变得越来越高；而人均商业面积的扩大，让实体零售的竞争更加激烈。此外，很多品牌在线上开设直营店、旗舰店，也给线下的实体零售带来了影响。不过，实体零售仍然会存在，这主要有两个重要原因：第一，逛街是本能需求，对于女性消费者来讲，不逛街会难受；第二，线上产品页面的深度是有限的，实体店的产品体验是线上无法实现的，它体现的是一种媒体价值。

但是，实体零售的本质在发生改变。现在，有三种街边店的数量在明显增加：第一是珠宝、玉石店；第二是美容、美甲店；第三就是卖健康产品的店铺。随着经济条件越来越好，用户的需求也越来越分散，产品已经不再是零售的第一诉求，如今实体零售的本质是时间，用户愿意在店里停留才会产生购买行为。[2]

① 布鲁诺. 兰纳，钟加庆，韩微文. 从消费者分析触达的零售战略设计[J]. 商学院，2013（2）.

② 吴煜. 实体零售要媒体化，非电商化[EB/OL].www.ebrun.com/20141210/117801.shtml.

■ 你是否同意上文的观点？请说明你为什么同意或不同意？

■ 在新媒体与社会化媒体获得发展的今天，零售终端的媒体化都落实在怎样的媒体应用形式？

思考与讨论 1 启动购买任务的空间体验

思考要点记录

题目陈述

在零售店铺的空间体验过程中，你有逐渐意识到自己的需求，继而使自己的购物任务逐渐清晰化的经历吗？请了解一些利用实体零售店铺的空间体验方式来启动消费者的购买需求的方法。

背景知识

对于消费者来说，某些潜在的需求是在零售店铺的信息刺激下才被明确意识到的。所以，零售店铺的消费者实体空间体验，可作为启动消费者购买需求的重要环节来规划，以使其能够顺利启动消费者的购买任务。

耐克在伦敦东区的 Boxpark，建立了自己的数字化体验零售中心。除了销售和批发产品，这家店还有一系列的数字和社交媒体功能。在店里，人们可以通过一种运动传感装置看到自己的数字化倒影，所有的动作都会被记录下来，还可以分享到 Facebook 等社交媒体上。此外，这里还有互动式触屏和步态分析跑步机等设备。类似的实体体验，提供给了消费者更多的需求感受，使他们意识到自己对新的运动装备和运动方式的需要。

思考与讨论 2 购物动线与媒体接触

思考要点记录

题目陈述

请收集并阅读有关购物动线的文献资料和案例，明确如何利用购物动线的知识有效影响消费者的购物决策。

思考要点记录

背景知识

“购物动线”是超市或购物中心规划中经常遇到的词汇，意指人在室内室外移动的点，连接起来就成为动线。在经营场所的商业空间规划设计方面，动线是需要重点考虑的一个方面。对于商业动线可以这样简单地理解：由点生线，购物者一个脚印一个点、一串脚印一条线，这条线就是动线。

动线描述了购物者经过的路线，揭示了购物者在商业空间内接触信息的先后顺序与重点位置；当购物者处于不同的需求组合与消费情境时，其动线也会有所不同。

超市或购物中心内部的空间设计对消费者人流的吸引、引导、留住的作用越来越大，作为消费者与空间信息体验交流的空间序列，购物动线规划为购物、休闲、消费过程提供了丰富多样的空间环境和内容线索，引导人们的体验与感受。

购物达人可能都会有类似的经历：购物空间中的展示琳琅满目，本无购物打算最终却满载而归；有时兴致勃勃地冲进一家商场里准备“血拼”，却遭遇混乱的展示，想得到的信息难以获得，几番折腾之后铩羽而归。

实际上，这都源于购物时实体店内的购物动线。科学的动线设计能引发顾客的消费兴趣并最终实施消费行为，但“死角”等动线“致命伤”则会降低消费者获取信息的效率。品牌必须懂得充分利用零售渠道空间内部的购物动线，来规划自己的信息及商品展示，以推动消费者的购物决策天平倒向自己这边。

训练 1 零售终端媒体的作用

■ 在新媒体及电商获得快速发展之前，零售终端的空间中也遍布着各种各样可传递商品信息的媒体接触点，如 POP、视频广告等。请整理并总结传统媒体时代零售终端内的各类媒体接触点。

■ 请阅读下图并说明零售终端媒体是如何影响消费者的购买路径的。

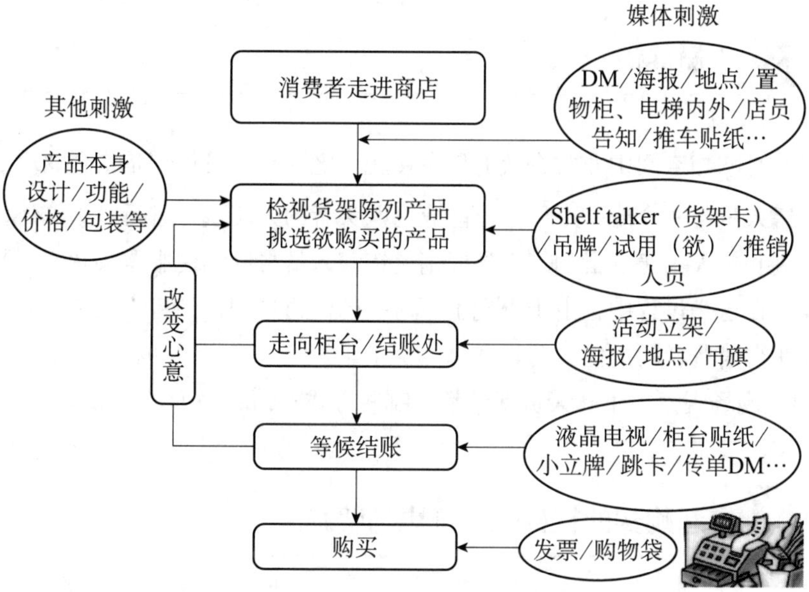

图 9-4　零售终端媒体影响消费者的购买路径

训练 2 作为购物者的体验

购买者（shopper）概念强调了消费者实践购物决策时的身份与状态。而消费者在成为购买者和体验者的过程中，对品牌的理解和控制手段一直都存在着技术薄弱点。消费者通常被一些群体的标签所界定：他们消费特定的媒体、拥有一定的收入、生活在某个地区等，然而这些并不能描述出购买者所特有的决策状态。

我们每个人都是购物者，都有自己的购物分析与决策过程。每个购买者都有不同的需求和想法；在每一次购物行为中，每个购买者在花费的时间与金钱上都各有不同；他们对于花费也有取舍；由于接触的信息不同，即便是相同群体的消费者也会基于不同的判断而完成自己的决策行为。这些层面中包含着消费者类型（consumer type）分析未涵盖的细节。

■ 寻找三名最近刚刚购买过自行车的消费者，通过访谈，了解影响他们各自决策（关于最终购买哪一品牌及车型）的关键因素。

■ 了解作为自行车的消费者，他们是怎样通过消费过程满足其基本动机和需求的？

■ 在本品类的消费过程中，关键的媒体接触点都有哪些？请一一列举出来。

训练 3 人员促销

人员促销是购物空间中非常有效的信息接触点之一。人员促销是指企业通过在购物场所中派出促售人员与一个或一个以上可能成为购买者的人交谈，进行口头陈述，以达到推销商品，促进和扩大销售的目的。人员促销是销售人员帮助和说服购买者购买某种商品或劳务的过程，在这一过程中，由于出现了一对一的沟通过程，销售人员可以有针对性地释放信息，并获得消费者的信任。

■ 请通过现场观察，了解人员促销都有哪些方式？请一一列举出来。

训练 4 撬起购买的杠杆——优惠与奖励

消费者购买过程中的促销活动多种多样，其基本原则是在决策的空间输出利益，这种利益目前主要集中在价格利益的输送方式中，例如：折扣、买送、赠品、增量不加价，等等。

日本阪急阪神百货公司与狮王公司联手，打算让精打细算的主妇们大方地打开钱包。阪急梅田本店的女装卖场展示了约 20 个品牌 100 多种商铺内的“可洗衣料”。与此同时，狮王公司派出雇员向来店的客人教授羊毛、呢子等质地衣服的正确手洗方法，吸引了大批女性消费者。此后，百货公司还跟进限定产品的发售和脱口秀等一系列活动。因为日本为节约干洗费而选择在家自己手洗衣服的主妇逐渐增多，这一活动可以帮助她们正确地洗衣，减少不必要的开支，贴心的推广活动必然提升了服装的销量。

日本大丸百货店曾连续多年举办针对小学生的“一日百货店体验”，孩子们在接受短时的专柜柜员培训后，被分配到食品、男士用品等卖场正式上岗，活动吸引了孩子们的亲朋好友到场支持，非常热闹。活动中，场地提供方百货公司不仅吸引了顾客的注意力，增加了销量，还与区域内的居民更加亲近，提升了印象值。①

■ 虽然优惠与奖励通常是撬起消费者购买的杠杆，但是，单纯价格利益的输送对品牌市场的建设并非有益。请通过相关资料的收集及阅读，探讨如何降低消费者在购买过程中使用优惠与奖励等方法所带来的负面影响。

训练 5 淘宝平台的广告价值

淘宝网创立于 2003 年，作为亚太地区较大的网络零售商，截至 2014 年年底，淘宝网

① 李萌. 百货公司全方位俘获受众[J]. 国际品牌观察，2011（11）.

拥有注册会员近 5 亿，日活跃用户超过 1.2 亿，在线商品数量达到 10 亿。在 C2C 市场，淘宝网占有 95.1% 的市场份额。

拥有巨大的流量、商品搜索量和成交量的淘宝无疑在消费者的购物决策中扮演着非常重要的角色。

■ 请更多地了解淘宝及其相关平台。

■ 请分析淘宝平台作为广告媒体的价值。

■ 请了解淘宝为开发自身的广告价值都进行了哪些尝试。

训练 6　手机电商 APP 与购买决策

较有影响力的一些电子商务平台都很关注手机应用的推广。零售品牌京东商城的手机应用就是标准的“内部消费驱动型”应用程序，其主要目的是鼓励顾客直接利用手机进行消费。京东的手机应用除了常见的商品目录、商品搜寻、团购倒数计时等传统电子商务消费功能外，还有“条码购”“拍照购”这种可以当场比价、直接下单、送货到家的设计，所以竞争对手的实体店实际上成了京东的陈列门店，让消费者现场亲自检验产品后，通过手机应用向京东下单，这是真正的“杀手应用”。据说某家电连锁品牌的某门店，曾经因为京东这个手机应用，下令撕掉所有产品的条形码。与此类似的手机应用还有淘宝、掌上一号店等。这类应用确实可能颠覆我们今日所熟悉的零售世界。

在手机媒体介入实体店铺销售之前，消费者的购买决策过程由于无法突破重要的壁垒，而会格外倚重媒体传播中对品牌形象及产品信息有控制的推动，但是，当丰富的、未得到客户把关的大量信息可以在实体店铺的实体空间随意获得时，购物者对品牌及产品的推送信息的倚重程度无疑会下降，并会更多地利用其他类型的信息作为购买决策的依据。对购物者的决策来说，这些信息常常表现得更为直接和客观，例如：价格的比较、型号的比较、不同品牌产品间性价比的比较、来自口碑的优缺点、维修状况、品牌可信赖程度，等等。

手机电商 APP 的应用，无论是在比价、产品型号比较还是在信息搜集等方面，都为购物者带来了信息获取的突破，无疑会为广告策划中营销传播的信息呈现规划带来新的认识和方法。①

■ 熟悉两三个主要的手机电商 APP 应用。

■ 请收集手机 APP 对消费者购物决策的影响案例，并预测两者之间的关系在未来会如何发展。

① 周庭锐. 给力APP是怎样炼成的——品牌厂商为什么拥抱APP[J]. 商学院，2012（5）.

第10章

创意训练

精读知识点 《疯狂的简洁》[①]

本书关注的是创意和流程。它不仅关注如何创造最好的作品，如何为它争得发展空间，也关注如何高效运作、获得更圆满的结果。这些原则适用于很多商业领域，不光局限于市场营销领域。

精读知识点 《游击营销》[②]

“游击营销”的理念是由美国资深营销专家杰伊·莱文森首创，经过近20年的理论发展和实践，已经成为“非传统和反传统营销”的代名词，最近许多大型企业也摆脱传统的营销方法，开始采用游击营销。

阅读分析

idea和creation

“创意”一词并不完全是外来语，也就是说，这个词在理解、翻译和运用的过程中已

① 肯·西格尔. 疯狂的简洁[M]. 王岑卉，译. 北京：北京联合出版公司，2013.

② 杰伊·康拉德·莱文森.游击营销[M]. 应斌，王佳芥，韩啸，译. 上海：格致出版社，2010.

经被中国化了，成了一个中国词，今天在探讨这个概念的时候，搜索其外语语源是十分必要的。

英文中先被翻译成“创意”的是“idea”，主要依据是汤·狄龙《产生创意的方法》。1995 年以后又有了“creation”，并很快替代了“idea”成为主流提法。“creation”之所以能成为主流，是因为国外广告公司有 CD 一职，所谓 CD 即 Creation Direction，意译为“创意总监”。

“idea”和“creation”两者之间的区别是巨大的，也是关键的，它直接导致了“创意”一词在理解和运用中的混乱。“idea”在其与广告创意相关的词义方向上，可被翻译为“计策”“点子”“计划”“主意”和“念头”等，它还有一个义项为“way of thinking”，可以翻译为“思维方式”“想法”。“creation”在英文中的意思是“赋予形象”“创造生命”的意思，如上帝创造世界就是一种标准的“creation”，艺术构思也是一种标准的“creation”。“creation”较“idea”多了“创造的（天才的）、形象的、艺术的”意思。“creation”可以理解为富于创造性的艺术构思，并框定在艺术表现的范围之内；“idea”却不可以，更不能局限在艺术表现的范围之内。因此，“idea”与“creation”之别，就是所谓广义广告创意和狭义广告创意之别。广义广告创意以“idea”为内涵，泛指广告活动中一切创造性的思维活动；狭义广告创意以“creation”为内涵，是就具体广告作品而言的艺术构思。①

- 你同意以上观点吗?
- 通过案例分析，说明你对“idea”和“creation”的使用差异的理解。

阅读分析

新媒体环境下创意的任务变化

由于媒体传播特点的不同，新媒体与大众媒体的广告在传播任务上存在着明显差别。传统媒体广告的创意价值在于它能够吸引受众的注意力，让受众乐于接受信息，信任信息，并最终接受信息的观点。而对于新媒体来说，一个好的广告创意，则需要在完善前者的特点之外，还应该具有激发受众搜索、创造链接节点和内容自创的作用。也就是说，创意的作用是从信息曝光的维度，发展出创造信息链接节点（联结）量的维度。

此类创意的核心要素在于，为信息传播的对象提供具有价值的信息内容，在受众获取利益、获取娱乐、获取兴趣、获取知识的基础上，使之具有转发信息、再造（参与）内容或收藏内容的欲望。大众媒体广告精彩地传播出核心诉求就达到了目的，而现在新媒体广

① 魏超. IDEA 和CREATION——广告创意概念研究评述[J]. 河北经贸大学学报，2002（3）.

告则不但需要促使受众喜欢这个精彩的诉求，还要能让他们行动起来，参与到信息内容的建设、传播或购买行动中来。

对于新媒体的创意目的来说，通过洞察，为一次推广活动或是一个产品发现关键的核心创意，并通过围绕一个核心创意展开相关的内容建设，来维系住消费者，就成为成功创意的关键。例如，保险公司可以通过为某类人群提供避险知识和规划的网络平台，体贴这个人群在生活中的压力，引发他们对网站的需求，从而确保有效信息传播和其对保险公司的好感。

媒体是一种为人们提供信息的工具，在这个工具平台上获取有用的信息内容是人们使用这种工具平台的初衷。如果希望广告信息发挥作用，就不要脱离人们使用这种工具的初衷。我们视信息内容为一种产品，对这个产品做出的创意，恰恰就成为对广告信息承载者的创意，成为广告信息成功传递的基础。

总之，不同于传统媒体广告，新媒体广告创意需要达成的任务包括以下五个方面：

①完成链接的引导：在建立起良好的第一印象之后，需要在不同的内容层面上进行持续引导。

②提高转化率：转化率针对的是注册、购买、留下联系方式等，不管是哪一种目的都要给受众提供充足的理由去完成操作，如免费、优惠、限量、提供附加品等。一定要简化操作流程，使其方便实用。

③提高转发数量：转发数量是受众在关注和认同信息之后，为内容创造出新的链接节点的数量。一般而言，信息节点的数量，对于聚集受众数量，是有直接帮助的。

④提升用户黏性：虽然受众转化为消费者或用户，广告表现的过程并未结束。可采用良好界面的设计，或提供有娱乐价值的内容，或为用户提供回馈，如利用回邮件 、短信通知等方式，来满足用户的购前、购后心理，建立长久的信赖关系，提升用户的黏性。

⑤提供良好的病毒传播机制：官网或链接页面上信息的一键转发功能，用户体验的意见沟通平台，或创造信息内容的趣味性，这些都能够增加信息的转发和传播，而且，这些都是可以通过网络广告的创意表现过程实现的。

网络广告的创意表现，将在对受众链接行为路线所预设的某个过程中实现。创造良好的在线广告体验，可以尝试从广告形式、表达情感、信息内容、发布时机等方面着手。

第一，要建立好的网络广告形式。

①网络广告与网站（官网）设计风格尽可能一致，产品、创意和表现要和网站内容相衔接，与当前媒体内容的主题相关；

②在易引起关注的位置放广告或帮助用户识别、理解和快速定位广告区域；

③表达要具体、直白，善用文字广告；

④富有创意和视觉吸引力；

⑤具备良好的互动性；

⑥为用户提供可操作的选择，可预知操作结果；

⑦避免推销的形象；

⑧不要同时出现过多的广告类型。

第二，进行情感的表达很重要。

网络广告反映的不应只是赤裸裸的推销与被推销的关系，也不应只是通过展示性信息，或创意、色彩等符号吸引注意力。网络广告同大众媒体广告一样，需要通过情感的传递与沟通来打造认知、信任与链接的基础。实际上，网页更适宜创意性的情感表达，可以将枯燥的广告信息转化为妙趣横生的情节。

第三，要为网络广告做好内容建设。

建设真实的信息生活场景，提供有用的信息，或者将商品置于自然的情境下，让受众乐于卷入相关内容，那么，广告和受众就能形成良好的互动关系。

在操作中需要注意的问题包括：

①提供有用信息，帮助用户完成生活中的任务。广告本质上也是一种信息，这些信息是否对用户有用，是否能成为他生活中必不可少的一部分，决定了用户对广告的态度和互动深度。

②引导阅读，合理使用文字、图片、声音、颜色、动画等元素，使广告内容更具阅读的吸引力，或者使用一些问题式或令人惊讶的元素，让消费者对内容产生兴趣。通过内容与表现，提升对用户完成下一步操作链接的引导，是非常重要的环节。

③建设链接网页。当用户通过链接来到相关网页（网站），网页速度、网页内容与广告内容的相符度、颜色搭配、文字、图片、动画、声音等元素，都可以提升用户对网站的第一印象，引导用户完成下一步的操作。

第四，营造广告出现的时机也非常重要。

在营造广告时机方面，应尽可能根据受众的情况，在恰当的位置、时机展示广告。用户在使用网络的不同态度和行为模式之下，对广告的接受程度可能存在差异：

①受众在目的明确的搜索模式下接触广告，会倾向于将其视为干扰因素而忽略；在随意的浏览模式下，注意到广告的机会则大大增加。从另一个角度来说，以被动模式（如网页弹窗广告）接触的广告容易引起用户的反感，而以主动模式（如订阅邮件广告、报纸分类广告）接触的广告则容易被接收。

②受众从进入网站到离开，会根据自己的目标完成一系列任务。在每一个小任务进行的过程中，用户的注意力主要集中在当前操作上，强行插入广告容易引起消极体验。所以需要分析用户在使用网站/产品时主要的任务流，避免在主要任务上打断、干扰用户，为此，可以多采用一些间隙广告（interval ad.）、任务节点广告（post-task ad.）、情境辅助广

告（contextual approaches）、精准广告（target audiences）等形式，以避免在用户对内容的注意力处于峰值时受到广告的干扰。

■ 请进一步收集并阅读相关资料，从自身出发总结新媒体环境为创意带来的任务变化。

训练 1 将一切概念转换为可达成传播的感知内容

确立正确的广告创意观，是着手进行广告创意前的必要准备。广告创意不是市场策略的文字化或图像化，更不是制作技术。制作技术容易模仿，创意却是不可以模仿的。

如果简单地将“创意”理解为：“创”造“意”外，捕捉“不可思议”，以及寻找“与众不同”，那只是一种表象，而没有深入到探寻“独创一格”的创意内涵中。“寻求不同”和“创造差异”只是创意的开端，只是找到了创意的门径，而寻求最适合于广告信息策略的、最能有效传达表现独特诉求的广告语言、广告表现手法以及媒体传播方式，才是广告创意一定要解决的关键性问题，是广告创意思维活动要解决的核心问题。

创意的本质，在于寻找到恰当的、具有趣味性的、易于理解的和可表情达意的“元素”组合，以通过视觉或其他感知觉的方式，让接触“元素”组合的受众能够有效还原出原本要表达的意图。例如，德芙巧克力为了传达出产品香滑的口感，选择了咖啡色的丝绸在眼前、皮肤间滑过作为其视觉符号，以此令受众感受到德芙巧克力不一般的口感。

创意的价值在于找到了适合的、巧妙的表达方式，将计划表达的概念转换成了更易辨识、接受与记忆的，依靠视觉、听觉、触觉、味觉可感知的内容，并可以在媒体间多次复制传播。

■ 思维训练：为三元牛奶提供一个广告创意。

产品：三元袋装牛奶

沟通意图：诉求“老北京”的牛奶

创意要求：①不限于媒体类型；②以“感知‘老北京’”为创意主题。

训练 2 联想的束缚——“IF”的创意拓展

“IF”是一个广告策划小组为美特斯邦威品牌在面向高中学历以上的年轻消费者拓展业务时发现的一个创意点。“IF”谐音“衣服”，很容易被转换为新网络语言。

但是目前，这只是一个创意点而已。请进一步丰富“IF”创意点的细节，并将之落实下来。为此，首先，创意人员需要研究美特斯邦威的品牌、产品和它的消费者；其次，创意人员需要了解“品牌 / 产品—消费者—IF 的差异点”三者间的关系；最后，有关“IF”创意点细节内容，其创意文本范围可以选择适合各类媒体的各种类型的文本，当然也可以是广告的活动方案。

■ 找两三位朋友，一起进行头脑风暴。

■ 记录下你们的创意要点，完成创意方案。

训练 3 “趣味性”的束缚——为小米手机创意最有趣的小米教程

小米手机是北京小米科技有限责任公司研发的高性能发烧级智能手机，手机坚持“为发烧而生”的设计理念，采用线上销售模式，依靠不同“发烧”程度的“米粉”激发市场，获得了市场的广泛认可。

依据小米手机的市场推广特点，有关小米手机的知识性、趣味性的使用方式和应用拓展可以被开发成“小米教程”，以培育和提升“发烧友”的“温度”，带动小米手机的消费者向广泛的使用者和潜在使用者中拓展。

“小米教程”坚信：懂小米的人，会爱上小米，懂小米的人，会传染“发烧”精神，小米的“发烧”精神万岁。

■ 请尽量多地了解小米手机的品牌、产品及“米粉”们。

■ 请面向“米粉”们全方位地创意开发“小米教程”。请以“小米教程”的“易读性、趣味性、易理解上手”为原则，突破对“趣味性”表达的束缚。

训练 4 固定条件的束缚——牵手

情侣牵手的情节我们在很多影视剧中都会看到，韩剧“*High School*”（第 7 集）中设计了情侣分别拉住一个玩偶的左右手，达到了牵手的效果，这样就使得情节变得更有看点，同时也构成了很好的记忆点。同时，这种牵手方式还可能演变为青年男女牵手的流行方式。

在生活中很多人们已经习以为常的情节——比如骑自行车上班的人流，梳头发的动作，下班（放学）回家说一声“我回来了”，小孩子快乐地扑入大人怀抱中——常常在广告中出现。如果我们仅仅满足于展示这些常见的动作与方式，就难以展示出不一样的创意细节，也更难以吸引受众的注意。当我们需要将产品或品牌形象的诉求内容嵌进某个创意情节中时，结合诉求内容的特点，展示出不一样的创意细节，也不失为一种很好的创意思路。为此，请按步骤完成下面的要求：

■ 请你选择两种惯常的行为 / 动作模式；

■ 选取一个合适的品牌，将品牌或产品的某个诉求结合进去；

■ 为这两种惯常的行为 / 动作模式创意全新的表达细节；

■ 以视频或平面广告形式为表达方式，将创意描述出来。

训练 5 产品功能的束缚——周大福

品牌 / 产品：周大福黄金饰品

广告任务：让 18—25 岁的年轻人认为黄金并非远离时尚，周大福黄金饰品不是仅仅属于中老年人的饰品。

创意条件：

■ 选取一本（品牌）杂志；

■ 利用杂志某一至两个页面的平面空间；

■ 找到一个有效诱导受众行为的元素（引发受众动手参与，避免杂志广告受众漫不经心一翻而过的不良效果），运用创意将你所需要诉求的信息内容与该元素紧密结合，把读者的匆匆翻阅转变为兴致勃勃、跃跃欲试，或会心一笑，哪怕仅仅能暂缓其翻阅速度。

训练 6 时间的束缚——《来自星星的你》与 KFC

2014 年 9 月，全智贤代言的肯德基新视频广告播出，视频广告中充满着《来自星星的你》的元素：除了代言人外，炸鸡与啤酒状气泡果汁饮料的组合与剧情十分贴合。随着《来自星星的你》的热播，广告对其话题内容的使用，也是早在人们预料之内的。

但问题是，这个肯德基视频广告的播出，距离《来自星星的你》的实际播出时间（2013 年至 2014 年 2 月底）已经半年有余了，人们的对剧情、影视人物的热情，已经从当初的追捧跌入了谷底，变成了对满大街都是“都教授”广告的玩笑或抱怨。

然而，从使用国外明星的广告创意制作流程来说，广告从制作到播出确实需要一段时间，这个时效问题从流程的角度是难以回避的。但是，我们也许可以尝试从创意的角度予以改变。

■ 请思考，创意者需要对广告内容的创意做出怎样的调整，才能尽量回避上文中的时效性问题（由时效问题导致的兴趣改变及厌烦）呢？

■ 尝试将广告所关联（借用）的电视剧以颇具创意的方式发挥出来，同时注意创意内容与品牌或产品的诉求紧密结合。

训练 7 创意元素的反差与束缚

“黏合可口可乐和百事可乐的胶水”是一则颇具创意的广告案例。巴西奥美曾经为Araldite 强力粘胶制作过一则令人印象深刻的电视广告，广告中可口可乐和百事可乐的汽水罐被黏合在一起，而其传达的信息是：Araldite 可以让任意两个物体的表面紧密相连。至于这个创意中选取的元素是“可口可乐罐”与“百事可乐罐”，能将两者都黏合在一起，已经足够戏剧化地表现出 Araldite 的黏着力之强。其实，Araldite 不但可以使用可口可乐和百事可乐，也可以使用耐吉和锐步，或布什和克林顿，或任何毫不相干的两样东西。

在创意中，反差越大的元素总能带给人们思维的冲击和想象空间，但是出于惯常思维习惯的影响，人们常常并不具有足够胆识将反差大的创意元素聚拢在一起。

■ 品牌创意：M&M 巧克力豆

沟通意图：诉求“分享的巧克力”

创意要求：①平面广告创意；②尝试使用元素间的反差，表达“分享”的概念。

训练 8 建立物与符号的关联性

德芙巧克力广告中，咖啡色的丝绸轻轻拂过，带来了消费者对德芙巧克力丝滑口感的感知；汇源果汁电视广告中，父与子开心摇胯的动作，带来了消费者对汇源混合果汁有沉淀的感知；奥利奥饼干电视广告中，孩子“扭一扭、蘸一蘸、舔一舔”的标志性动作，带来了消费者对奥利奥饼干童趣的感知。品牌和产品的定位或诉求内容，需要与某些明确的感知与识别符号建立起关联，以使消费者易于辨识、易于联想、易于记忆。这也成为创意表现时经常使用的思路。

■ 以德芙巧克力案例为例，为一个品牌 / 产品寻找代表性元素。品牌 / 产品可选自市场在售的非酒精饮料品牌（包括果汁、乳品、茶饮料、功能饮料、饮用水、咖啡等）。

训练 9 扩大视觉冲击力与感染力

广告中的视觉设计可以带给消费者视觉冲击，有效地吸引消费者的注意力。但是，创意并非一味追求视觉冲击力，因为这也会带来一些负面的效果，例如，仅具有视觉冲击力的广告并不一定能够有效地打动消费者，且有时因为过于追求广告的视觉冲击力会使画面产生过多的负面刺激。

以下是洗洁精广告（图 10-1），诉求产品良好的洗洁力："用 Sunlight（洗洁精品牌）把那只羊（猪）从你的盘子上移开"！该广告制造的画面场景具有比较强的视觉冲击力，同时，传达信息准确，感染力也强，但并不令人反感。在追求扩大视觉冲击力的创意中，不忘创意的诉求传达任务，谨守暴力、刺激画面的底线，是我们必须通过大量练习才能有效把握的。

图 10-1（a）洗洁精广告

图 10-1（b）洗洁精广告

■ 品牌创意：周大福（金饰）

沟通意图：诉求"黄金的气场"

创意要求：①选取一本（时尚品牌）杂志，利用本杂志的平面空间，发布杂志平面广告；②寻找一个极具视觉冲击力的元素，运用创意将你要诉求的内容与元素（形式）相结合，抓住读者的视线；③在创意中注意控制恶俗、恐怖等底线。

训练 10 媒介接触点的想象力

还记得“杜甫很忙”的涂鸦作品吗？其实这样的手段不是只能用作恶搞，只需稍加改进，同样可以用来完成出色的广告作品。

英国插画家萨拉·霍恩发现，如果在宜家的产品目录手册画上神奇的场景和神话中的动物，它将会变成一幅让人兴奋的画作。霍恩的创意被宜家公司发现并采纳，她因此受邀成为宜家家居英国温布利店的官方儿童插画师。

霍恩表示：“当我还是个小孩儿的时候，我就经常涂鸦，梦想参加各种神奇的派对，从我最喜欢的故事书里跑出数不清的小动物——试想一下跟一条龙吃完饭或者跟一个大脚怪吃早饭是个什么样子吧！尽管我长大了，但我的内心依旧期待有一天能参加这个神奇的宴会。所以我把我喜欢的一家产品目录当作画布，这样我的梦想离现实就更近了一点。”霍恩的涂鸦作品给宜家带来灵感，借助这些作品，宜家希望能增强人民对家庭用餐时间重要性的认识。

对媒介接触点的发现也应当是非常具有想象力和创意力的。对媒介接触点“想象力”的训练可以来自两个层面：创意非主流媒体接触点的使用，以及对主流媒体接触点的创意性使用。①

■ 创意品牌：宜家家居

沟通意图：诉求“DIY”的家居

创意要求：①帮助消费者理解与体会宜家 DIY 家居的设计、便利与舒适，从而建立起对宜家家居的产品品牌价值的深度理解；②思考如何使用媒体接触点来发挥创意的作用。

训练 11 不得有悖伦理

2008 年春节期间，恒源祥在全国几大电视台播出了“十二生肖贺岁广告”，这是其最早的广告语——“恒源祥，羊羊羊”的升级版，“代言人”一下子扩展到了十二生肖，广告时间也翻了两番，这则极富“特色”的广告一经播出便掀起了轩然大波。广告画面：由北京奥运会会徽和恒源祥商标组成的白底红字的画面一直静止不动，画面上的动物从鼠一直排到猪，稚嫩的背景童声从“恒源祥，北京奥运赞助商，鼠鼠鼠”，一直念到“恒源祥，北京奥运赞助商，猪猪猪”。雷同的广告语播放了 12 遍，广告时间历时 1 分钟。

恒源祥的“十二生肖广告”的主要问题在于时间控制上的霸权主义，单调的重复在时长和频率上对受众的精神和心理造成了很大的侵扰，是对观众主体意识的“施虐”，是统

① 程诚. 宜家把涂鸦作品搬到了产品目录册[J]. 国际品牌观察，2015（3）.

治者（广告主和媒体）霸权主义的体现。由于创意广告作品是在媒体上面对广泛的受众进行发布的，尊重社会观念、尊重受众的体验，广告创意不得有悖伦理是创意人必须要注意的问题。①

■ 请收集五则在社会中广泛传播的、你认为在某些方面有悖伦理或是违反社会常识的影视广告，并指明这些影视广告创意的不合理之处。

训练 12 创意方案的落地训练

我们经常能够看到这样的创意说明：在微博上开展“晒照片，赢大奖”的活动；用微电影传播“某品牌的产品品质一流”。当把创意仅仅表达为“利用某媒体传达某概念（信息）”时，它其实并非真正的创意。因为，真正的广告创意必须能够对内容创造产生影响，并使其与发布媒介完美结合，并能够真正落实，这才是到位的创意表达。就上文案例来说，到位的创意表达首先就需要能清晰地呈现出“计划用什么样的方式吸引微博用户有足够的热情参加晒照片活动”，继而才需要完整规划这个活动的前后流程，使方案具有可操作性。

同样，发现某个创意点也不算是到位的创意，在拥有了某个创意点之后，需要进一步将其细化下来，使其创意内容可完全落地、展示（视频、平面或音频、活动等）出来，才算是到位的创意。

■ 品牌官微“吸粉”任务：

微波炉品牌 S 具有蒸煮功能，其运营团队据此设定了一个智能机器人小编的形象——蒸小娴！拟人化的同时突出了 S 牌微波炉的最大特质——“蒸”，创意计划将这个概念植入到微博内容与粉丝互动中，引发粉丝追捧。请针对此任务，细化创意，使之落地。

以上文为基础，对此创意进行文字阐述。

■ 施华洛世奇的品牌推广

施华洛世奇产品在寻求平面的创意来表达其“可触及的奢华”概念。在细化创意内容的过程中要思考如何将“可触及的奢华”视觉化，使本创意表现能够落地。

以上文的基础，对此创意进行文字阐述。

■ COACH（蔻驰）的品牌推广

在进行 COACH 的品牌市场推广中，计划继续使用“轻奢的一天”为创意点来吸引消费者的关注，并拓展市场。请针对本任务，细化创意，使之能够落地。

以上文为基础，对此创意进行文字阐述。

① 丛岩. 我国电视商业广告中的伦理失范问题及对策研究[D]. 大连：大连理工大学，2010.

第11章

第一次提案

1. 撰写“广告策划书”

精读知识点1 供翻阅的“广告策划书”

虽然广告策划书通常是用Word软件处理的长篇文字说明，但是需要明确的是，广告策划书绝不是说明书。

广告策划书通常是翻阅式的，以Word或PDF格式的文字表达为主要形式供客户阅读。在这类表达中，客户需要在较长时间的独立阅读过程中，详细了解一些信息，并了解和接受策划书的主旨和观点。所以，这种格式的策划书需要具有以下的基本功能：

- 策划书的思路线索要十分清晰。策划书不是用来展示资料的，而是用来说服客户同意你的观点，并接受你的解决方案的。所以，策划书需要具有观点，用观点串联所有的分析过程和解决方案。

- 策划书不要使用任何结构式的模板。例如环境分析、产品分析、消费者分析等环节，是依照观点表述的需求而具有价值的，并不是任何一个策划书中这几个部分都要同时具备。

- 可以以文字铺陈为主，但是图片、图表的作用也非常大。图文并茂可以更加醒目，突出重点。

● 配合读者的结构化的阅读。策划书要结构清晰，除了要有目录外，还要在内文中将策划书结构以醒目的方式表达及标注出来。

● 运用到正文部分的资料要做视觉化处理，便于阅读理解，克服枯燥；翔实的资料可附策划书全文后备查。

● 用词专业，文中表述及资料使用忌“拿来主义”，如果能够根据策划书的观点思路加以融合使用，效果会更好。

● 重点文字和观点部分要突出，配合读者的大纲式阅读。

● 好的策划书从页面设计到文字表达都需要与品牌形象及创意调性相一致，例如，配色使用品牌色，或使排版风格与创意相得益彰。

精读知识点 2 用来宣讲的策划书

另一类常见的策划书是用来为客户宣讲用的。其宣讲的环境通常是这样的：中小型的会议室中，宣讲人小组控制电脑和投影仪，听众分坐桌旁，手头可能会有纸质版的相关材料。宣讲人会一边播放展示文件，一边用语言进行详细说明。也就是说，这类策划书是需要展示文件与宣讲人的讲解共同发挥作用的，所以，宣讲文件与翻阅式的策划书有明显的不同：

● 以 PPT 及 PREZI 软件为主制作展示文件。

● 需要良好的设计感，对结构、观点、核心资料要有创意的展示，以结构上的提点，配合人员讲解，使观众的思路线索清晰，便于记忆，并不需要长篇的文字铺陈。

● 避免出现连续几页信息量不足、需要快速翻过的状况。

● 确保展示文件的结构清晰、思路连贯，如需前后跳页展示，需设置清晰。

● 在展示文件与语言表达之外，还可使用纸质版的资料发放到听众手中，特别是一些重要而详细的资料，可供现场听众在看展示文件、听讲解的过程中，同时翻阅。

● 页面精美，链接清晰，表达具有创意，不用过多过于复杂的功能。

● 展示前，需要配合讲解演练，再做出修改。

训练 1 用 PPT 软件完成文字的可视化转换

PPT 页面字数不要多，展示重点概念和重点逻辑线索，层次清晰，突出关键点（注意使用字体、粗体、颜色等），化繁复的文字为图、表，页面风格（字体、颜色等）保持一致，特效点到为止，配图美化页面。

■ 将下段文字用 PPT 文件形式进行可视化转换。

条件：不少于 5 页，页面设计赏心悦目、重点突出、思路主线清晰、内容呈现全面、叙述过程可调整、适于中小型会议室演示。

贝纳颂是一款较为高端的咖啡饮料，外包装设计独特、简洁、线条流畅；口味选择有最受消费者青睐的摩卡、蓝山、拿铁三种；7℃的储存条件，21 天的保质期，比同类产品健康；产品本身蕴含了追求舒适、典雅、新鲜生活的理念。

贝纳颂目标消费者锁定在 40 岁以下的白领阶层，他们在日常生活中极其注重生活品质，关注养生，追求感官上的享受；对食品饮料类的选择会关注其成分，尽可能地选择添加剂少的产品；同时由于生活压力大、工作繁忙，咖啡作为一种提神饮品已经成为每日的生活必需品。但是因为普通咖啡饮料保质期均在 6 个月以上，其添加剂尤其是防腐剂的含量必定不少，不符合其对养生及生活品质上的追求；工作繁忙的他们也没有时间停下手头工作去享受现磨咖啡。可以说，大多数年轻的白领在现实的压力下被迫暂时忽略自己的追求。

所以贝纳颂是契合年轻白领的一款咖啡：包装独特，低调；7℃的储存条件及 21 天的保质期，最大限度地保证了咖啡饮品的新鲜程度，以及尽可能地减少了添加剂的使用，保留了现磨咖啡的口感，既满足了年轻白领对于高生活品质、少添加剂、新鲜的追求，又满足了其口感上的享受。所以说贝纳颂就是为年轻白领阶层量身打造的一款咖啡。

产品的差异点：21 天保质期，缩短了普通即饮咖啡的保质期，而延长了现磨咖啡的保质期。

贝纳颂拥有 21 天保质期的纯正口感的特点与白领想要却不能享受现磨咖啡的现实矛盾相契合，本广告方案为实现“提高知名度”这一任务，突出“21 天”差异点，提出“21 天贝纳颂”的核心概念。

训练 2　将 PPT 页面内容转化为叙述性文字

■ 将以下的四页 PPT 页面内容转化为叙述性文字。

条件：不少于 300 字，文字流畅、层次清晰，内容要更为详细、可增补细节资料，内容呈现全面，叙述过程可调整，适于专业人士阅读。

“养乐多”决胜肠道广告策划案

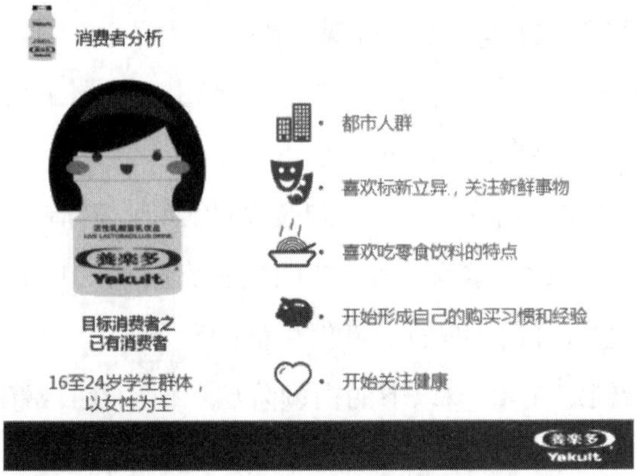

图 11-1（a）“养乐多”广告策划案 PPT1

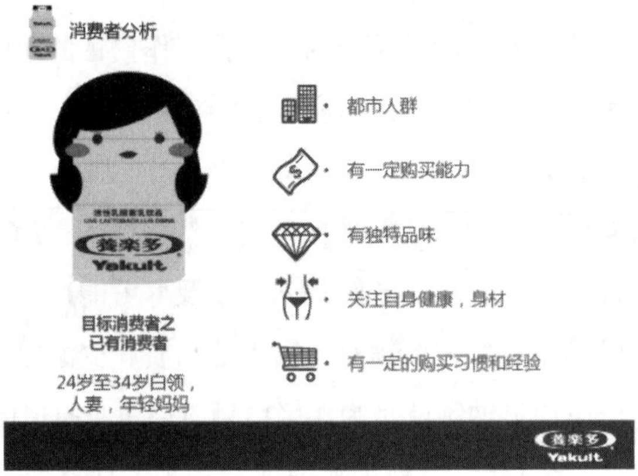

图 11-1（b）“养乐多”广告策划案 PPT2

图 11-1（c）“养乐多”广告策划案 PPT3

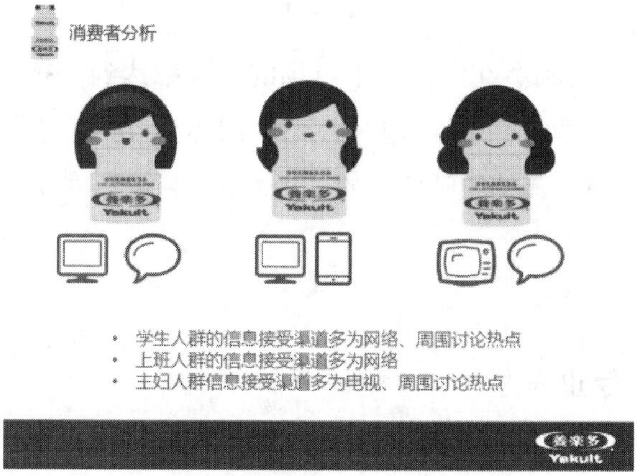

图 11-1（d）“养乐多”广告策划案 PPT4

训练 3 数据的视觉化创意表达

可视化数据图可以帮助读者迅速读懂数据，理解数据的主旨，把握数据的重点。而且，它对美化页面也很有帮助。

国内外有一些数据可视化软件，可以为用户提供数据化表达的模板，以简化创意设计过程，例如 Google Charts、Modest Maps 等，但是使用模板难以帮助学习者个人提升数据解读及创意表达能力，所以建议在本作业过程中可以学习模板的数据视觉化方式，但要尽量更有创意地完成本作业，避免直接使用模版。

■ 请收集十张数据图，分析数据图表达的要点。

■ 学习使用 Excel 软件制作数据图表，并将数据图表使用在策划书中。

■ 请将下文数据及与数据有关的分析内容，利用 PPT 软件进行可视化转换，转化成几个视觉感受良好、易于展示和理解的 PPT 页面。

（一）

益达口香糖的核心联想几乎全部来源于广告；在调研中发现的全部 43 个关键词中，与广告相关的有 21 个，与口味相关的有 8 个，与功效相关的有 6 个，与品类相关的有 3 个，与个人经历相关的有 3 个，与包装相关的有 2 个。

由此可知，首先，益达的广告着实深入人心，许多关联词，如“关爱牙齿更关心你”“你的益达”等均来自于益达的电视广告。其次，口味多是益达的一大特色，这一特色在消费者心中也留下了一定印象。

（二）

截至2009年9月，奥利奥在中国饼干市场的占有率达到7.3%，比2008年高出三分之一。根据AC尼尔森的调查，中国人在饼干上的消费达到16亿美元，而卡夫分走了其中的22%，是亚军（来自台湾的康师傅）的三倍，其国际竞争对手雀巢所占份额只有卡夫的九分之一。

训练 4 使用专业词汇

■ 查找以下广告策划书（部分）中的使用不够标准的词汇和表达方式，并一一纠正。

消费者购买洗发水时，品牌转换已成为洗发水市场消费者的基本购买行为。据调查，35.5%的消费者表示连续两次购买的不是同一品牌的洗发水。巴黎欧莱雅深层修复系列在占有目前的市场占有率的情况下，就能更容易地吸引创新型消费者。

消费者对品牌差异的感觉下降，市场上的洗发水所宣传的功效大同小异。而巴黎欧莱雅深层修复系列显然对非专业的消费者来说是过度细分化了，使消费者购买时面临艰难的判断与选择。

2. 贯穿广告策划案的主线索

精读知识点 1 广告策划案不是分析报告

商业广告是在做什么？我们可以很直白地理解为：企业投入大量的金钱，就是希望广告活动从传播的角度，有效率地解决“卖与买”的沟通问题。广告策划的入手点必然与此相关。在“卖与买”这对关系中，识别品牌/产品与消费者的关系状态通常是我们进入一个策划作业过程的第一步。

需要注意的是，虽然在介入广告策划任务之初，我们已经成为营销传播人员的角色，但是这并不意味着我们作为消费者的体验和感受都应该抹去。这些体验和感受，对于营销传播工作具有直接的帮助，从某种程度看，对消费者与企业品牌/产品的关系状态的理解，通常是从我们作为消费者的态度开始的。

营销传播人员能够看到哪些消费者接受此品牌/产品，而哪些消费者不接受；还可以看到消费者接受与不接受品牌/产品的原因是什么，甚至还可以看到，消费者对一类产品已经积累了哪些经验与认识，等等。这种关系状态，很容易提示我们，要想让品牌/产品的市场状态更好，面对的最主要阻碍是什么？而这些阻碍里有哪些是可以通过营销传播的手段被铲除的？

在对品牌/产品与消费者的关系状态的持续探索中，我们实质上已经进入了广告策划的框架性思维过程中：发现问题—解决问题的通道已经打开，如果我们能够在接下来的作业过程中明确掌控自己的作业方向，那么我们的广告策划作业就能达成对事物的分析、结论与解决方案。剩下的就是广告策划方案质量的问题，这需要我们具有专业的知识储备和丰富的经验积累，如果我们的策略分析严谨、全面，我们的解决方案中，创意有亮点，传播策略有技巧，那么，完成一个好的广告策划案的基本条件就具备了。

精读知识点 2 广告策划案不是创意的集结

广告策划案的核心作用就是告知并解决客户的营销传播难题。所以，就完整意义上的广告策划案而言，其至少要包括两部分重点内容：第一，发现并告知营销传播任务（难题）是什么；第二，提出解决此营销传播任务的方案。

但是，并不是所有的策划案都需要全面展示完整策划书的要点，因为在客户不同的需求下，广告策划案的内容集中范围也会有不同的侧重。

- 整体广告策划书：是指完整跨越了策略研究与解决方案这两部分内容的广告策划案，即通过策略分析为客户发现市场问题、设定广告任务及广告目标之后，为其拟订解决方案。对整体广告策划书来说，也有不同的类型：

①客户没有局限特定任务的情况：此类策划书因为客户并没有指出特定的任务，所以通过策略分析，锁定本方案的营销传播任务是比较重要的一个环节，而在策划书中，展示分析思路，阐释具有说服力的观点，以提出策划任务，澄清解决方案，是很重要的部分。除此之外，提出解决方案部分是与上并重的部分。

②客户关注某些特定任务的情况：这些特定任务可能是新产品上市、重新定位、品牌形象建设等。因为客户的需求有针对性，所以在策略分析中，对问题即广告任务的审视视野相对集中（例如新产品上市任务中），在解决方案中，也只需针对这些特定广告任务的需要，把相关细化的问题阐释清楚即可。

- 阶段性广告策划案是指策划案的内容重点是为客户提供特定的解决方案。

①媒体策划案：因为客户需要在某类媒体上投放广告，所以此类策划方案以提供细

化的、可执行的媒体广告创意和投放解决方案为主；在策略分析部分，仅以落实对解决方案的支撑细节为目的，如陈述一下目标消费者、定位、受众及媒介接触习惯或表现策略等即可。

②创意策划案：这类策划案以为客户提供某媒体广告创意为核心，强调的是创意的品质，如电视广告的创意策划书等。同样，策划案在展示创意之外，仅需对受众、定位等问题做出清晰的说明，而描述创意的分镜头脚本、平面草图等则应成为方案的重点。

③促销策划书：与创意策划案相类似，策划案的重点在于对促销活动方案的创意与计划，而对受众、定位等问题仅作陈述即可。

因此，广告策划案期待的绝对不仅仅是对精彩创意的集结。

精读知识点 3　主线索贯穿全方案

在广告策划方案中，我们需要通过策略分析提出企业在市场中所存在的“问题”，随后，当广告策略的主线索的方向已经非常明确时，则要针对广告策略的目标，来进行媒体策略制定，并完成诉求、创意、促销活动、公关活动等广告活动手段的设计与组合，规划如何利用媒体、创意等广告活动等一系列手段来“解决”这个核心“问题”。这就是广告策划方案的主线索，这一主线索需要在方案中完整、清晰地展示出来，以达成理想的方案说服效果。

请多观摩广告策划案，体会将主线索贯穿于全广告策划方案的表达技巧与状态。

训练 1　角色转换

每位同学都是有着十几年消费经验的消费者，有着惯常的消费者思路。但是，消费者角色与营销传播者的角色之间，有着截然不同的感受。

去过大超市的人都会有非常明显的感受，就是消费者在产生一个动机以后，就会有许许多多的品牌或产品映入眼帘，作为消费者，他们去挑选、去判断，最终选购了某品牌/产品，这个过程对于消费者而言，总的来说是被服务的、被满足的过程，从情绪上说应该是主动的、快乐的。但是对于营销传播人员来说，则担负着企业生存的压力，品牌/产品是不是卖得出去？竞争品牌是不是又有举措？作为一种趣谈，“消费者快乐指数越高，营销传播人员的痛苦指数越高”的说法是成立的。

企业与消费者如果各自在自己的轨道上前行，那么企业与消费者将成为两条永不相交的平行线，而整日为“卖与买”伤脑筋的将是商家（零售销售组织），事实上，企业很早就已经懂得怎样向消费者递出橄榄枝了，“顾客就是上帝”“以消费者为中心”的概念成为企业营销活动的出发点。从消费者的角度出发，判断消费者的需求、经验与认知，也成为我们解决广告核心任务的基点。

■ 描述一次快乐的购物行为，发现其中针对某品牌的筛选、判断细节。在此基础上，转换身份，锁定细节中的某个关键之处，设定沟通方案。

训练 2 健力宝运动饮料的广告策划

健力宝（银罐系列）致力于为国人打造一款属于自己的、有利于酸碱平衡的健康运动饮料。它以酸碱平衡、优质蜂蜜、无咖啡因、体科所二十年经典配方为特色，能够快速平衡运动后体内产生的酸，迅速缓解疲劳、滋养身体，特别针对具有民族认同感、追求健康的年轻族群。

健力宝（银罐系列）运动饮料的产品特点：

【酸碱平衡】含碱性电解质——蕴含钾、钠矿物质的碱性电解质饮料，随时补充身体丢失液体，调节身体中水分酸碱平衡，迅速恢复体能，提供更多能量。

【蜂蜜】含优质蜂蜜——特别添加能够滋养身体的优质天然蜂蜜，营养价值高，易被肠胃吸收，促进肌肤生理平衡；适合运动后饮用。

【无咖啡因】不含咖啡因——保持体内钙质及水分平衡，保持神经系统的平衡和稳定，为运动提供持续动力。

其目标消费者为：具有强烈民族认同感的年轻族群，年龄介于 15—40 周岁，热爱运动、生活积极向上、追求健康的生活方式。

■ 假设为健力宝（银罐系列）运动饮料规划一次半年期的广告活动（可忽视预算），请为此提供完整的广告策划方案。请在此背景条件下思考：哪些内容可以提炼出来作为本广告策划方案的主线索？

■ 选择合适的方式，将你认为应该用以贯穿广告策划全案全文的“主线索”展示出来。

训练 3 可口可乐的尝试

近年来，全球消费者的健康意识已经大大增强，开始有意识地远离快餐、碳酸饮料等不健康食品，同时受到当前经济不景气的影响，可口可乐未能逃脱收入、利润不乐观的境况。

中国是可口可乐全球销量第三大市场，对可口可乐全球销量的增长起着举足轻重的作用，可口可乐在中国市场持续不断的投资是确保其中国业务可持续增长的基石。近年来，可口可乐在中国市场的销量仍保持着增长，销售业绩好于美、欧等成熟市场。

在新的形势下，跨国巨头们不再是故作高姿态，而是更趋向于研究消费者的需求和喜好，更务实、更接地气。

■ 身边的人们在提到可口可乐（碳酸饮料）的时候，都说些什么？他们经常饮用，还是常常拒绝这种产品？可以将他们分成几个类型吗？你认为哪种类型的人的观念比较容易被改变？哪种类型的人的观念改变会对市场销量的提升起到更大的作用？

■ 选择合适的方式，将你认为应该贯穿可口可乐广告策划案全文的“主线索”展示出来。

训练 4 强生婴幼儿产品

2009 年 3 月，美国一家非营利性消费组织“安全化妆品运动”公布了涉及强生、帮宝适等多家公司的婴幼儿卫浴产品含有甲醛等有毒物质的检测报告。与此同时，国内某知名论坛也出现了一篇题为《强生差点把我一岁半的女儿毁容》的帖子，帖子快速广泛传播，国内外市场的质疑同时涌来，不断升级的舆论谴责与讨伐，让强生陷入了一场真正的信任危机中。

■ 对以上现象，你能列举强生婴幼儿产品的几种广告任务吗？（例如，客户会提出要转变消费者对强生婴幼儿产品的不良印象，但这具体指的是怎样的不良印象？改变是通过产品品质的说明就能解决，还是可以通过道歉解决？或是转移视线等方法？等等，我们需要在设定广告任务时，进一步深入寻求细化症结。）

■ 请选择合适的方式，将你认为应该用以贯穿强生广告策划方案全文的“主线索”展示出来。

3. 策略思想与论证的表达

精读知识点　广告策划与模板

广告人是工作勤奋的人，而广告策划则是广告运作中仅次于广告创意的富有创造性的分工，但这也完全不能阻止广告策划出现模板。

广告策划已经深陷僵化程序中。其一，大多数的这个工作环节是不设置收费程序的；其二，名正言顺设置收费程序的广告策划业务已经大多委身于营销传播、营销策划等领域，因此层出不穷的营销概念在这个环节被创造出来；其三，广告策划的工作人员更多的关注点在于工作成果对客户的说服性，而这个说服性永远与时下流行概念相联系。

20 世纪 60 至 70 年代，以“细分—目标市场选择—定位—品牌形象”为线索，将一系列有关的市场营销理论、消费者行为（心理）理论、传播学理论等有关理论组合起来，于是广告策划模板的框架便形成了。

21 世纪最初的十年里，在中国市场中，广告策划人对这个模板的使用登峰造极。

模板的优点是削减思维成本和说服成本，打包出售本小利大。广告制作费用和媒体投放费的收费模式，使得广告公司更加回避广告策划效果问题，从而激发出对实效广告的呼吁。即便是如此，对于实效广告的“实效”的内容界定还是相当模糊的。

哪些可能是应用广告模板后的产物？请收集并说明你的判断原因。

训练 1 广告策划书的层次与结构

联想 U 350/450 上市之“斑马人”方案

产品特征：轻薄不再是一个新概念，轻薄本不再等于高端。联想推出 U 系列，以加入主流价位轻薄本竞争。

广告活动任务：以都市时尚白领为目标人群，寻找轻薄笔记本可以带给消费者的感性利益。占领轻薄新认知，占领 6 000 元以下的主流市场。

广告策略：洞察消费者“在意物质，更在意精神上的享受”的理念，定义产品为一个都市旅行的亲密伴侣，提炼出传播主题“自由行走在都市”（U are the City Walker）。

核心创意：创造了一只神神叨叨，却洞悉人类世界、勇于实践梦想的斑马，作为传播的载体。

- 请为这个广告活动拟定广告策划书的三级提纲。
- 请在提纲中附加标明在何位置、用何种方式对哪一个重要的结论作分析。

训练 2 广告策划书中的解决方案是否落地

广告策划书中的解决方案是指在完成广告策略分析，并完成策略任务、广告目标等的设定后，陈述使用怎样的方案来达成广告目的。

在广告方案中，解决方案不具备可操作性、脱离实际是很常见的，能够体会和判断出广告策划解决方案是否可行是很重要的一个环节。

社交网络（方案）

①通过关注青岛啤酒官方微博及微信，获得折扣优惠券。利用便利的网络互动方式带动消费者购买或品尝青岛啤酒。

②向青岛啤酒官网指定邮箱发送本人及与亲友饮用青岛啤酒的快乐合影便可获得优惠券，吸引消费者去超市兑换并购买青岛啤酒。

③微信会给加关注的朋友们定期发送手机优惠券，需在限期内使用，促进消费者购买。

以上方案选自某“青岛啤酒”习作中“网络社交”部分的方案。可以说，本方案在可执行方面是远未落地的。

■ 请分析，为什么说以上方案内容未落地呢？请结合案例内容指出具体问题。

■ 请将本方案细化为可执行方案。

训练 3 与市场实际情况跳脱的状况

如果广告策划方案过于追求市场研究角度、策略、解决方案的与众不同，容易导致方案脱离企业和市场竞争的实际情况，以企业投入巨大经费来追求一时之利、一时之新，对企业来说就会是一个难以接受的广告解决方案。

又或是广告策划人并未考虑客户以往广告策略、定位或广告表现风格等的延续性问题，而仅凭一己的好恶来制定解决方案；抑或是对客户所在行业及竞争问题了解得并不清晰，也会难以打造出为企业所接受的广告解决方案。

在一个广告策划案中，如果策略分析、任务设定及解决方案与实际情况出现跳脱的情况，那么就会直接影响到广告策划案的可行性。

■ 思考并讨论：如何回避广告策划方案出现与市场实际情况跳脱，导致广告策划案缺乏可行性的问题。

训练 4 分析策划书的优缺点

■ 请提供一份广告策划书，或在网络上寻找一份广告策划书。

■ 分析广告策划书在表达观点的过程中所使用的逻辑层次，并画出逻辑图。

■ 对此广告策划书进行分析，指出其表达策略分析及观点的结构，并指出其策略表达的优点和缺点。

训练 5 完成一则广告策划书

■ 以广告策划学习过程中你曾参与过的任何一次广告策划活动为基础，请完成一则广告策划书。

■ 厘清观点及材料，列出策划书的观点及提纲，并撰写完成之。

■ 细化并落实广告策划书中的重点内容部分，以视觉化形式表现。

4. 与众不同的提案过程

训练 1 制造记忆深刻、与众不同的体验

广告提案即广告公司向广告客户作有关广告活动企划、创意构想、调查结果等的报告，也就是把创意策划准确生动地向客户提交与说明，以求赢得客户的赞赏与支持。

提案现场良好的演示效果对于提案本身来说，绝对是可以加分的一项。提案过程既要遵循最基本的原则，也要考虑如何争取更独特的展示效果。

对于提案过程来说，其基本原则为：人员齐备、正装出席、不迟到早退、各种资料准备充分、设备工作正常、提案演讲思路清晰、表述专业、保证提案内容的水准。

■ 在提案现场展示和讲解 PPT 时，可以使用哪些手段和方法来吸引现场听众的注意力呢？请假设某些特定环境，一一作出列举。

■ 请思考：制造现场不同的体验需要我们使用一些其他手段或方法，这些手段和方法需使用有“度”，否则就会有喧宾夺主的可能。你能把握好这个“度”吗？

训练 2 获取环境、设备和技术支持

展示提案的同时，你能够确认已经做好充足的准备了吗？对你们所提供的解决问题的手段，你们是不是已经包装好，能够让被提案的人们充分理解。比如，你们的平面或视频

创意脚本有简单的草图吗？有现场的相关道具需要展示吗？又比如，在说服被提案者接受你们的提案时，有没有设想过把说服力扩展到最大？你们做了大量的调查，能不能给被提案者看看录像或者听听录音？调研的结论有没有专家观点支持？所有的这些准备工作，并不是提案的各个小组都能准备好的，提供给被提案者这样的展示，代表了作业团队的服务意识、工作效率与执行力，除了能很好地说服客户外，还能给客户留下一个良好的印象。

■ 提案展示可能会安排在什么场所？它们的展示环境都有怎样的特点？

■ 提案展示场所的空间大小对提案注意事项有何影响？

■ 通过查资料、走访、调研、交流，了解在提案过程中都可能会使用哪些种类的设备？这些设备你都了解吗？

■ 通过对环境和设备的了解，明确通过哪些方式可以使你的提案方法或过程设计与众不同？请提供几个构想。

训练3 提案与演示、现场互动

大多数情况下，提案一方的演示文件大多分为纸质文件和视频文件两种。但是，细化下来，我们可以看到更多的演示手段，在演讲过程中，演示文件也可以是多种多样的。例如，在演示到调研过程时，可以使用音频和视频的方式呈现最关键的洞察资料；在演示到产品分析时，可以使用实物演示；在演示到竞争分析时，可以使用实验的方法，等等。

为了避免自己的提案过程显得单调、乏味，在提案过程中，可以参考很多演讲和电视访谈类节目中常见的方法，不要拘泥于最常见的那一两种方式。

请参看“One Show 中华青年创新营终极提案大赛”中的“提案类现场大奖”视频进行学习。

■ 请多多积累演讲知识和电视访谈节目的主持知识，从中提取有益于提案的经验。

■ 思考提案过程中现场互动环节设计的价值及风险。

■ 请提供几个具有创意的提案现场的演示方案。

■ 请提供几个具有创意的提案现场的互动设计方案。

第12章 不断延展的知识

随着媒体环境、市场环境等的发展，我们需要的知识在不断拓展。随时知识更新，不断发现新的沟通机会，并思考如何把它们应用在广告活动中，是广告策划人员不可或缺的能力。

在延伸的知识中，我们可以尝试不断更新前沿的内容。新的思想和技术往往很能启发我们的思路，那些引发我们思考的事件、规则和跨学科理论最能激发创意的火花。

以下是一些例证，请通过训练来感受不断延伸的知识可能给我们带来的触动，以及对业务方式和路径的根本改变。

训练1 业内不断出现的融资、上市与并购

21世纪资本化运作的浪潮使中国广告公司逐步走进了资本市场，在历练中寻求机会不断发展成熟壮大。当前，我国本土广告公司的上市已经常态化，一方面意味着更加激烈的市场竞争，另一方面也有助于广告产业在充分的市场竞争中优化资源配置，提高全行业的服务能力和竞争力，实现合理化的产业布局。

在广告行业里，兼并和收购一直是国际广告业巨头快速发展的主要原因，也是广告行业成功秘而不宣的要素，这一方面是出于广告行业内组织自身版图扩展的需要；另一方面则是由广告公司所服务的客户决定的。例如，电通、WPP等国际巨头进入中国，都是因为它们所服务的全球客户开始在中国建立分厂、实现产品销售等。而兼并和收购，则是最为便捷、也是最容易操作的快速扩张模式之一。

当前，随着与营销传播活动相关组织的业务形态类型越来越丰富，与业内发展相关的

融资、兼并范围也在不断拓展中，各类媒体组织，各类与新媒体平台、技术及制作相关的组织，以及多种内容制作商的投资并购活动也越来越值得我们关注。

■ 请通过自主获取资料，了解本主题领域的内容。

训练 2 广告组织的应对之策

传统广告媒介购买与程序化购买的“碰撞”①

传统广告业就是从媒介掮客发展而来的。1841 年，俄尔尼·帕尔默（Volney Palmer）在美国费城开办了第一家广告公司，主要兜售报社的版面等，大多数广告史学家认为他是美国也是世界上的第一位广告代理人。

时至今日，媒介购买依然是广告公司赚取经济效益的重要方式，从广告代理制度中也可以看出媒介购买对于广告业的重要性。广告代理制度是广告公司作为广告主与媒体之间的桥梁，通过媒介购买赚取利润，收取媒介购买费用的 15% 作为回报，此费率是在国际通行的行业规则，我国也承认并曾积极推广广告代理制。

随着移动互联网时代的来临，这种依靠广告公司专业人员进行的媒介购买活动正在被互联网广告程序化购买体系所替代。程序化购买体系由互联网广告的 DSP（需求方平台）、SSP（供应方平台）、RTB（竞价平台）以及 DMP（数据管理平台）等一系列平台组成，能够根据广告主的投放需求、广告预算等多种因素为广告主提供最优解决方案。

具体流程为：假如你打开新浪微博，上面挂了一个 RTB 的广告位，那么当页面加载这个广告位的时候，新浪就会向 Exchange 平台（如阿里妈妈）发起一个消息，说“我这儿有一个人要看广告了，你给我发一个广告过来吧”。阿里妈妈收到这个消息之后，会再向每一个接入到平台要买广告的人（一般来说是 DSP）发消息，说“这儿有一个微博的广告位要出广告，你们看愿意出多少钱买这次曝光”，于是 DSP 一通计算，告诉了一个价格，然后阿里妈妈从每个 DSP 出的价格中挑选出最合适的那个（可以理解成出价最高的那个，但实际情况一般是第二高的价格），把这次广告机会给这个 DSP，再把这个 DSP 提供的广告返回到微博，最终把这个广告展示出来，消费者从而看到这则广告。这一系列过程都发生在你等待网页加载的一秒左右的时间里，每个环节都只有几十到一百毫秒的处理时间，所以叫“实时竞价”。而且在这个过程中，媒体方或平台方可以告诉 DSP 关于这个广告位以及这个用户的信息，比如这个用户的性别、年龄、所在地等，DSP 可以根据这些信息更合理地出价，并找到更符合广告主需求的目标人群，此外这还能很方便地监测曝光率、点

① 蔡凌云. 移动互联网时代传统广告运作机制适应性研究[D]. 北京：中国传媒大学2015；Marketing上上策. 从“什么是程序化购买”到“程序化购买+”[EB/OL]. [2014-05-28][2017-09-02]. https：//baijia.baidu.com/s? old_id=69434&wfr=pc&fr=app_lst.

击率之类的指标。

程序化购买的发展势头在美国已经不可阻挡，据国外权威机构 eMarketer 相关数据显示，2013 年美国展示广告中程序化购买部分占比超过 50%，其中以 RTB 广告表现尤为突出。在移动端，移动广告的强劲表现直接推动了 RTB 等程序化购买广告的迅猛发展，Ad Exchange 2013 年第三季度移动数据显示，移动 RTB 广告 2013 年年底将占移动广告购买总量的 30%，并预计 2014 年年底上升到 45%。在中国，程序化购买的发展速度同样不容小觑。据 IDC 报告显示，2013 年中国 RTB 展示广告市场实现 300% 的增长率。目前，已经有广告主将 50% 的预算放到程序化购买中，到 2019 年，整个数字广告的 40% 的预算都将由程序化购买进行，市场规模将达到 170 亿元。

由上述数据和描述，我们可以有以下几个发现：

（1）在美国市场，以 RTB 为代表的程序化购买发展势头强劲、前景光明，并且已经隐隐有要超越传统广告的趋势。

（2）在我国，程序化购买刚刚进入起步阶段，但是即将进入高速增长阶段，广告主开始逐渐认可这种广告投放方式。

（3）无论是在美国还是我国，程序化购买的市场成长可期望程度很高，业内从业人员对于程序化购买持乐观态度。

程序化购买系统主要依靠技术人员进行系统的开发，开发后能够实现不依靠广告从业人员或极少量人员的操作实现运作，在技术的支持下，以媒介购买为传统业务的广告公司面临着业务被分流的危险。对于传统意义上的广告公司人工媒介购买造成了冲击，蚕食了广告公司的媒介购买经营额。

另外，虽然一些比较有远见的广告公司也搭建了自己的媒介购买系统，但是因为互联网时代，媒体资源以及人才开发资源等都掌握在互联网公司手中，使得广告公司在程序化购买方面处于劣势。

除了在媒介购买层面，广告公司的业务面临着蚕食之外，在受众分析以及媒介策略组合等广告公司的传统业务上面，也面临着主要来自于互联网公司等掌握大量数据公司的竞争。①

■ 请通过自主获取资料的方式，了解本主题领域的内容。相关内容极其丰富，可涉及与媒体相关、与广告行业相关的大量话题。

■ 阅读以上短文，思考广告行业中媒介购买公司的应对之策。

■ 请搜集关于程序化购买的介绍资料进行阅读。完成相关阅读后，请思考：

①程序化购买对媒介购买公司的发展有怎样的影响？

②媒介购买方式的变化对广告业务的影响都有哪些？

③程序化购买对广告行业生态有怎样的影响？

---

① 梅花网.杜蕾丝诱惑：微博后台运作揭秘[EB/OL].www.meihua.info/a/37123.

④通过资料的收集，熟悉一至两个市场中正在应用的程序化购买平台。

训练 3 “粉碎”品牌

品牌建设是营销传播活动中最重要的业务领域之一。在传统媒体时代，消费者力量处于弱势，企业组织可以通过投入大量费用进行推广而影响消费者对品牌和产品的认知，而作为消费者则是被动接受。在这一阶段，因为主要的营销传播媒体渠道可以被企业买断或掌控，在消费者身上总是能够看到显而易见的广告效果。

但是时至今日，随着媒体环境的变化，企业组织已经很难去完全主导品牌信息的传播，消费者获取信息的渠道变得无处不在，企业掌控外的信息在媒介渠道上随处易见，没有哪家公司能够覆盖所有的渠道，消费者开始有了接受广告的自主权，同样他们还获得了对品牌的评价权和传播权。此时，企业所拟定的消费认知规划很容易被消费者获取的其他信息所干扰。

在消费者主导信息获取的现阶段，品牌认知的建设需要有更为有效的思路与方法。

■ 请自主获取资料，了解本主题领域的内容。

■ 完成相关阅读之后，请思考：

① 新媒体时代，“品牌神话”已经完全消失了吗？

② 随着媒体环境与消费者媒介接触的变化，品牌的建立需要克服哪些困难？

训练 4 内容创意和组织形态

杜蕾斯的微博创意执行

与某些性格张扬的个人微博不同，杜蕾斯官方微博需要与粉丝建立朋友般的亲密关系。团队明白“粉丝即用户”，他们最终会转化成品牌的忠实消费者。早在搭建杜蕾斯微博初始，其核心就已明确，“除了传播品牌形象，更重要的是客户关系管理，这是真正的核心”。首先需要快速聚合用户，通过老用户带动新用户。只要提及杜蕾斯的微博，都会被加关注，网友的评论也会尽可能回复。

博圣云峰的杜蕾斯微博运营团队大约有 20 人左右，除了新浪微博之外，还要负责腾讯微博、豆瓣等网络平台的运营工作。根据各个平台的特点，风格会有所不同。“腾讯需要更直接，豆瓣则要带点文艺范儿。”团队人员最重要的特质是“会聊天”、机智、富有幽默感。大部分成员来自豆瓣、天涯、猫扑、微博，他们熟悉互联网语言，擅长制造话题，并拥有一定数量的粉丝。当他们成为杜蕾斯微博营销中的一员，能够起到推波助澜的作用。某年夏季暴雨当天的“杜蕾斯鞋套”内容中，前六次人为转发均由博圣云峰成员完成。

团队分工细致，光涉及内容部分，就分为内容、文案和回复几个工种。内容人员负责主要的微博信息发布，文案人员负责策划主题，两名回复人员则需要在所有 @ 杜蕾斯官方微博的信息里筛选有趣内容，以及回复部分网友评论。

每天早晨，微博团队召开例会，讨论当日热点，确定主题。杜蕾斯微博每天大概发布十条信息，其中，原创需要占 6 到 8 条，其余则来自网友微博和 @ 杜蕾斯官方微博里的内容，仅 @ 杜蕾斯官方微博的信息，每天就达到 2 万多条。“网民也成为我们创意的一分子。”著名的“杜蕾斯大楼”、功夫熊猫等内容，都来自网友的发现。

每一条发布在杜蕾斯官方微博上的内容，都会在运营团队的资料库中被归类。五天之后团队会统计每条内容的评论数和转发数，月底进行深入分析，从而得知哪些内容有吸引力，哪些内容欠佳。

这种分析比传统广告的消费者回馈更及时、更真实，对后续调整的指导意义也更精确。因此，微博营销所带来的不仅是品牌知名度的提升，甚至包括企业运营方式的改变。

“现在客服是企业的后台，将来也许会变成前台，与技术部门连接，发挥主导性作用。”褚文说。传统的企业销售模型主要依靠扩大覆盖面，提高转换率，广告一旦播出，对于广告主而言就算结束。但在互动情景里，信息播出可能才 30%，之后的 70% 则依赖于受众的反应和互动。

■ 请自主获取资料，了解本主题领域的内容。
■ 完成相关阅读之后，请思考：
①什么是内容运营？
②内容运营有哪些需要注意的问题？
③新媒体内容运营需要企业拥有怎样的组织形态以展开业务？

训练 5　不停地了解新的媒体技术

Beacon 技术更新[①]

试想一下，当你走近公交站，手机上就会收到车票和车次信息；在博物馆靠近每个展品，手机上就会即刻收到它的丰富介绍。这就是一种名为 Beacon 的近距离围栏技术，它可以基于地理位置，通过低功耗蓝牙向附近的设备推送信息。

① 赵长存. Google发布Beacon平台，广告要跟着你走了[EB/OL].[2015-7-26]（2017-09-22）.http://www.qdaily.com/article/12135.html.

这样一种可以触及更多消费者的技术，科技巨头们当然不会错过。Google 曾发布了一个名为 Eddystone 的平台，正式向这一领域进军：这是一个开源的平台，其包括一个全新而且开放的技术格式、两个开放接口，以及一套用于开发设备管理后台的工具。

初次发布的多是针对开发者和商家的服务，来帮助商家更及时准确地向消费者推送信息。当然，Google 可不打算用它来推送促销广告，而是想让客户获得更为实用的信息。

该技术已被应用于公交站台，当手机上装有 Google Map 的用户接近后，就会收到其推送的公交信息。很快 Google Now 也会整合这项功能，在你走近餐厅时，手机上就会立刻收到该店的菜单。

而其中的一个名为 Nearby 的接口则是针对普通消费者的。用户可以直接在手机上，通过无线 WiFi、蓝牙，甚至声音近距离传输数据，且无需登录 Google 的账号。以后，你可以直接面对面和好友分享自己的歌单，在会议上快速分发任务，还可以让 DJ 直接搜集现场投票，来播放曲目。

尽管 Beacon 技术已经商业化了很多年，但其实应用一直有限，其中一个制约因素就是格式混乱。而 Google 的新平台通过开放的格式，不仅支持了 Google 的 Android 系统，而且同样也兼容了苹果的 iOS 系统，这或许会有利于 Beacon 技术的普及。

苹果在 2013 年就已推出了同类的 iBeacon 技术，但因为格式上的封闭，只针对苹果用户，以至于它的应用场景还是比较模糊。在苹果的线下零售店外，我们也很难看到它的应用。

除此之外，Google 目前还与六家 Beacon 设备等生产厂建立了合作。这意味着，现有的 Beacon 设备可以通过固件升级的形式，直接支持新的平台。至少，在已有的场所，已经可以不必再重新铺设设备了，也可以减少原本一直阻碍该技术推广的硬件成本问题。

■ 请收集并整理使用增强现实、二维码、近场通讯等新技术媒体的广告案例，并说明技术点是怎样与创意结合在一起的。

■ 请搜集、整理新的媒体技术及其应用个案。

■ 请寻找紧跟并熟悉新技术点的方法，并讨论如何利用媒体掌握媒体技术点发展及应用的动态。

训练 6 了解 VR 虚拟现实技术

虚拟现实对广告商来说意味着什么①

电视、互联网和手机彻底地改变了企业和消费者之间建立联系的方式。很多人认为 VR（虚拟现实）是所有娱乐媒体中的“终极前沿”，因为随后的任何媒体都能在 VR 中被

① 虚拟现实对广告商来说意味着什么[EB/OL].[2016-01-17]（2017-09-22）. http://tech.163.com/16/0117/05/BDGRAIECDDD94OEO.html.

创造和编写出来。

虚拟现实是什么？

你或许去不了火星，不能游到海里看海豚，不能参加奥林匹克大赛的 100 米赛跑，不能在舞台上和明星合唱。但有了虚拟现实，你在自己的家中就能实现这所有的一切。与我们生活的现实世界不同，虚拟现实运用高性能的电脑和感官设备如头显和手套来模拟我们三维现实中经历的片段以及虚拟世界中完全虚构的片段。

营销商、电影制片人和游戏设计师能以一种前所未有的方式吸引到消费者。比如，McCrea 为《卑鄙的我》开展了一个宣传活动。在这个体验中，一个人可以漫步在虚拟的城市中狭窄的小道上，然后偶然遇见《卑鄙的我》的一个巨大广告牌，还有以小黄人外形做的小飞艇在上空盘旋。欢迎来到虚拟广告的世界中！

头显里的体验是什么样？

想象着把这看似不起眼的头显套在头上对准眼睛，然后黑暗笼罩你的视线。突然间，闪烁的灯光开始冲击你的视网膜，黑暗逐渐散去，你发现自己来到了一个经历了浩劫后的城市废墟中。比你想象的来得更快，在嗜血僵尸从各个方向逼近你时，你快速奔跑，攀爬越过房屋和壁架，你听到它们不断的尖叫声，而且当你从这群生物中跑过去时你会感觉它们的手指划过你的身体。

虚拟现实广告是噩梦还是沉浸式体验？

虽然虚拟现实刚刚开始让世界感觉到它的存在，但广告商们已经非常看好通过沉浸式体验向人们进行宣传的前景。现在，这听起来像是一个吸引潜在客户的完美方式。

假想一家汽车公司要利用虚拟现实广告推广一号方程式赛车活动。广告可能是你驾驶着全新一号方程式赛车与竞争对手竞赛，你能感受引擎加速的力量，你能感觉到激烈的速度以及一群人在你冲向终点时为你加油的气氛。这将是一个我们乐意观看（或体验）的广告。而玩普通游戏时的广告弹窗是非常恼人的，它们很难关闭或退出，有的甚至还是无法关闭的保留广告。

虚拟现实体验广告公司需要使自己的广告尽可能为体验者带来沉浸式体验，因为虚拟领域中的坏广告意味着可能会给那些目标人群带来严重的副作用。弹出式广告尤其是这样，它出现在游戏体验过程中，在游戏期间挡住你的视线一阵子，会破坏你的整个体验。另外，虚拟现实中的保留广告可能真的会跟你正在玩的游戏一样真实。这些微妙的保留广告不会阻止用户享受他们的虚拟体验，反而可以在背景中融入用户的视野。

虚拟现实里的广告有怎样的未来？

在美国，三星虚拟现实 Gear 头戴设备的发布售价仅为 99 美元，再加上廉价的纸板版本的扩散，有助于使虚拟现实广告成为主流。Facebook 的 Oculus Rift、HTC 的 Vive 和索尼的 PlayStationVR 将很快成为令人兴奋的平台，广告商可以在该平台上以创造性的方式疯狂发挥。

虚拟现实结合360度视频，能让观众处于一个体验的中心，例如把他们送到度假区、体育赛事或音乐演出现场等，就品牌而言，新技术开辟了可供探索的新领地。登山鞋品牌迈乐推出的虚拟现实广告让观众觉得自己走在山间摇晃的桥上。该品牌将创造房间大小的模拟环境，让消费者在其中与品牌内容进行互动，这在未来是备受期待的。Airbnb 可以创造“模拟人生”，例如真正的房屋出租体验，让用户体验待在那里会是什么感觉。

正如你所能“看到的”，虚拟现实带来了新的探索和创造。

- 搜集、整理新媒体给我们带来的新的内容感受形式，关注其应用个案。
- 请对新的内容感受形式加以借鉴，以尝试丰富广告创意。

训练 7 与互联网相关的传播观点

“回声室效应”

在自我意识减少的同时，你也就掉进了互联网最具诱惑力的幻象之中，在特别营造的小天地之中得到虚假的保证，仿佛与自己的信念相抵触的事实全都不再存在，这就是网络的“回声室效应”（echochamber effect）。

有关概念是针对网络对民主对话和广泛沟通的作用而提出的。虽然互联网上的对话以不一致为基本特征，但虚拟社区还是常常建立在拥有同样兴趣和关注点的人群之上。安东尼·维尔海姆发现，在一个讨论组内，大多数人对某个政治话题通常持有相同意见。他的发现与理查德·戴维斯对 Usenet 的看法一致。戴维斯称 Usenet 已经变成了“一种壁垒化的论坛”，被不容许异见的人所主导，群内认同极其强烈。维尔海姆对政治类新闻组的抽样内容分析显示，超过70%的帖子都对主导立场表示坚决或温和的支持。

由于互联网上的社区都是自愿形成的，在人们具有寻找相似观点的伙伴的倾向作用下，这些社区往往具有很高的同质性。它们由此被称作“兴趣社区”，非常符合盖茨在《未来之路》中的描述：

“我们确信我们会利用信息高速公路独一无二的能力，找到同好者社区，加入电子社区的人越多，社区对成员来说也就更有价值。全球大多数滑雪爱好者都会成为滑雪电子社区的成员，如果在你尝试滑下一个陡坡前想让自己拥有更好的身体状况，那么要是能和十几个与你身高体重年龄相仿，并同你怀有同样锻炼和减肥目的的人保持密切的电子联系，你会发现训练更有趣，当所有的人都从事与你相似的锻炼项目时，你的自我意识会减少。”

在自我意识减少的同时，你也就掉进了互联网最具诱惑力的幻象之中，这就是网络的“回声室效应”：信息或想法在一个封闭的小圈子里得到加强。

网络杂志《沙龙》的专栏作家安德鲁·列奥纳德在回顾自己被“回声室效应”误导时说：“让我不安的，不是在互联网上用 Google 找到自己需要的信息的容易性，而是那种随时可以获得自己想要的心态的方便性。”在这样的“回声室”中，人们只需链接到他们喜欢或意见相同的人，只阅读他们热爱或完全同意的东西，那么，哪里还会有公共领域存在？

马歇尔·范·阿尔斯泰恩和埃里克·布莱卓夫森的一篇重要论文显示，互联网可以把头脑相似者的甚至是微弱的偏好发展成同质的小团体，其内部交往大大超过群外交往，他们把这一情形称为“网络空间的巴尔干化”（cyberbalkanization）。

■ 阅读上面文字，并收集同话题的其他资料进行阅读。

■ 互联网带来的“回声室效应”会影响到对消费者进行维系的广告活动吗？

■ 思考：“回声室效应”会给广告内容设置及媒体使用方式等带来怎样的影响？

■ 查找关于“品牌社区”的概念及案例资料，为建设“品牌社区”的方式方法提供你的观点。

训练 8 广告人士的言论

广告业不乏对本行业发展及业务有深刻洞察的人士，他们也会经常在一些会议、杂志、采访中发表自己对广告行业、广告业务的观点。

李西沙：技术 +，是为了更加尊重消费者[①]

从营销人的角度来看，不论是近日的世界互联网大会，还是百度年度 Moments，都深刻表明技术正驱动着行业的改变，然而这只是对营销人所提出的问题。可换一个角度，从消费者角度来看，他们则永远不会在乎是今天的技术，还是昨天的传统，他们在乎的是广告营销有没有更加人性化，会不会更生动有趣，令人更加欣然接受，甚至是参与，而非排斥。

从消费者角度，又该如何看待“技术 +”是如何改变创意和生活的？广告门采访了见证中国广告行业数十年发展、现担任中国 4A 理事长，北京电通常务副总经理李西沙先生。

技术 +，是为了更加尊重消费者

从世界范围来看，广告行业已有 100 多年的历史，而中国却只有 30 多年。随着科技的迅猛发展，媒体变化也非常之快，这促使着整个行业都在不断地革新与调整。但其实从消费者的角度来看，今天行业所说的“技术 +”，大多消费者对这个概念都是陌生的，消费者并不能区分出来什么是传统广告，什么是新技术型的广告。

① 何凯龙. 李西沙：技术+，是为了更加尊重消费者[EB/OL]. [2016-01-13]（2017-09-22）. http://www.adquan.com/post-9-33122.html.

而之所以会产生这些变化，是因为消费者喜欢的广告类型，应该是互动型、参与型的。现在已经到了 web 2.0 时代，或者说还在往上走，消费者对传统广告的困惑是偏被动的接受，而当技术能够帮助实现消费者参与其中，这才是技术对行业、对营销人、对消费者的意义。

同时李西沙先生表示，不能将“技术 +”就肤浅地理解为，只是为了让创意更好玩，而应该理解成用技术与创意，让消费者不再被动接受甚至是被强塞了一段广告，而是感知自己在参与广告的过程中受到了尊重。

互联网时代最主要的问题正是让营销更加人性化，而人性化的本质，就是尊重消费者。

技术，是传统广告公司面临的最大挑战

就传统广告公司所面临的广告技术革命，李西沙表示早在 2013 年他就已经提出了相关的问题。因为技术确实能为创意带来更多样的表现方式，这是符合行业发展趋势的，也是传统广告公司未来将面临的最大挑战。

他表示，虽然从传统广告过渡到真正的技术型创意时代，仍需要一段时间。应该充分利用这段时间，加快实践的步伐，去熟练掌握新的技术，而现今这也正是技术来临的起跑点，不能等到别人都超前很多，那时再跟上就晚了。

同时李西沙表示，哪怕仍旧把核心定为创意，也要明白技术的作用原理，这样才能保证创意想法与专业的技术型平台合作，让技术与创意更加轻松地配合，帮助创意打动更多的消费者。

面对技术的挑战，李西沙讲到今年 4A 理事会就做了多次有关此类问题的研讨和论坛。如今大多 4A 公司已经开始成立新媒体事业部，或是与数据研究相关的部门。李西沙还举了百度的例子，他说自己是看着百度长大的，虽然百度如今作为一个顶尖的数据、技术平台，但它一直都和国际 4A 公司，大的本土广告代理公司有着密切的合作，它们之间甚至可以说是相辅相成的关系。因此，广告行业在面对技术的时候，即便不求精通，也需要有相当的了解与掌握，只有这样才能与平台更好地合作。

无论行业未来如何发展，本质依然是为了更加尊重消费者

互联网时代其实是一个更加尊重人的时代，当一个创意从尊重人的角度出发，结果就会更好。

比如百度与伊利合作的案例，让消费者能够在扫伊利的二维码之后，通过手机获知伊利的牛奶工厂的现场情况。这个过程不仅是保障了消费者的知情权，更让消费者对牛奶的生产过程产生了极大的兴趣，感受到科技的力量，这对产品和品牌来说都是受益无穷的。

同时他还表示，这个案例其实是很传统的广告想法，只不过是通过技术让消费者随时随地可以了解到信息，这正是技术与创意之间最好的联系。在采访结束时，李西沙最想表达的是，广告人仅仅凭着经验，或几套思路做创意的时代已经结束了，拥抱技术、充分利用科技手段，才能创造出更好的创意。

■ 请收集一些你认为对你很有启发的广告人士的言论，并分析说明言论所指向的重点问题。

■ 请选择并关注一些广告业的资深人士，时常了解他们的观点与言论。

训练 9 收集热点网站地址

■ 网络中有很多可以提供广告行业、新媒体、市场营销等动态的知识及热点的网站，请在这些网站中选取你所喜欢的，收藏下来，保持关注。

训练 10 不断充实生活知识与生活感受

你知道“彩虹跑”吗？你知道为什么电商购物很受欢迎，但是一到周末，大城市的购物中心还是会人满为患吗？你知道当前热播的美剧、韩剧吗？你的度假生活是怎样的？你遇到了什么样的人和事？人们现在喜欢什么样的娱乐方式……

只有成为生活中的一分子，比别人更加幸福地参与到每一种娱乐活动或工作中，才能积累对市场的认识，产生创意的源泉。

■ 对生活保持乐观的态度，积极参与多种生活体验，慢慢地积累使自己成为了解生活、敏感感知生活的人。

参考文献

1. 余宜芳 . 奥美创意解密［M］. 北京：中信出版社，2009.

2. 罗玲玲 . 创意思维训练（第三版）［M］，北京：首都经济贸易出版社，2015.

3. 徐斌 . 创新头脑风暴：方法、工具、案例与训练［M］. 北京：人民邮电出版社，2009.

4. 曲云波，张少辉 . 市场细分：市场取舍的方法与案例［M］. 北京：企业管理出版社，2010.

5. 曲智男 . 画出你的世界：思维导图实战手册（修订版）［M］. 北京：电子工业出版社，2013.

6. 刘东 . 蒙牛十年不完美的奇迹［M］. 北京：企业管理出版社，2010.

7. 黄京华 . 广告调查理论与实务［M］. 北京：中央广播电视大学出版社，2009.

8. 初广志 . 整合营销传播概论［M］. 北京：高等教育出版社，2014.

9. 迈克尔 • R • 所罗门 . 消费者行为学（中国版）［M］. 卢泰宏，译 . 北京：中国人民大学出版社，2009.

10. 詹姆斯 • 哈金 . NICHE 小众行为学［M］. 张家卫，译 . 北京：北京时代华文书局，2015.

11. 克里斯 • 安德森 . 长尾理论［M］. 乔江涛，石晓燕，译 . 北京：中信出版社，2012.

12. 柴田明彦 . 电通"鬼十则"：全球最大独立广告公司的 DNA［M］. 郑燕，王婕，马洪月，译 . 北京：中信出版社，2013.

13. 东尼 • 博赞 . 思维导图［M］. 卜煜婷，译 . 北京：化学工业出版社，2014.

14. 东尼 • 博赞 . 思维导图使用手册［M］. 丁大刚，译 . 北京：化学工业出版社，2011.

15. 肯尼思 • E. 克洛，唐纳德 • 巴克 . 广告、促销与整合营销传播（第 5 版）［M］. 应斌，王虹，译 . 北京：清华大学出版社，2012.

16. 贝克 . 当我们变成一堆数字［M］. 张新华，译 . 北京：中信出版社，2009.

17. 劳拉 • 里斯 . 视觉锤（彩图本）［M］. 王刚，译 . 北京：机械工业出版社，2013.

18. 菲尔 • 杜森柏里 . 洞见远胜创意：世界最富创意的广告公司 BBDO［M］. 宋洁，译 . 上海：上海远东出版社，2014.

19. 贝纳德 • 格塞雷，罗伯 • 埃伯格 . 广告创意解码［M］. 沈吕百，黄振家，译 . 北京：中国物价出版社，2003.

20. 凯瑞 • 史密斯 . 带上"我"找创意［M］. 徐捷，译 . 上海：上海人民美术出版社，2010.

21. 罗伯特 • 斯滕伯格，陶德 • 陆伯特 . 创意心理学：唤醒与生俱来的创造力潜能［M］. 曾盼盼，译 . 北京：中国人民大学出版社，2009.

22. 日本博报堂生活综合研究所 . 生活者发想：革新营销的新视点［M］. 杜海清，译 . 上海：文汇出版社，2012.

23. 威廉・维尔斯，桑德拉・莫里亚提，南希・米切尔．广告学原理与实务［M］．桂世河，译．北京：中国人民大学出版社，2013.

24. 帕科・昂德希尔．顾客为什么购买？［M］．缪青青，刘尚焱，译．北京：中信出版社，2011.

25. 伯恩德・H・施密特．体验式营销：如何让顾客对企业和品牌产生感觉［M］．张愉，译．北京：中国三峡出版社，2001.

26. 布莱恩・艾森伯格．等待猫吠？［M］．季丽娜，译．北京：中信出版社，2009.

27. 迈克尔・波特竞争战略［M］．陈丽芳，译．北京：中信出版社，2014.

28. 詹斯特，赫西．竞争对手分析［M］．高文瑾，译．北京：经济科学出版社，2004.

29. 拜瑞・J. 内勒巴夫，亚当・M. 布兰登勃格．合作竞争：博弈论战略正在改变商业游戏［M］．王煜全等，译．合肥：安徽人民出版社，2000.

30. W. 钱・金，勒妮・莫博涅．蓝海战略：超越产业竞争开创全新市场［M］．吉宓，译．北京：商务印书馆，2005.

31. 艾・里斯，杰克・特劳特．定位：有史以来对美国营销影响最大的观念［M］．谢伟山，苑爱冬，译．北京：机械工业出版社，2013.

32. 艾・里斯，劳拉・里斯．品牌的起源［M］．寿雯，译．北京：机械工业出版社，2013.

33. 艾・里斯，杰克・特劳特．22 条商规［M］．寿雯，译．北京：机械工业出版社，2013.

34. 玉树真一郎．心想事成的创意整理术［M］．连 宜 萍，译．北京：北京联合出版公司，2015.

35. 丛岩．我国电视商业广告中的伦理失范问题及对策研究［D］．大连：大连理工大学，2010.

36. 蔡凌云．移动互联网时代传统广告运作机制的适应性研究［D］．北京：中国传媒大学，2015.

参考杂志：

1.《商学院》

2.《市场营销》

3.《广告研究》

4.《媒介》

5.《现代广告》

6.《国际品牌观察》

7.《中国广告》

8.《中外管理》

9.《国际品牌观察》

10.《21 世纪商业评论》

11.《广告大观》(理论版)

12.《广告主市场观察》

13.《广告学研究》(台湾)

参考网站：

1. 腾讯科技：tech.qq.com

2. 网易科技：tech.163.com

3. 凤凰网：www.ifeng.com

4. 梅花网：www.meihua.info

5. 广告门：www.adquan.com

6. 媒介 360：www.chinamedia360.com

7. 麦迪逊邦：www.madisonboom.com

8. 虎嗅网：https：//www.huxiu.com

9. RTBChina：www.rtbchina.com

10. SocialBeta：socialbeta.com

11. 36 氪：36kr.com

12. 易观：www.199it.com

13. 中国经营报商学院：bmr.cb.com.cn

14. 第一财经：ww.yicai.com

15. 广告时代：www.adage.com

图书在版编目（CIP）数据

广告策划训练教程 / 段晶晶著 . -- 北京：中国传媒大学出版社 , 2017.12（2023.12重印）
广告学专业“十二五”规划教材
ISBN 978-7-5657-2028-4

Ⅰ.①广… Ⅱ.①段… Ⅲ.①广告学—高等学校—教材 Ⅳ.① F713.81

中国版本图书馆 CIP 数据核字 (2017) 第 115310 号

广告学专业“十二五”规划教材

广告策划训练教程

GUANGGAO CEHUA XUNLIAN JIAOCHENG

著　　者	段晶晶		
责任编辑	曾婧娴		
装帧设计指导	吴学夫　杨　蕾　郭开鹤　吴　颖		
设计总监	杨　蕾		
装帧设计	陈　粤　刘欣怡		
责任印制	李志鹏		
出版发行	中国传媒大学出版社		
著　　者	北京市朝阳区定福庄东街 1 号	邮　　编	100024
电　　话	86-10-65450532　65450528	传　　真	65779405
网　　址	http://cucp.cuc.edu.cn		
经　　销	全国新华书店		
印　　刷	唐山玺诚印务有限公司		
开　　本	787mm × 1092mm　1/16		
印　　张	22		
字　　数	442 千字		
版　　次	2017 年 12 月第 1 版		
印　　次	2023 年 12 月第 2 次印刷		
书　　号	ISBN 978-7-5657-2028-4/F・2028	定　　价	59.00 元

本社法律顾问：北京嘉润律师事务所　郭建平

致力专业核心教材建设　提升学科与学校影响力

中国传媒大学出版社陆续推出

我校 15 个专业“十二五”规划教材约 160 种

播音与主持艺术专业（10 种）
广播电视编导专业（电视编辑方向）（11 种）
广播电视编导专业（文艺编导方向）（10 种）
广播电视新闻专业（11 种）
广播电视工程专业（9 种）
广告学专业（12 种）
摄影专业（11 种）
录音艺术专业（12 种）
动画专业（10 种）
数字媒体艺术专业（12 种）
数字游戏设计专业（10 种）
网络与新媒体专业（12 种）
网络工程专业（11 种）
信息安全专业（10 种）
文化产业管理专业（10 种）

本书更多相关资源可从中国传媒大学出版社网站下载
网址：http://cucp.cuc.edu.cn
责任编辑：曾婧娴　　　意见反馈及投稿邮箱：39797430@qq.com
联系电话：010-6578 3601